Die Magie Spaniens

Aubrey FG Bell

Writat

Diese Ausgabe erschien im Jahr 2023

ISBN: 9789358811032

Herausgegeben von
Writat
E-Mail: info@writat.com

Inhalt

NOTIZ

Dies ist eher eine Sammlung vereinzelter Notizen über Spanien als eine zusammenhängende Studie – von Notizen aus vielen angenehmen Stunden spanischer Literatur und Reisen, die aber vielleicht von zu individuellem Interesse sind, als dass sie ohne Entschuldigung erscheinen könnten. Es wird kein Hinweis auf die großen sozialen und politischen Probleme gefunden, die das spanische Leben stören. Das anspruchslose Ziel dieser Seiten ist es, die müßigen Momente eines spanischen Feiertags auszufüllen und dem Leser möglicherweise das „Parfum du Terroir" zu vermitteln, das Spanien durchdringt. Besser noch, wenn er sich unzufrieden von ihnen abwendet und sich maßgeblichen Schriftstellern über das Leben und die spanische Literatur sowie dem Zauberland der spanischen Literatur selbst zuwendet. Für die Erlaubnis, einige dieser kurzen Aufsätze in leicht veränderter Form nachzudrucken, muss der Autor den Herausgebern der *Morning Post* , des *Outlook* und der *Königin danken* .

VORWORT

Es ist nicht einfach, den seltsamen orientalischen Zauber, den Spanien auf viele Menschen ausgeübt hat, in wenigen Worten zu erklären und auch nicht die Stärke seiner Anziehungskraft zu erklären. Denn tatsächlich besitzt die große Halbinsel eine besondere Würze und einen besonderen Geschmack . Es hat weder die uralte Kultur Italiens noch die angenehm lächelnden Landschaften Frankreichs mit seinen grünen Wiesen und kristallklaren Bächen. Der alte Iberia, dieser *Dura Tellus* , hat eine eigentümliche Rassigkeit. Seine Farbe ist oft hart und grob; Viele seiner Bezirke sind karg und unbequem. Das kahle und felsige Hochland und die zerklüfteten Gebirgskämme zerteilen das Land in scharfe Abschnitte und sorgen dafür, dass es dünn und vielfältig besiedelt ist. Auf diesen Hochebenen ist der Wind oft eisig und die Sonne scheint mit beißender Kraft. Große ausgedörrte und öde Ebenen erstrecken sich baumlos und ungeschützt zweitausend Fuß über dem Meer. Die Dörfer in weiter Entfernung haben die Farbe des Bodens und sind kaum von einer Masse gelbbrauner Felsen zu unterscheiden. Morgens und abends zeichnet sich am Horizont eine Reihe von Maultieren ab, denn die Bauern machen sich in Gruppen auf den Weg, um ihre fernen Felder zu bestellen; oder ein Hirte mit seiner Schaf- oder Ziegenherde mildert die seltsame Monotonie dieser staubigen, windigen Wüste. Nichts könnte trauriger oder weniger harmonisch sein als der raue und schrille Gesang der Bauern, dessen Besonderheit jedoch eine pikante und reizvolle Wirkung hat. Hart ist auch ihre Sprache mit ihren klaren Kehllauten, die viel rauer und männlicher ist als die musikalische Schwestersprache Italiens. Alles deutet auf die gleiche Schlussfolgerung hin, dass dies kein Land der Behaglichkeit und der sanften, trägen Freude ist, sondern ein Land einer urigen und kraftvollen Originalität, in dem der abgestumpfteste Geist gestärkt und inspiriert werden kann und ein frischeres und aufregenderes Leben finden kann.

Die Schärfe der Kontraste verhindert in Spanien jedes Gefühl von Müdigkeit oder Sättigung. Es gibt Regionen mit üppigem Wachstum und afrikanischer Sonne, begrenzt von Bergen aus ewigem Schnee. Durch die Ebene gleitet ein Fluss zwischen Orangenhainen und grauen Oliven; In den schattigen *Innenhöfen* der Stadt halten silberne Springbrunnen die Luft kühl und frisch, und in der kältesten Winternacht liegt die Temperatur immer noch einige Grad über dem Gefrierpunkt. Doch hier, in der glühendsten Hitze des Sommers, können wir unseren Blick zu den Hügeln heben und auf die schneebedeckte Sierra vor dem tiefen Blau des Himmels blicken; und wenn in dieser Region mit wenig Regen ein Regenschauer auf die tiefer gelegenen Bezirke fällt, fügt er dem benachbarten Gebirge nur eine weitere weiße Schicht hinzu. Es ist in der Tat ein seltsames und faszinierendes Land, ein *Land voll Sonnenschein* und grelles, blendendes Licht, und doch ein Land mit schrillen, durchdringenden Windböen und eisiger Luft, ein Land mit vielen unterschiedlichen Klima- und Bevölkerungselementen. Es ist kein Wunder, dass seine Bewohner einen sehr individuellen Charakter haben und den ursprünglichen iberischen Charakter bewahren. Sie zeichnen sich durch eine rassige, prägnante Sprache aus. In keinem Land sind Sprichwörter verbreiteter, und eine Reihe von ihnen kann tatsächlich das Gespräch eines Bauern prägen, so scharf wie die Rosenkränze aus roten *Pimenten*, die auf den Balkonen der Bauernhöfe hängen.

In Spanien entstand die Schurkengeschichte, die *Novela de Picaros*, und die spanischen Schriftsteller der letzten dreißig Jahre haben den lokalen Typen verschiedener Teile Spaniens freien Lauf gelassen. Nirgendwo war der Provinzialismus noch so deutlich ausgeprägt. In anderen Ländern haben bessere Kommunikationsmöglichkeiten die örtlichen Sitten zu einer Konformität der Exzellenz verfälscht. In Spanien schützt die Natur des Landes mit seinen rauen Bergbarrieren und turbulenten, nicht befahrbaren Flüssen immer noch die Originalität und bewahrt den Charakter der Provinzen, und die Einheimischen Andalusiens verachten weiterhin die Einheimischen Galiziens und werden von den Einheimischen verspottet Kastilien. Dies führt zwar nicht zu materiellem Wohlstand, aber es stellt ein Land des Malerischen und Unerwarteten dar, ein Land, in dem die Fantasie nicht tot ist und in dem Künstler und Dichter ihre wahre Heimat finden. Vielleicht ist für sie nicht die geringste Anziehungskraft die spanische Unbekümmertheit und Methodenlosigkeit sowie die Homosexualität, die von der Hand in den Mund lebt. Ein unvorsichtiger Reisender in den wilderen Gegenden kann leicht daran sterben, an Nahrungsknappheit zu sterben, und sich in einem komplizierten Labyrinth aus Wegen zwischen weit entfernten Dörfern zu verlieren. „Eine schlechte Sache, meine Herren, ist der Mangel an Brot", sang der Dichter im *Poema del Cid* aus dem 12. Jahrhundert . Der zähe Bauer der ärmeren Gegenden lebt von Tag zu Tag kärglich von dem Produkt des kargen Bodens, den er durch geduldige Arbeit erkämpft hat . Dem Bauern in fruchtbareren Gegenden geht es nicht unbedingt besser, aber er arbeitet deutlich weniger. Die bewusste Methode zu Wohlstand und Erfolg genießt wenig Ansehen. Das mächtige spanische Reich war tatsächlich nur die Angelegenheit einer Generation. Aus der Zeit Philipps II. Von nun an konnte man das spanische Reich treffend mit dem Leichnam des Cid vergleichen, denn obwohl es aufgrund seines Ansehens und der Gunst des Himmels weiterhin neue Siege erringen konnte, war es dennoch unwiderruflich tot und wartete auf seine Auflösung. Und es ist die Unbekümmertheit Spaniens, die den Ausländer bezaubert hat. Denn so begierig er auch ist, ihre poetischen Aspekte zu bewundern, hält er sich in seinem tiefsten Inneren oft für unvergleichlich überlegen und eilt mit einem Bündel merkwürdiger Details, die er nachlässig zusammengetragen hat, heim in die Zivilisation.

Spaziergänge zu lesen, die jedes Jahr über Spanien veröffentlicht werden, hätte er Spielraum für berechtigte Unterhaltung. Auf der Halbinsel wurde in der Tat ein leiser Protest gegen die Vorstellung laut, dass spanische Granden in dunklen Ecken auf der Lauer liegen, um einem französischen Journalisten sein Vermögen zu rauben. Aber meistens geben sie sich damit zufrieden, den Ausländer in seiner Unwissenheit weitermachen zu lassen. Denn das strenge und melancholische Spanien behält sein Geheimnis und ist durch keine List aus seinem orientalischen, undurchdringlichen Geheimnis zu gewinnen. Unverändert und teilnahmslos scheinen ihre Städte den Fremden zu verspotten, und die Rauheit der Wildnis dazwischen entmutigt ihn. Aber er kehrt immer wieder in dieses abgelegene und mittelalterliche Land zurück, das in seinen praktischen Augen so reich sein sollte, aber so arm ist. Die Abstoßungen, die er erhält, wecken seine Neugier und steigern seine Begeisterung . Dennoch ist Spanien trotz seiner vielen Touristen kein Land ausländischer Kolonien. Für den Engländer stellt diese Tatsache eine auffallende Neuheit dar, denn er mag die Schweiz, Italien und Frankreich besuchen und die Atmosphäre Englands kaum verlassen, in Spanien wird es ihm jedoch keine Schwierigkeiten bereiten, Bacons Rat an den Reisenden in fremden Ländern zu befolgen, sich „abzugrenzen " . die Gesellschaft seiner Landsleute."

ICH

SPANISCHE CHARAKTER

I. – STREUNENDE MEINUNGEN

Eine Menge isolierter und widersprüchlicher Meinungen über die Spanier zu sammeln, ist eine vergleichsweise einfache Aufgabe, obwohl es schwierig oder unmöglich ist, daraus ein einheitliches Bild des spanischen Charakters abzuleiten. Für Wellington sind sie „dieses außergewöhnliche und perverse Volk", für das es eine natürliche Schwäche war, sich der Stärke Spaniens zu rühmen. „Aufschub und Unvorsichtigkeit sind ihre Hauptsünden", sagt Napier und über ihr Verhalten im Halbinselkrieg: „Mit sprichwörtlich lebhafter Vorstellungskraft und schnellen Ressentiments handeln die Spanier individuell und nicht national, und während dieses Krieges schien sie zielstrebig zu sein." war nur eine Wiederholung vorübergehender Wut, die wie elektrische Funken durch die ständige Kollision mit den Franzosen erzeugt wurde." „Die Spanier sind perfekte Meister darin, alles zu sagen und nichts zu tun." Sie haben würdevolle Gefühle und einen erhabenen Gesichtsausdruck, aber zusammen mit ihren Taten sind sie „nichts weiter als ein starker Wind, der verwelkte Blätter weht". „Bei der Gestaltung kriegerischer Angelegenheiten übersehen die Spanier stets Schwierigkeiten, die so schnell von einer Fantasie zur nächsten weitergetrieben werden, dass der ersten Idee eines Unternehmens sofort die zuversichtliche Erwartung eines vollständigen Erfolgs folgt." Obwohl sie „voreilig in der Rache und schwach im Kampf" sind, sind sie „bis zum letzten Grad geduldig im Leiden". Den Bauern erlaubt er „eine Empfänglichkeit für große Gefühle". Sie „ertragen das Unglück, Männer und Frauen gleichermaßen, mit einem einzigartigen und unaufdringlichen Mut. Aber ihre Tugenden sind passiv, ihre Fehler aktiv, und angetrieben von einer besonderen Arroganz planen sie fortwährend Unternehmungen, für deren Umsetzung ihnen die Kraft fehlt ." „Reale Ressourcen zu vernachlässigen und sich auf imaginäre Projekte zu konzentrieren, ist typisch spanisch." Ein französischer Schriftsteller derselben Zeit, General Marbot , begnügt sich mit der Feststellung, dass der spanische „ ont beaucoup conservé du caractère des Arabes et sont ." Fatalisten ; aussi répétaient-ils sans cesse 'Lo que ha de ser no puede faltar ,' " , fügt aber hinzu, dass „ ils Ich habe einen immensen Verdienst , das ist es, was ich tue , es wird mich nicht entmutigen ." Wenn wir auf frühere Jahrhunderte zurückblicken, stellen wir fest, dass die Spanier bei Livius und Strabon eigensinnig, ungesellig, schweigsam, schwarz gekleidet, den Tod verachtend und sehr nüchtern sind. Im Laufe der Jahrhunderte der Größe Spaniens verdichten sich die Kommentare natürlich, obwohl sie oft nicht ohne weiteres in Einklang zu bringen sind. Für einen Italiener, Paolo Cortese, sind die Spanier zu Beginn des 16. Jahrhunderts in einer Flut von Beinamen „ehrgeizig, gutmütig, neugierig, gierig, streitsüchtig, hartnäckig, großartig, misstrauisch, schlau." Ein anderer Italiener, Paolo Tiepolo, unterscheidet später [1] zwischen denen, die Spanien bereist haben, und denen, die Spanien nicht verlassen haben, wobei erstere „per la maggior " sind Teil avvisati , diligenti , tolleranti ." In Pepys lesen wir von der „Zeremonie der Spanier" und dass „die Spanier die diszipliniertesten Fußsoldaten der Welt sind; wird keinen außergewöhnlichen Dienst verweigern, wenn er befohlen wird, sondern Verachtung dafür, dafür bezahlt zu werden, wie in anderen Ländern", und von „der schlichten Gewohnheit der Spanier, wie der König und die Lords selbst nur einen Umhang aus Colchester-Bayze tragen und die Damen Mäntel tragen . " kaltes Wetter aus weißem Flanell ." Für einen gelehrten Spanier, Masdeu , sind sie, um nur einige seiner Urteile zu zitieren, „lebendig, schnell in der Konzeption, langsam und nachdenklich in der Herbeiführung eines Beschlusses, aktiv und effektiv in der Umsetzung." Sie sind die entschiedensten Verteidiger der Religion und Meister der Askese." „Ihre Desinteresse und Ehrlichkeit im Geschäftsleben ist allen bekannt. Bei Tisch sind sie sparsam und vor allem einem übermäßigen Alkoholkonsum abgeneigt. Im Gespräch sind sie ernst und schweigsam, neigen nicht zu bissigen Reden, sind höflich, umgänglich und angenehm; Sie hassen Schmeichelei, aber sie respektieren andere und versuchen, selbst respektiert zu werden. Sie sprechen mit Majestät, aber ohne Aufgesetztheit. Sie sind großzügig, hilfsbereit, freundlich und haben Freude daran, Vorteile zu gewähren, und sie verherrlichen fremde Dinge mehr als ihre eigenen. Sie haben Neid, Stolz und eine Liebe zum Ruhm, aber mit edlen, erlösenden Eigenschaften. In ihrer Kleidung sind sie ordentlich und gemäßigt; Wenn sie ins Ausland gehen , sind sie gut und elegant gekleidet, aber mit einer angemessenen Ernsthaftigkeit." „Sie geben ihr Geld mit Pracht und Extravaganz aus." Eine französische Reisende , Frau. d'Aulnoy [2] sagt im 17. Jahrhundert über die Spanier: „Die Natur war freundlicher zu ihnen als sie zu sich selbst; sie werden mit mehr Witz geboren als andere; Sie verfügen über eine große geistige Schnelligkeit, gepaart mit großer Solidität; sie sprechen und übermitteln ihre Worte mit Leichtigkeit; sie haben ein tolles Gedächtnis; Ihr Stil ist klar und prägnant, und sie haben eine schnelle Auffassungsgabe; es ist einfach , ihnen alles beizubringen, wozu sie Lust haben; Sie sind perfekte Meister der Politik , und wenn es nötig ist, sind sie gemäßigt und fleißig."... „Sie sind geduldig gegenüber dem Übermaß, hartnäckige, müßige, einzigartige Philosophen; und was den Rest betrifft, Männer von Ehre , die ihre Worte hielten , obwohl es sie das Leben kostete." Sie betrachtet ihren größten Fehler als „Leidenschaft nach Rache" und spricht von „ihrer fantastischen Größe". Ein kurzer Bericht eines Engländers aus dem Jahr 1701 sagt wenig Gutes über die Spanier, außer dass sie „einen unvergleichlichen Eifer haben, die katholische Religion zu etablieren". Er bemerkt ihre Trägheit, ihre Unmoral, und es ist außerdem unmöglich, einen spanischen Kavalier von einem Cobler zu unterscheiden , während die meisten ihrer Häuser „aus Erde und wie Maulwurfshügel, aber ein Stockwerk hoch" sind. Sie haben einen „esprit orgueilleux " und behandeln Fremde „de turc à maure ", sagt ein Franzose aus der gleichen Zeit, [3] so dass der Engländer möglicherweise einige geringfügige, einige *turc à maure* - Erfahrungen in Spanien gemacht hat . Ein anderer Engländer [4] schreibt ein halbes Jahrhundert später, dass die Spanier „großzügig, liberal, großartig und barmherzig" seien; unbestritten religiös, aber dem größten Übermaß an Aberglauben ergeben ."... „Wenn sie einen vorherrschenden Fehler haben, dann vielleicht den, dass sie etwas zu hochgesinnt sind; Daher hegten sie zu unterschiedlichen Zeiten die extravagantesten Einbildungen ."... „Ihre Umhänge sind normalerweise von sehr dunkler Farbe und ihre Umhänge fast schwarz. Dies zeigt die natürliche Ernsthaftigkeit des Volkes ."... „Es gibt auf der ganzen Welt keine Soldaten, die mutiger sind als die Spanier." Reclus hat in seiner Einschätzung der Spanier kühn die Kontraste und Widersprüche des spanischen Charakters nebeneinander stehen lassen. Sie sind „im täglichen Leben apathisch, aber von schneller Entschlossenheit, beharrlichem Mut und unermüdlicher Hartnäckigkeit." Sie sind eitel, aber wenn jemand ein Recht dazu hat, dann hat er es. Trotz ihres Stolzes sind sie einfach und angenehm in ihren Manieren. Sie schätzen sich selbst sehr, sind aber auch bereit, die Verdienste anderer anzuerkennen. Sie sind sehr schnell und bereit, einen Finger auf die schwache Seite oder die Laster anderer Menschen zu legen, ohne sich selbst zu verachten , indem sie sie verachten. Sie verfügen über einen großen Vorrat an Ernsthaftigkeit und eine seltene Charakterfestigkeit. Sie sind mit ihrem Schicksal zufrieden und Fatalisten. Eine Mischung aus Aberglaube und Ignoranz, gesundem Menschenverstand und subtiler Ironie; Sie sind manchmal grausam, wenn auch von Natur aus großmütig und großzügig, sie lieben Rache, vergessen aber Verletzungen, lieben Gleichheit und sind doch der Unterdrückung schuldig." Die Urteile moderner spanischer Denker waren überwiegend pessimistisch. [5] Die Spanier des 20. Jahrhunderts waren eifrig mit analytischer Selbstbeobachtung beschäftigt, die das Ergebnis ihres nationalen Unglücks und ihres verletzten Stolzes war. Sie reden lieber abscheulich über sich selbst, als dass Ausländer nur mäßig gut über sie reden. Señor Mallada hält [6] seine Landsleute für „müßige, unpraktische Träumer". In Spanien, sagt Ángel Ganivet , [7] „Es gibt viele, die keinen Willen haben, *hay muchos. " enfermos de la voluntad* " – es mangelt an Konzentration, das heißt an anhaltender Konzentration, und an Proportionalität, an der Fähigkeit, mehr als eine Idee, mehr als einen Aspekt einer Frage zu berücksichtigen. So beklagt sich *Azorín* darüber, dass es „viele Einsichten und schnelle Visionen gibt, aber keine Koordination von Ideen oder stetige Erfüllung oder Willen." [8] In einem Buch von Ricardo León [9] lesen wir, dass die Spanier ihren Herrschern, wer auch immer sie sein mögen, und den Übeln von *El feindselig gegenüberstehen Caciquismo*. Aber der Autor sieht wenig Hoffnung auf Veränderung in einem Land, in dem die Menschen zwischen zwei Extremen leben, „zwei Feuern, zwei Fanatismen", entweder Reaktionären oder Demagogen; wo die Strömungen der Aktivität und Leidenschaft unreguliert sind, wo das Denken entweder stagniert oder in einem hauchdünnen Gewirr subtiler Unterscheidungen verstrickt ist und die goldene Mitte des gesunden Menschenverstandes nicht erreicht wird. Die Einwohner von Alcalá sind „stark, hart, mutig und stur, streng in ihren Tugenden und Lastern, gewalttätig in ihrer Liebe und ihrem Hass, hartnäckig gegenüber Gut und Böse." Um ihre klare Intelligenz, Großherzigkeit, schnelle Vorstellungskraft und Beredsamkeit auszugleichen, haben sie schwerwiegende Mängel, „und insbesondere eine gewisse Unruhe des Geistes, eine nervöse Reizbarkeit, die sie daran hindert, in Frieden oder Trost mit sich selbst oder mit anderen zu leben, ein echter spanischer Fehler, besonders." Sowohl früher als auch heute sind wir mit dem harten, turbulenten, stark ursprünglichen Charakter der Rasse verbunden, der uns nie Ruhe gönnte, sondern uns ständig im Streit hielt und Anstoß an unseren eigenen Schatten nahm." Ungläubige zum Kämpfen, Festungen zum Verteidigen, Gelübde zur Erfüllung, oder selbst wenn es Bürgerkriege und heftigen Schmuggel und Räuberbanden gab", gab es Spielraum für die Tugenden und Laster eines Volkes, „das für Taten und leidenschaftliche Taten geboren und erzogen wurde". „im Kampf geformt"; aber „mit dem Aufkommen der gemäßigten Bräuche der Neuzeit" finden sie sich „aus ihrer natürlichen Atmosphäre heraus, müßig, arm, verwirrt, beengt." Und das ist die Tragödie Spaniens heute – ein großherziges Volk in den Strapazen der Zivilisation. In Pérez Galdós ‘ „El Caballero Encantado " wendet sich der Geist Spaniens so an einen seiner Söhne: „Der Hauptfehler der Spanier Ihrer Zeit besteht darin, dass Sie ausschließlich das Leben der Worte leben, und die Sprache ist so schön, dass die Freude." in seinem süßen Klang lockt es dich zum Schlafen. Du sprichst zu viel; Du verschwendest unermüdlich eine Fülle von Phrasen, um die Armut deiner Taten zu verbergen." [10] In einem früheren Buch [11] Señor León bedauert die in Spanien vorherrschende Mode, „alles, was Spanisch ist, herabzuwürdigen und alles, was fremd ist, mit großem Lob zu überhäufen." Eine Welle moralischer Feigheit und utilitaristischer Gemeinheit geht über Spanien hinweg." Aber der spanische Charakter wird weder dauerhaft geschwächt noch seiner Würde und Unabhängigkeit beraubt, die Verfinsterung ist nur vorübergehend und tatsächlich teilweise und betrifft die bescheideneren Klassen nicht. Der Geist Spaniens wird wieder aufleben, wie in „El Caballero Encantado ", wenn er vom Sterbebett ins Grab getragen wird [12] und kann, wie von Don Rafael Altamira, treffend mit den Wassern des Guadiana verglichen werden die, nachdem sie eine Zeit lang unter der Erde geflossen sind, wieder an die Oberfläche zurückkehren.

II. – Nichtige Allgemeinplätze.

„Und in der Tat", schrieb Pepys, „lieben wir alle von Natur aus die Spanier und hassen die Franzosen", und wenn wir seit seiner Zeit gelernt haben, die Franzosen zu lieben, hat der Charakter der Spanier nicht aufgehört, Engländer anzuziehen und zu interessieren . Doch jeder Versuch, den spanischen Charakter zu verallgemeinern, scheint eine vergebliche und dumme Aufgabe zu sein, da Spanien das Land Europas ist, das seine lokalen Rassen- und Sprachunterschiede am strengsten bewahrt hat, und es gilt immer noch, wie zu Fords Zeiten, dass „die Der unhöfliche landwirtschaftliche Gallizier , der fleißige Handwerker aus Barcelona, der fröhliche und üppige Andalusier, der schlaue, rachsüchtige Valencianer sind ebenso wesentlich voneinander verschieden wie so viele unterschiedliche Charaktere in derselben Maskerade", und zum Beispiel der Baske [13] und der *Andalusier* , liegen genauso weit auseinander wie Franzose und Spanier. Es ist möglich, die verschiedenen Zutaten zu nehmen: kastilischer Stolz, [14] katalanische Sparsamkeit, [15] andalusische Fantasie, galleganische Stumpfheit, [16] die Grimmigkeit Navarras, die Sturheit Aragoniens, [17] valencianische oder murcianische List und, indem man sie zu einem praktischen Bündel zusammenbindet, um von den Spaniern als stolz, sparsam usw. zu sprechen, oder, in einem pessimistischeren Tonfall, als hochmütig, geizig, unaufrichtig, stur, grausam, hartnäckig, böswillig. Aber obwohl ein solches Urteil notorisch falsch ist, können vielleicht einige Eigenschaften ganz Spanien zugeschrieben werden, die in gewissem Maße seinen verschiedenen Völkern gemeinsam sind. Zu diesen Eigenschaften zählen vor allem Unabhängigkeit und persönliche Würde. Die Spanier sind eine Nation von Individualisten, jeder ein Gesetz für sich, und daher werden sie als Nation häufig missverstanden, und ihr Stolz hat es ihnen nicht erlaubt, die sie betreffenden Fehler zu korrigieren, während es gleichzeitig vielleicht bei keinem von ihnen schwer zu finden wäre Eine andere Nation hat so viele Individuen, die man bewundern und respektieren kann. Der Dramatiker Don Jacinto Benavente hat gesagt [18] , dass in Spanien „jeder von uns der einzige große Mann in einer Nation von Narren sein möchte, der einzige ehrliche Mann in einem Stamm von Schurken" und spricht von „unserem ungezügelten Individualismus". " Niemand ist ein gründlicherer Individualist als Don Pío Baroja und die Hauptfigur seines Romans, *César ó Nada* , erklären, dass die Spanier „als Individualisten mehr als eine demokratische, föderale Organisation, eine eiserne militärische Disziplin" benötigen. „Demokratie, Republikanismus, Sozialismus haben in unserem Land in Wirklichkeit kaum Wurzeln ... Darüber hinaus geben wir keine

Überlegenheiten zu und akzeptieren weder König noch Präsidenten, Priester oder Propheten." Es ist diese Widerspenstigkeit, die dazu geführt hat, dass die Spanier ein so schwer zu regierendes Volk waren und ihrem Wohlstand als Nation dauerhaft geschadet hat. Sie scheinen die wahre Würde von Loyalität und Dienst noch nicht kennengelernt zu haben. Jeder Spanier, egal in welcher bescheidenen Position, hält sich für gut geeignet, die Maßnahmen seiner Herrscher zu kritisieren, und noch mehr die eingebildeten Maßnahmen, die er ihnen zuschreibt. So würde in einer Republik jeder Bürger glauben, er sei in der Lage, die Angelegenheiten der Nation besser zu leiten als der Präsident, da Sancho überzeugt war, dass er seine Insel genauso gut oder besser regieren könne als jeder andere; Dennoch neigen die Spanier dazu, einer festen, unbestrittenen Autorität mit einer Art heroischer Unterwerfung zuzustimmen und ihre Entscheidungen so zu akzeptieren, wie sie die unvermeidlichen Entscheidungen des Schicksals akzeptieren, und aus diesem Grund ist ein alteingesessenes Regierungssystem wie die Monarchie unendlich anspruchsvoll am besten zum spanischen Temperament geeignet. Zweifellos würden sie es vorziehen, kein Regierungssystem zu haben, wenn das möglich wäre, und unter Zwang unruhig und turbulent zu sein. Einmal dachte ein spanischer *Chauffeur*, als er seine Geliebte fuhr, dass er von einem Passanten auf der Straße beleidigt worden war, und ließ Frau und Auto zurück und bestrafte den Täter, bis die Polizei eingriff. [19] Und wenn es den Spaniern schwerfällt, harmonisch unter den Befehlen anderer zu arbeiten, ist es für sie nicht einfacher, eine gemeinsame Autorität aufrechtzuerhalten; Sie können nie lange zusammenarbeiten, ihre politischen Parteien und Handelsgewerkschaften zerfallen schnell wie die Samen eines Granatapfels. Ebenso kann man auf den ersten Blick jeder spanischen Menge erkennen, dass es sich nicht um eine verschmolzene Masse, sondern um eine Ansammlung von Einheiten handelt, die distanziert und getrennt bleiben; Wenn der Einzelne gewinnt, leidet der Staat, und die spanische Politik hat manchmal den Eindruck von verkrampften Eckdaten und groben Ambitionen. Aber dieser Individualismus und diese Unabhängigkeit haben ihre edlere und angenehmere Seite, denn selbst in extremer Armut und Not verlassen die Würde und die damit einhergehende Höflichkeit, Ehrlichkeit und Nüchternheit [20] den Spanier selten. Jeder ist König in seinem eigenen Haus, sei es der elende Dachboden oder nur der sonnige Raum, den sein Schatten bedeckt; *mientras en mi casa me estoy Rey, ich Soja*. Der folgende Dialog ist ein intrinsischer Beweis für seine Nationalität, er könnte keinem anderen Land als Spanien angehören: „Ist deine Anbetung ein Dieb?" – „Ja, um Gott und allen guten Menschen zu dienen." [21] Daher kann man sagen, dass persönliche Würde und individueller Stolz die vorherrschenden Merkmale Spaniens sind. So sprechen die Bettler auf der Straße einander mit „Herr, *Señor*, Herr" an, und wenn Sie ihnen zum Wohle Ihrer Seele kein Almosen geben können, müssen Sie sich zumindest entschuldigen – *perdone Vd. por*

Dios . Während wir diese Unabhängigkeit bewundern , kommen wir nicht umhin, zu erkennen, dass es sich um eine falsche Würde handelt, die lieber verhungert, wie eine der Figuren in Pérez Galdós ' *Fortunata y Jacinta* , denn „ *mi dinidá y sinificancia no me erlauben* – meine Würde und Bedeutung tun es nicht." erlauben Sie mir", eine Anstellung anzunehmen. Das schöne äußere Erscheinungsbild, das der Dacharmut verliehen wird, ist erbärmlich, kann aber leicht täuschen und Misstrauen hervorrufen. Frau. d'Aulnoy bemerkte, dass die Spanier „dieser Bedürftigkeit mit einer Ernsthaftigkeit standhalten, die einen betrügen würde."

In „*Lost*" *von Love's Labour sagt* Don Adriano de Armado zu Moth, dass er „nicht gut rechnen kann; es passt zum Geist eines Tapsters", aber zu Moths Beobachtung: „Sie sind ein Gentleman und ein Spieler, Sir", antwortet er zufrieden, „ich gestehe beides; Sie sind beide der Lack eines vollkommenen Mannes" (*todo un hombre*). Die Spanier haben sich immer als schlecht im Rechnen erwiesen, sie sind sorglos gegenüber Details und haben in der Tat eine orientalische Gleichgültigkeit gegenüber Fakten und Zahlen; In keinem Land ist es schwieriger, genaue Ergebnisse oder fortlaufende Statistiken zu erhalten. Gegen alle Plackerei rebelliert das spanische Temperament [22] ; sie handeln impulsiv, in unzusammenhängenden Momenten ohne Beharrlichkeit; ihre Konzentration ist augenblicklich, [23] ohne Konsequenz; und es wurde beobachtet, dass „Spanien sein Leben und seine Kunst durch spirituelle Erschütterungen entwickelt hat." Was in einem von Pérez Galdós ' Romanen [24] über Narváez gesagt wird, könnte durchaus auf viele Spanier zutreffen: „Er hat ein großes Herz und eine große Intelligenz, aber sie manifestieren sich nur durch Anfälle und Anfälle, durch Impulse, *por.*" *Arrangieren* . Unter den Spaniern gibt es viel Intelligenz, aber wenig Kontinuität im Urteilsvermögen; keine Ausdauer. Sie sind begeistert von einem Projekt, und da ihre Gedanken schneller sind als die Taten, sehen sie, wie die Sache begonnen, im Gange und abgeschlossen ist, so dass ihr Eifer die Verwirklichung verhindert und schließlich nichts getan wird. Wir erinnern uns, dass Don Quijote wenig daran gedacht hatte, ein Königreich zu erobern und einem Riesen den Kopf abzuschlagen: „Alles, was ich für bereits getan halte, ist *que todo* ." *esto Doy Ja für Hecho* . „Oder manchmal beeinträchtigt ihre Intelligenz ihre Arbeit , und weil sie sich nicht damit zufrieden geben, eine einfache Sache einfach zu erledigen, verderben sie sie, indem sie ein wenig zu schlau sind, oder sie entscheiden eine Sache zu schnell durch ein schnelles Urteil, das sich zufällig als falsch erweisen kann. Die Spanier sind ein Volk von immenser und anhaltender Energie, [25] aber ihre Energie schlummert oft oder ist fehlgeleitet. Es hat sich gezeigt, dass zwei Spanier im 20. Jahrhundert sich mit so heftiger Intensität unterhielten, dass es im Laufe einer langwierigen und lautstarken Diskussion immer wieder schien, als ob sie von Worten zu Schlägen übergehen müssten; und die Streitfrage, die mit einer Heftigkeit geführt wurde, die weniger energische

Naturen erschöpft hätte, war die Frage, ob es richtig oder falsch war, die Morisken zu Beginn des 17. Jahrhunderts aus Spanien zu vertreiben. Dennoch ist es nicht sicher, dass man die Spanier als unpraktisch bezeichnen kann; Sie sind oft untätig, gleichgültig und distanziert von den Ereignissen des täglichen Lebens, aber wenn eine Angelegenheit sie wirklich interessiert, scheinen sie ausreichend klug und praktisch zu sein. König Jakob I. von Aragon richtete einen Vorwurf an die Kastilier, der oft auf alle Spanier angewendet wurde: „Sie tun nichts ohne Extravaganz." [26] „Aber ein grundlegender Bestandteil des spanischen Charakters ist Realismus und klare Vision; Es ist ihr Geburtsrecht auf transparente, subtile Luft und wolkenlosen Himmel. Sie sind bestrebt, jede Falschheit und Heuchelei aufzudecken und zeigen eine kluge Einsicht in den Charakter; aber ihr Studium hat sich immer auf Personen und nicht auf Bücher und Dinge konzentriert, [27] so dass sie selbst verschwenderisch handeln können, auch wenn sie die ersten sind, die die Verschwendung eines anderen sehen, die, so könnte man sagen, äußerst praktisch in den Angelegenheiten anderer ist. auf ihre Art seltsam abstrakt und unbedacht. Ihr Realismus drückt sich, wenn er sie durch Reaktion in eine unfruchtbare Liebe zu Worten und Visionen unmöglicher Ideale treibt, in einer Direktheit aus, die für alle Klassen von Spaniern sehr charakteristisch ist, in der prägnanten Kürze unzähliger Sprichwörter, in konzentrierter Intensität auf ein Gegebenes Moment, in Humor und Satire und einer starken Vorliebe für Spott. Ihre Sprichwörter zeugen von einer Sparsamkeit und einem gesunden Menschenverstand, die sich stark von der Klugheit unterscheiden, die bereichert, aber ebenso weit entfernt von der romantischen Sichtweise der Spanier, die Ausländer manchmal vertreten. In edlen Worten hat Calderón über das Leben gesagt, dass es „ein Schatten, eine Fantasie ist und das größte Gut von geringem Wert ist, da alles Leben ein Traum ist und die Träume selbst ein Traum sind"
:

Was ist das Leben ? Unfrenesí .
_ Was ist das Leben ? Eine Illusion ,
eine Dunkelheit, eine Fiktion ,
und der Bürgermeister ist klein ,
das ganze Leben ist süß
und los sueños sueño Sohn;

aber wir können bezweifeln, ob die folgenden Zeilen von Lope de Vega nicht ebenso wahrhaft spanisch im Geiste sind:

Nada me parece bien,
Todos me son importunos .-
¿ Teneis dineros ? – Ningunos . –
Pues Procurad que os Los Höhle.

„Ich sehe in nichts etwas Gutes; alle Männer ermüden mich. – Hast du Geld?
– Keines – Dann sorge dafür, dass du etwas bekommst." [28] Im spanischen
Humor findet sich ein fast herber Hauch von Originalität , eine hinterlistige
und bösartige Ironie, ein bissiger Witz, voller Fröhlichkeit und guter Laune ,
aber von großer Kraft und Direktheit. Ihre Höflichkeit ist sprichwörtlich,
und sie ist nicht nur eine oberflächliche Höflichkeit, spröde wie Glas,
sondern geht bis ins Innerste des Mannes. Eine Kenntnis Spaniens scheint
zu zeigen, dass bloße Formen der Höflichkeit einen nicht geringen Einfluss
auf die Wahrung der Würde einer Nation haben. Der Spanier, der aus seinem
eigenen Haus schreibt, spricht von „ esta" . su casa , das ist Ihr Haus, und
einem Kaufmann wird er selbst unterschreiben: „ Ihr sicherer Diener, der
Ihre Hände küsst" (SSS, QBSM, was kürzer ist als das entsprechende
Englisch, „Mit freundlichen Grüßen"); bloße Formen, wird man sagen, aber
Formen, die den Geist zeigen und die herrschaftliche und großzügige Pracht
der Männer verraten, die einst die Welt regierten und von denen Bacon
schrieb: „Das habe ich Ich wunderte mich manchmal über Spanien, wie es
so große Herrschaftsgebiete mit so wenigen natürlichen Spaniern
umklammert und unter Kontrolle hält." Da den Spaniern wegen ihrer
großartigen Missachtung des menschlichen Lebens der Vorwurf der
Grausamkeit eingebracht wurde, hat ihr Umgang mit der Zeit dazu geführt,
dass viele sie für faul und völlig ungeschäftlich halten. [29] „Es wurde
festgestellt, dass die Spartaner und Spanier von geringer Schlagkraft waren",
sagt Bacon, und dieser Aufschub und diese Verzögerung waren in den
großen Zeiten der Größe Spaniens ebenso ausgeprägt wie heute. Wir müssen
nur an die endlosen Prozesse der Inquisition denken oder an Bücher, die an
der Grenze auf eine Einsichtnahme warten und einmal im Monat von einem
Mann angeheuert werden, der sie entstaubt. Im gewöhnlichen Leben ist es
vielleicht eher auf Gleichgültigkeit und Verachtung als auf eine angeborene
Trägheit zurückzuführen; Bei offiziellen Transaktionen führt der
Formalismus und die Unfähigkeit, mit anderen zusammenzuarbeiten, oft
dazu, dass die Angelegenheit zu einer komplizierten Angelegenheit wird, die
nur durch eine geduldige und langsame Lösung gelöst werden kann. Selbst
heute trägt eine starre Zentralisierung die kleinste Angelegenheit zur
Regelung nach Madrid und legt dem Premierminister eine erdrückende Last
von Arbeit auf. Die Etikette wird übertrieben, und in Spanien gibt es viele
„formelle Naturen", Männer, die eher bei einer Zeremonie zugrunde gehen
würden, als schnell und mit gesundem Menschenverstand zu einem Ergebnis
zu kommen. Aber der wahre Fehler der spanischen Politik besteht darin, dass
sie dazu neigt, abstrakt zu werden, mit vielen hervorragenden Formeln und
Schlagworten, aber von der Realität losgelöst, eine Art zeitgemäße Scholastik.
Manchmal scheinen sie ein Spiel der Dialektik zu sein, das von wenigen
geschickten Spielern betrieben wird, manchmal wie eine „rauschende
Rhetorikpracht ", die viele mitreißt. Spanier lieben das, was Butler „diese

müßige und nicht sehr unschuldige Beschäftigung, imaginäre Modelle der Welt und Pläne zu ihrer Beherrschung" zu entwerfen, nennt. Spanische Politiker, sagt Señor Pérez Galdós , „leben in einer Welt voller Rituale und Formeln, Rezepte und Hilfsmittel." Die Sprache ist voller Aphorismen, Mottos und Embleme. Ideen werden stereotyp, und überlegte Handlungen versuchen, sich in Worten zu verkörpern, und können sich nicht für sie entscheiden." [30] Es scheint tatsächlich, dass sich die Realität für die Spanier als so kantig und hartnäckig erwiesen hat, dass sie gerne versuchen, ihr zu entkommen. Während keine Nation in Unglück und Niederlage so großen Mut, Ausdauer und geduldigen Einsatz zeigt, sind sie im Erfolg nicht gleichermaßen erfolgreich, werden oft vom Wohlstand verwöhnt und werden schwach, zügellos und leichtsinnig; Sie müssen etwas haben, gegen das sie kämpfen können, und sie werden fallen, wenn sie sich nicht mehr gegen die Opposition durchsetzen können. Dies könnte der Grund dafür sein, dass die ärmeren Klassen immer noch, wie zu Fords Zeiten, „keineswegs der schlechteste Teil der Bevölkerung" sind. Die Bauern sind höflich, intelligent, geduldig, energisch und ausdauernd: Ihr Lob wurde von vielen Schriftstellern gesungen. [31] Aber es herrschen ein erbärmlicher Fatalismus und eine Apathie vor, und eine große Bitterkeit gegenüber den Autoritäten. *Pobreza nunca alza cabeza* , die Armut erhebt nie ihren Kopf, heißt es: *la cárcel y la cuaresma para los pobres es hecha* , Gefängnis und Fastenzeit sind für die Armen; Sie erwarten keine Besserung ihres Schicksals, sondern „ *pan y paciencia y muerte con penitencia* " – Brot und Geduld und Tod mit Reue. Aber es muss gesagt werden, dass die Schuld nicht nur bei denen liegt, die „oben" sind, sondern auch bei denen, die keinerlei Überlegenheit dulden [32] und so die Unterschiede zwischen Mensch und Mensch auf die brutale Trennung von Reichtum und Armut reduzieren Machen Sie das Leben zu einem Wettlauf um Reichtum. Es bleibt jedoch wahr, dass die Bauern Spaniens durch Steuern erdrückt werden [33] und ununterbrochen arbeiten, nur um am Rande des Verhungerns zu schweben; *todo sea por Dios* , sagen sie, und begnügen sich mit der Feststellung, dass Ehrlichkeit und Reichtum nicht in einen Sack passen – *honra y provecho no caben en un saco* . Es gibt eine gewisse elementare Härte in den Spaniern, die ihnen hilft, Widrigkeiten stoisch zu ertragen und modernen Komfort und Luxus sogar zu verachten. Ihre Gleichgültigkeit gegenüber Unruhe, Unbehagen und lautem Aufruhr [34] bestürzt den Ausländer oft, aber es ist nicht so, dass sie gegenüber den Gefühlen anderer rücksichtslos sind, sie haben eine tiefe Sensibilität und Feingefühl, aber sie sind nicht entnervt oder überempfindlich geworden von einer luxuriösen Zivilisation. Ihr Klima mit seinen rauen Extremen von Kälte und Hitze [35] bringt ein Volk wie das von Leóns *Alcalá de los hervor Zegríes* , „streng in ihren Tugenden und Lastern, gewalttätig in ihrer Liebe und ihrem Hass." Sie gehen leicht ins Extreme; Spanische Intellektuelle neigen dazu, entweder völlig unentwickelt zu sein oder in schönen Unterscheidungen zu subtil zu sein, und ebenso ist das Handeln, wenn es dazu kommt, mit Gewalt und Exzess verbunden, wie die Flüsse Spaniens, die, den ganzen Sommer über ausgedörrt, danach herabfließen Regen in rauschenden Strömen. Die Anklage wegen Grausamkeit und Fanatismus, des Stierkampfes und der *auto-defé*, haben sich auf die Spanier festgelegt. Sie sind von Natur aus unflexibel und kompromisslos und setzen ihre Prinzipien gerne um, ohne auf die vielen zarten Grautöne zwischen Weiß und Schwarz zu achten. Aber sie sind nicht von Natur aus grausam; Sie ertragen körperliche Leiden mit Mut und fügen sie anderen als das geringere von zwei Übeln zu, indem sie die Ketzer verbrennen, um die Ausbreitung ihrer Ketzerei zu verhindern. und in der Tat konnte für Menschen, die davon überzeugt waren, dass diese „hartnäckigen Schismatiker " für immer und ewig an einem anderen Ort brennen würden, ein Hauch von Feuer in diesem Leben kaum als übermäßige Strafe erscheinen. [36] Tierquälerei kommt auf den Straßen Spaniens äußerst selten vor, und bei den Stierkämpfen [37] kann man nur mit Fug und Recht feststellen, dass die Aufmerksamkeit des Ausländers zwar auf die Leiden der Pferde gerichtet ist, der ganze Geist jedoch auf die Leiden der Pferde gerichtet ist Der Spanier konzentriert sich auf die Feinheiten des Konflikts zwischen Mensch und Stier und auf schöne Pässe, die dem Ausländer entgehen. [38] Die *autos-defé und* die Inquisition haben Spanien den Ruf von Fanatismus und obskurantistischer Bigotterie eingehaucht . Aber die Spanier sind zwar eifrige Verfechter ihres Glaubens, aber zu unabhängig, um sich auf Dauer einer klerikalen Vorherrschaft zu beugen; Man kann sie nicht als eine von Priestern beherrschte Nation bezeichnen. [39] *Ni buen zerbrechlich por amigo, ni malo por Enemigo* , sagt eines ihrer Sprichwörter: Machen Sie keinen Freund eines guten Mönchs und keinen Feind eines schlechten. und noch einmal: *Haz lo que dice el fragile no lo que hace* – Folge der Vorschrift des Mönchs, nicht seinem Beispiel. Sie glauben kompromisslos an die römisch-katholische Religion, haben aber ein offenes Auge für die Fehler ihrer Geistlichen; Sie lieben und verehren die Kirche als Zufluchtsort vor der Realität, bleiben aber in ihrer Mystik weiterhin Realisten. Die Kirche in Spanien hat edle Arbeit geleistet, aber sie war eher ein Rückzugsort als eine Moral, sie förderte hohle Shows statt Wahrheitsliebe, [40] Geduld und Unterwerfung statt Unternehmungsgeist und eine beharrliche Suche nach Heilmitteln. Die Antiklerikalen beschweren sich darüber, dass der Einfluss des Priesters in der Familie übermäßig groß sei, wenn die Frauen jedoch in einer halborientalischen Abgeschiedenheit gehalten würden, während die Männer auf der Straße, in Casinos und Cafés miteinander plauderten, wie es in vielen Teilen Spaniens immer noch der Fall sei , [41] Es ist für die Frauen nur natürlich, sich von der Unbequemlichkeit und Isolation ihrer Häuser den prächtigen Zeremonien der Kirche zuzuwenden. [42] Die Spanier neigen von Natur aus zu Großzügigkeit und einer Liebe zur Pracht, aber da ihre Armut dies verhindert, degeneriert dies allzu oft zu Täuschung und Hohlheit. Der

Armut und dem stolzen Verschweigen der Armut ist ein Großteil des in Spanien vorherrschenden Misstrauens zuzuschreiben. Von vielen Spaniern kann man sagen, dass sie auf der Straße wohlhabend und zu Hause von Armut betroffen sind. Die Familie in Peredas *Bocetos al-Tempel*, die sich ohne zu zögern dafür entscheidet, von Kartoffeln zu leben, um sich luxuriös kleiden zu können, ist kein Einzelfall, und in Madrid leben viele in kargen Zimmern, die in Kutschen ins Ausland fahren. Die Spanier legen mehr Wert auf äußere Erscheinung als jede andere Nation. Die allgemeine Sauberkeit und die soldatische Eleganz ihrer Kleidung müssen Bewunderung erregen. Aber sehen Sie, wie ein armer Mann den glänzend gefütterten äußeren Rand seiner *Capa immer wieder faltet*, damit die abgenutzteren Teile des Samts nicht sichtbar werden – die *Capa*, die selbst eine Vielzahl von Sünden (*la capa) bedecken kann todo lo tapa*), das an die Passage in Shakespeare erinnert:

„*Armado*: Die nackte Wahrheit ist, dass ich kein Hemd habe. Ich strebe nach Buße.

Boyet: Stimmt, und es wurde ihm in Rom aus Mangel an Leinen auferlegt.“

Oder folgen Sie einem klugen Beamten durch die Straßen zu seinem Haus. Die Lage und der Eingang des Hauses werden Sie nicht auf die abnehmende Pracht vorbereiten, wenn Sie eine Treppe nach der anderen in die kahlen Räume hinaufsteigen, in denen er wohnt. Vieles ist in der Außenansicht *postizo*, *falsch und künstlich, wie die Spanier selbst bitter zugeben werden*. Der Schein muss gewahrt bleiben. So sagt Bacon: „Es herrscht die Meinung, dass die Franzosen klüger sind, als sie scheinen, und die Spanier scheinen klüger zu sein, als sie sind“, und viele ihrer Häuser sind nicht zum Wohnen, sondern zum Anschauen gebaut. Daher teilweise ein beunruhigendes Element des Misstrauens, von „Verdächtigungen, die immer in der Dämmerung vergehen“, die der offenen und offenen Natur echter Spanier fremd sind. „Von jedem spanischen Unternehmen“, schreibt Señor Benavente im Jahr 1909: „Man kann wie von den berühmten *Cortes sagen*, dass es, entehrt ist, während es noch ungeboren ist‘.“ Das Ergebnis ist, dass derjenige, der auf seinen guten Namen eifersüchtig ist, den Kontakt mit allen Geschäftsangelegenheiten wie Pech meidet und die Angelegenheiten in die Hände von Männern fallen, die keine Skrupel haben ... All diese Verdächtigungen und Misstrauen sind eher ein Zeichen von uns Armut als unserer Moral. Die Geldknappheit ist so groß, dass es unverständlich wird, dass jemand, der damit umgehen kann, es versäumt, einen Teil davon für sich zu behalten ... Darüber hinaus hängen wir so fest an altmodischen Vorstellungen von Adel – *Rancias hidalguías* – dass wir trotz unseres dringenden Geldbedarfs dessen Erwerb immer noch für verachtenswert halten; Deshalb ziehen wir es vor, es über unterirdische Kanäle zu suchen, als wäre es ein Verbrechen, es bei Tageslicht zu suchen.“

Das Misstrauen gegenüber neuen Dingen war schon immer sowohl die Stärke als auch die Schwäche Spaniens. [43] Im 19. Jahrhundert drückte sich dieser Verdacht in einem Patriotismus aus, der auf die äußerste logische Konsequenz getrieben wurde. Waren Napoleons Reformen dazu geeignet, Spanien in unschätzbarem Maße zu nutzen? Für den Spanier waren sie die tyrannischen und heimtückischen Maßnahmen eines Usurpators. War sein Bruder Joseph intelligent, wohlmeinend, versöhnlich? Für den Spanier war er immer der schielende Trinker, *Pepe Botellas* , und es wäre müßig, darauf zu bestehen, dass er nicht schielte und nicht trank. War König Amadeo ein aufgeklärter, mutiger und zurückhaltender Herrscher? Für den Spanier war er ein Eindringling, der mit Vernachlässigung, Unverschämtheit oder Verachtung behandelt werden musste. Dieses Misstrauen mag töricht und schädlich für die Interessen Spaniens gewesen sein, aber es war in vielerlei Hinsicht edel und bewundernswert. Heute haben wir jedoch eher die Kehrseite des Bildes: einen Pessimismus gegenüber allen spanischen Dingen und eine törichte Tendenz, ausländische Dinge nachzuahmen. Unter seiner äußeren *Hülle* hochmütigen Stolzes ist sich der Spanier seiner Grenzen bewusst; Er hat kein Vertrauen in seine eigenen Taten oder in sein Land, oder besser gesagt, sein Vertrauen ist nur vorübergehend und hält nie an. Es ist zweifellos kein Zeichen des Fortschritts, sondern der Degeneration, die spanische *Capa* , die besonders für ein Klima mit heißer Sonne und kalter Luft geeignet ist, gegen englische Mäntel oder die modische Mantilla gegen die neueste Mode in Pariser Hüten einzutauschen. Es ist nicht unbedingt ein Zeichen des Fortschritts, altmodische spanische Frömmigkeit gegen die neuesten Schattierungen von Skeptizismus einzutauschen oder das einfache Leben eines Menschen aufzugeben *Hidalgo* in den Provinzen für den Müßiggänger, verschwendetes Leben in der einzigen Hauptstadt und dem einzigen Hof. Der Wunsch, sehr modern zu sein, ist in Spanien derzeit eine gute Sache, doch er muss nicht darin bestehen, alte Traditionen beiseite zu werfen und ausgezeichnete spanische Bräuche schüchtern abzulehnen. Diese bei Spaniern häufig beobachtete Überhöhung fremder Bräuche und Herabwürdigung ihrer eigenen ist eher auf umgekehrten Stolz als auf Demut zurückzuführen; Zu Beginn des 19. Jahrhunderts galt es in Spanien als Zeichen der Kultur, spanische Dinge zu verachten und französische Dinge zu verehren, aber die Spanier glauben im Grunde an sich selbst, [44] sie loben fremde Länder mit ihren Lippen, aber stellen weiterhin Spanien an die erste Stelle, und wenn sie es nachahmen, verleihen sie ihren Nachahmungen einen eigentümlichen iberischen Touch . Der verstorbene Bischof Creighton bemerkte, als er Spanien historisch betrachtete, dass es „den merkwürdigen Eindruck eines Landes hinterlässt, das nie etwas Originelles getan hat – mal haben es die Mauren, mal Frankreich, mal Italien beeinflusst." Wenn dem so ist, dann haben sicherlich die Mauren, Frankreich und Italien einige ihrer originellsten Werke in Spanien geschaffen; und man kann kaum sagen, dass die großen spanischen Entdecker und Eroberer, Maler, Philosophen und Dichter des fünfzehnten, sechzehnten und siebzehnten Jahrhunderts nicht originell waren, egal ob sie von Mauren, Franzosen oder Italienern beeinflusst wurden. [45] Aber in der Tat stößt der Spanier eher ab, als dass er sich anpasst, es ist seine Tugend und sein Fehler; er bleibt isoliert und allein, schwer zu überzeugen, unmöglich zu regieren. Neue politische und soziale Theorien aus Frankreich werden in Spanien verbreitet, aber sie dienen dort weniger dem Fortschritt als der Unruhe und dem Groll derer, die nichts haben, gegenüber denen, die es haben. Die von Spanien benötigten Reformen werden nicht durch Unruhen und Unruhen gefördert, und die Demagogen, die sie fördern, sind vielleicht weniger patriotisch, als sie zu sein behaupten. Denn Spanien braucht Frieden, lange Perioden der Ruhe , in denen es seine Ressourcen entwickeln und die schwierigere Aufgabe erlernen kann, die Stärke und den unabhängigen edlen Charakter, die im Unglück so deutlich zum Vorschein kamen, im Wohlstand zu bewahren. Die Schlussfolgerung, wenn eine so oberflächliche Studie eine Schlussfolgerung rechtfertigt, ist also, dass die Spanier ein grundsätzlich edles, höfliches und unabhängiges Volk sind, energisch und mutig, mit einem natürlichen Hang zu Größe und Großzügigkeit, das Armut oft zu hohler Zurschaustellung führt und das daraus resultierendes Misstrauen und Misstrauen. Sie werden sich große Mühe geben, „ihre Bedürftigkeit zu ertragen", legen aber mehr Rücksicht auf den Schein als auf die Realität und Substanz des Wohlbefindens, auf künstliche Zurschaustellung, unterstützt durch unendliche Sorgfalt und Einfallsreichtum, als auf etwas Solideres Wohlstand, basierend auf ernsthafter Anstrengung. Ihr Realismus, der die scheinbare Kleinlichkeit des täglichen Lebens hervorhebt, veranlasst sie, Träume zu träumen und zerbrechliche abstrakte Paläste aus wohlklingenden Phrasen zu weben; Sie haben nicht die nützliche Qualität der Genauigkeit, das Verständnis für den Wert und die Wichtigkeit von Details und schrittweiser Anstrengung, von Pennys und Minuten: Sie werden einen Stein mit einem großen Schlag in zwei Teile zerschlagen, sondern die Idee, dass er von Tropfen durchbohrt werden könnte Wasserseife _ *Cadendo* ist ihnen fremd, und oft zielen sie auf eine Million und verpassen eine Einheit. Sie sind eine Nation äußerst origineller Charaktere, die spontan und zeitweise handeln und in Extremen denken; oft scheiternd angesichts des Wohlstands, aber stolz, entschlossen und geduldig im Unglück; oft äußerst unvorsichtig, aber niemals verachtenswert, außer gegenüber denen, deren Verehrung Reichtum und Erfolg bedeutet; ein bewundernswertes, aber unbequemes Volk, das sich nicht ohne Weiteres an die modernen Bedingungen anpasste, mit dem aber stets als energische, lebenswichtige Kraft zu rechnen war und das sich vor einer Niederlage nicht dauerhaft beugte.

II

REISEN IN SPANIEN

Es war natürlich Samuel Johnson, der sagte: „Es gibt einen großen Teil Spaniens, der noch nicht erkundet wurde", und diese Bemerkung gilt immer noch für diejenigen, die wie Don Quijote „auf Abenteuersuche gehen" wollen. Die Räubergeschichten, die „aufgestanden" sind, wie Ford sagen würde, „für den Heimatmarkt", sind mittlerweile leicht explodiert, und nur wenige Reisende erwarten, auf Schritt und Tritt Folgendes zu finden:

„Cent coupe- jarrets à faces renégates
Coiffés de montéras et chaussés d'alpargates ."

Doch auch heute noch wissen nur wenige Ausländer, dass sie die Halbinsel in vollkommener Sicherheit von Norden nach Süden und von Osten nach Westen überqueren und wieder überqueren können. Sie werden sich ohne Episoden mit Umhang und Schwert treffen; Ihre Abenteuer müssen von anderer Art sein. Zwar kann der Spanier sein Messer gebrauchen, aber das Messer kommt in Streitigkeiten um Karten, Liebe und Eifersucht ins Spiel, an denen der vorbeikommende Reisende keinen Anteil haben kann. Wer jedoch Kultur am Komfort misst und als beständiger First-Class-Passagier durchs Leben reisen möchte, sollte seine Spanienreise auf jeden Fall auf die Umrundung einiger weniger Städte beschränken –

„ Erret et extremes scrutetur alter Iberos ",

und wie schnell und konventionell auch immer, eine Reise, die die Alhambra, die Moschee von Córdoba, die Kathedralen von Sevilla, Toledo und Burgos [46] sowie die Gemäldegalerien von Sevilla und Madrid umfasst, kann man kaum sagen vergeblich. Aber um Spanien und die Spanier kennenzulernen, muss man weiter in die Ferne gehen, in die kleinen Städte und Dörfer Andalusiens und Kastiliens, denn hier und nicht in den größeren Städten findet man den wahren Geist der Rasse. Etwa fünftausend Dörfer sind noch immer nur über Reitwege zu erreichen, und in diesen hat sich kaum etwas verändert, seit Cervantes seine Steuereintreibungsrunden machte; Für diejenigen, die die ausgetretenen Pfade verlassen möchten, gibt es also immer noch viele unerforschte Gebiete und viel Wissen aus erster Hand über das Land und seine Bewohner. Für viele ist Spanien zweifellos das Land des Tanzes, des Gesangs und der sonnenverbrannten Heiterkeit, des Flatterns der Fans und des Aufblitzens dunkler Augen; das Land des Stierkampfes und der weißen Mantilla und der Nelken im Haar; römische Ruinen und maurische Paläste inmitten von Myrten- und Orangenhainen; von-

„Verhüllte Gestalten, das Klirren von Gitarren,
ein Ansturm von aufeinanderprallenden Füßen und Degen,
dann tiefe Stille mit atemlosen Sternen,
und über ihnen blitzt eine weiße Hand."

und wenn irgendwelche Schatten auf das Bild fallen, dann sind es die des
Räubers und des Priester-Inquisitors. Dann kommt die unvermeidliche
Reaktion. Diejenigen, die Spanien besuchen, stellen fest, dass es für sie
tatsächlich *un pays de l'imprévu ist* . Das frühere Bild in ihrem Kopf
verschwindet bald, und sie schreien nach diesem „ Ciel" . insalubre ", dies –

„ zahlt sich aus endiable ;
Nous y mangions , au lieu de starine de blé ,
Des rats et des souris et pour toutes ribotes
Nous avons „ Dévoré beaucoup de vieilles bottes."

Aber nach vielen über Spanien veröffentlichten Büchern zu urteilen,
scheinen sich die meisten europäischen Länder zu einem Bündnis
zusammengeschlossen zu haben, um die Halbinsel ausschließlich als ein Land
der poetischen Unwirklichkeit zu betrachten, dessen Bewohner in
Inquisitoren, Mönche, Räuber und Verschwörer gespalten sind, die Geld
spenden —

„ die Farbe der Romantik
Zu jedem trivialen Umstand."

Eine ausgewogene und genaue Darstellung des Landes ist einzigartig selten.
Es ist wahr, dass sich Spanien in mancher Hinsicht seit dem 16. Jahrhundert
kaum verändert hat, aber andererseits sind im 20. Jahrhundert, während es
mühsame Fortschritte gemacht hat, die ausländischen Vorstellungen von
Spanien mit den Vorurteilen und festen Meinungen unverändert geblieben
von vor fünfzig Jahren. Kein Irrtum und keine Übertreibung in Bezug auf
Spanien ist zu lächerlich, als dass man sie bejahen und leicht glauben könnte,
und diejenigen, die nicht daran denken, die Halbinsel in ruhigen Tagen zu
studieren, außer als ein Land der vagen Romantik, wenn Ärger auftritt, sind
mit kluger Kritik und strengem gesundem Menschenverstand beflissen ,
basierend auf Unwissenheit. Die hysterischen Visionen von Gefangenen, die
in spanischen Kerkern gefoltert wurden, und der Grausamkeit und Gier von
Priestern könnten in jüngster Zeit einen davon überzeugen, dass Mr. Kiplings
„Little Foxes" nicht vor, sondern nach den Ereignissen von 1909 in Spanien
geschrieben wurde. Man vergisst, dass Herr Lethabie aus Äthiopien und nicht
aus Spanien stammt Groombride , Abgeordnete, ruft aus: „Was für eine
gefühllose Unterdrückung! Die dunklen Orte der Erde sind voller
Grausamkeit!" Wie die Eingeborenen Äthiopiens sind auch die höflichen
Spanier „sehr erfreut über Ihre Herablassungen "; Aber auch sie haben Sinn
für Humor und nehmen mit Belustigung die Ignoranz der Nationen zur

Kenntnis, die erklären, Spaniens größtes Bedürfnis sei mehr Bildung und Kultur.

Für den Reisenden , der die abgelegenen Teile Spaniens erkunden und den spanischen Zügen entfliehen möchte, ist die Fortbewegung zu Pferd die einfachste Methode. Wandern, Radfahren und Autofahren sind im Norden möglich, insbesondere in den baskischen Provinzen, wo die Gasthäuser gut und die Straßen ausgezeichnet sind. Aber in den meisten Teilen Spaniens sind sie praktisch unmöglich; Die Straßen sind selbst zum Gehen zu steinig oder zu staubig, und außerdem findet man auf fünfzig Kilometern kaum ein Gasthaus. Es bleibt noch die *Diligencia – Coche* , *Tartana* , *Diabla* , nennen Sie es, wie Sie wollen –, aber ein einziges Erlebnis davon wird wahrscheinlich ausreichen. Es rollt und schlingert schwer unter den lauten, ununterbrochenen Rufen des Fahrers zu seinen Pferden: *Caballo- allo – allo- allo* , *Mula -ula-ula-ula* . Der Reisende wird , wenn er das Pech hat, sich im Inneren aufzuhalten, gegen die hölzernen Seitenwände geschlagen, die Fenster klappern, die Glocken klingeln, das Fahrzeug schwankt langsam auf seinem Weg, stöhnend und beklagt sich über die Breite, aber auch über die Länge, der Straße [47] – *nosotros tambien llegaremos* , *si Dios quiere* , wie ein Fahrer sagte, als er an schnelleren Reisenden vorbeikam , „wenn es der Wille des Himmels ist." Gelegentlich kann man auf einem Landbahnhof einen Jungen sehen, der wie eine Staub- oder Schlammsäule aussieht. Er ist der *Zagal* der *Diligencia* , der an ihrer Seite durch Dreck und Schlamm rennt, die Pferde antreibt, oder sich auf der hinteren Stufe ausruht. Manchmal steigt die *Diligencia* in Flussbetten hinab, die normalerweise trocken sind; und nach viel Regen kann es dort bleiben, und die Dunkelheit bricht herein und die Frösche quaken spöttisch, während weitere Maultiere herbeigeholt werden, um bei der Befreiungsarbeit zu helfen. Oft geschieht es nachts und wirft seltsame, fantastische Schatten in die engen Gassen schlafender Dörfer. Der Fahrer muss nicht nur extremer Hitze und Kälte ausgesetzt sein, sondern ist oft auch der Gefahr von Schneeverwehungen und anschwellenden Sturzbächen und Steinen aus den Berghängen ausgesetzt. Ein Gastwirt aus Navarra, ein alter Soldat aus Santa Cruz, stellte einen Fahrer einer *Diligencia* als „den tapfersten Mann meines Bekanntenkreises" vor. Spanische Reisende nehmen all diese Unannehmlichkeiten mit einer wunderbaren , fatalistischen Resignation und Gelassenheit hin; Aber selbst ein Fußgänger kommt an einem Nachmittag weiter und kommt besser zurecht als ein Reisender in *Diligencia* an einem ganzen Tag. Als einzigartiges Erlebnis muss jedoch eine *Diligencia-* Fahrt unternommen werden; und der Kutscher ist ein guter Gesellschafter, der sich die Zeit nimmt, seine Maultiere laut zu loben und zu tadeln, um prägnante Kommentare über die Lebenden und die Toten abzugeben –

„Die Kreuze auf dem Gebirgspass, die
mit Quasten geschmückten
Maultiere , der laute Lärm der Maultiertreiber, der angebundene Esel,
der das staubige Gras am Wegesrand abschneidet,
und Kavaliere mit Messingsporen, die
im Gasthaus aussteigen.“

Die Gasthäuser, *Mesones* , *Ventorrillos* , *Ventas* , *Posadas* und *Paradores* ,
sind immer noch die gleichen wie zu Zeiten von Cervantes, mäßig sauber,
übermäßig unbequem, ohne Möbel und Essen. [48] Auf Ihre erste Anfrage
lautet die Antwort immer noch: „ *Hay de todo* , wir haben alles“, und auf Ihre
weitere Anfrage schrumpft das abstrakte *todo auf nada* . Aber für das
Verständnis des spanischen Volkes gibt es nichts Interessanteres und man
könnte hinzufügen: Angenehmeres, als seinen Reden zuzuhören, während
sie um ein großes Gasthausfeuer aus knisternden, duftenden Zweigen sitzen,
die auf dem Steinboden des Hofes und der Küche brennen. Die
Unannehmlichkeiten und Strapazen des Reisens in abgelegene Teile Spaniens
werden in fließendem Maße entschädigt. Hier ist ein einsamer Bauer zu
sehen, der ein so steiles und steiles Land pflügt , dass die Steine beim
Vorrücken nach unten klappern; dort stehen die Maultiere stundenlang am
Pflug, während die Bauern – in diesem Fall Diener eines großen Anwesens –
Karten spielen und die großen irdenen *Wasserbotijos* bereithalten; oder eine
Gruppe von Arbeitern auf den Feldern steht am frühen Morgen zitternd um
einen großen *Puchero herum* , taucht nacheinander ihre Löffel ein und hebt
nacheinander die *Bota* hoch über ihre Köpfe, um zu trinken; oder man
erhascht einen flüchtigen Blick auf ein Bauernkleid [49] in leuchtenden
Farben , auf ein altes, verschwindendes Kostüm aus Leder oder Samt,
Seidenstickereien oder Silberknöpfen – auf Schritt und Tritt taucht ein
wunderlicher Brauch, eine seltsame malerische Szene und Farbe auf, und das
Gespräch der Bauern ist eine Freude. Die beiden erfolgreichsten englischen
Reisenden in Spanien waren zweifellos Ford und Borrow. Sie gewannen den
Respekt aller Schichten der Spanier und erlebten praktisch das gesamte
spanische Leben vor einem Dreivierteljahrhundert. Borrow beschreibt sich
selbst einmal als „gekleidet in der Art und Weise der Bauern der
Nachbarschaft von Segovia in Altkastilien, nämlich, dass ich auf meinem
Kopf eine Art Lederhelm oder *Montera trug* , dazu eine Jacke und eine Hose
aus dem gleichen Material .“ Und Ford sagt: „In allen abgelegenen Bezirken
kann der Reisende die Nationaltracht der Straße annehmen, nämlich den
Schirmhut (*Sombrero Gacho*) und die Pelzjacke (*Zamarra*).“ Aber ohne den
mittlerweile fast ausgestorbenen Schirmhut oder Borrows Lederhelm
bringen ein paar Kleiderwechsel und vor allem das, was Ford „einen
anmutigen und ärmellosen kastilischen *Manta* “ oder besser *Capa nennt* , der
sich hervorragend für das Klima eignet, viele Vorteile. Denn für den
gewöhnlichen Reisenden mit rotem Buch und Kamera wird der Spanier seine

wahre Natur kaum offenbaren und bleibt ein undurchdringliches Geheimnis; Nicht dass der Ausländer oft die Existenz des ungelösten Rätsels erkennt, der Spanier bietet genügend auffällige Aspekte, um einen schnellen oberflächlichen Eindruck zu hinterlassen. Die besten Reiseführer für Spanien sind immer noch Fords „Gatherings" und eine gründliche Bekanntschaft mit „Don Quixote", fließende Spanischkenntnisse und schließlich der Rat der Spanier, denn wie Sancho weise bemerkte: „más sabe el . " necio de Su casa que el cuerdo en casa ajena ." Der Reisende in Spanien kann in der Sommerhitze dem silbernen Plätschern von Springbrunnen in Marmorterrassen lauschen *und* die Kühle der verschneiten Sierras spüren; Vielleicht sammelt er am frühen Morgen gefrorene Orangen, um sie später unter der brennenden Sonne zu essen; aber es ist diese Sonne, die aufgrund der kalten Winde dazu neigt, seine Wanderungen auf eine kurze Frühlings- oder Herbstperiode zu beschränken. Martial sagt tatsächlich:

„ Aestus serenos aureo Fransen Tago
Obscurus umbris Arborum ."

Aber unter der heftigen Sonne Kastiliens – und es wird gesagt, dass es 3600 Sonnenstunden im Jahr gibt – bringt die Fantasie im Tejo keine goldenen Farbtöne hervor, und es gibt nur wenige Bäume. Komfort wird der Reisende kaum finden, aber Servicebereitschaft und Höflichkeit auf allen Seiten. Wenn er weise ist, wird er jedoch die Spanier nicht nur ein wenig in ihrer Kleidung, sondern auch in ihren Manieren stark nachahmen. Er wird sich mit einem unveräußerlichen Vorrat an Geduld ausrüsten. Er wird höflich sein, auch wenn er sich über Verzögerungen ärgert. Seine Höflichkeit wird niemals unbeantwortet bleiben. „ *La Cortesía tenerla con quien la tenga* , Mit freundlicher Genehmigung desjenigen, der es hat", wie eine von Calderóns Figuren sagt. Geld bringt oft viel, aber das Angebot einer Zigarette oder Zigarre ist oft nicht weniger wirksam. Ohne höfliches Auftreten wird das Geld als Beleidigung gewertet und die Zigarre verweigert. Calderón sagt noch einmal: „ *El sombrero y el dinero son los que hacen amigos* , Den Hut hoch und das Geld machen die meisten Freunde." Nur wenige Völker respektieren sich selbst mehr als die Spanier, und sie erwarten Respekt von anderen. „Der sensible Spanier sträubt sich wie ein Stachelschwein gegen den Verdacht einer Geringschätzung." Sie vergessen nicht, dass sie einst die größten Menschen Europas waren, und sie halten es für einen Zufall, dass der Fortschritt der modernen Zivilisation sie zurückgelassen hat, da sie in der Tat zu mechanisch waren, als dass ihr Stolz sie übernehmen könnte. Und dennoch lautet die goldene Regel für den Reisenden in Spanien, niemals in Eile zu sein oder niemals zu zeigen, dass er es eilig hat, denn dadurch erhöht er die Verzögerungen und vereitelt sein Ziel. Er muss das spanische Sprichwort gründlich lernen – *Paciencia y barajar* , „Geduld und mische die Karten." Geduld und Höflichkeit werden ihm überlegen sein. Der so sensible und aufgeregte Spanier lässt sich von Verzögerungen und kleinlichen offiziellen Tyranneien nicht rühren, die einen Engländer in eine Art Verzweiflung und Zorn der Ungeduld treiben. [50] Aber die niederen Beamten in Spanien neigen dazu, unwissend und selbstgefällig zu sein, sehr offiziell, und knappe Nachforschungen erinnern sie nur daran, dass sie die ganze Majestät des Gesetzes und des Staates repräsentieren; Sie vervielfachen ihr Achselzucken und ihr unergründliches *„No se puede "* . Andererseits ist eine höfliche Rede, auch wenn sie einige der wenigen Minuten in Anspruch nimmt, die der Reisende möglicherweise entbehren muss, in Spanien gut investierte Zeit und bewirkt Wunder – sofern er jedoch weiterhin auf den Wert der Zeit bedacht ist , und hat es nicht einfacher gefunden, die weniger genauen Methoden des Spaniers zu akzeptieren. Denn er könnte in einer Kathedrale fragen: „Wann wird die Messe gefeiert?" und die Antwort lautet: „ *No sé , Señor* ; *Cuando vengan los canónigos* " – wenn es den Kanonikern ein Vergnügen ist, zu erscheinen; oder er fragt vielleicht in einem Bahnhof: „Wann fährt der Zug ab?" und man darf sich nicht wundern, wenn die Antwort wieder „ *No sé , Señor* " lautet. Am besten begnügte er sich ein für alle Mal damit, zum Fünf-Uhr-Tee zu frühstücken, und wird Trost in dem Gedanken finden, dass es hier zumindest keine ungebührliche Hektik und Anspannung gibt, in diesem ursprünglichen und exquisiten Land von morgen – *Mañana por la mañana* .

III

AN DER SPANISCHEN GRENZE

D ER Bidasoa trennt im letzten Teil seines Verlaufs Spanien von Frankreich. Es trennt das Baskische weiter vom Baskischen. Es hat somit ein lokales und ein historisches Interesse. Es ist Schauplatz des Schmuggels zwischen französischen und spanischen Basken und als Grenzfluss hat er in der Vergangenheit viele malerische und feierliche Ereignisse erlebt – zum Beispiel den Durchzug von Wellingtons Truppen im Jahr 1813 oder den Austausch von Franziskus in Booten I. gegen zwei Geiseln (seine Söhne) im Jahr 1526, wobei der König große Eile zeigte, um über den Fluss zu siegen und die freundlichen Bewohner von St. Jean de Luz [51] und die schützenden Mauern von Bayonne zu erreichen. Aber es ist die vorübergehende Schönheit des gesamten Bidasoa- Tals, die den Besucher anzieht, die Lieblichkeit des Flusses, der Hügel und der Dörfer am Fluss. Der Bidasoa ist auf seinem gesamten Weg von dort, wo er in der Nähe des Dorfes Maya entspringt, wunderschön. Es handelt sich um einen kleinen Gebirgsbach, der schnell durch Eichen- und Kastanienwälder fließt. Manchmal fallen die Hügel abrupt ab, das Wasser liegt tief und dunkelgrün darunter und sowohl die Hügel als auch der Fluss erinnern an Ullswater. Etwas oberhalb von Endarlaza verlässt die Straße den Fluss und von hier aus kann man einen Blick auf das Bidasoa von unvergleichlicher Schönheit werfen. Denn es verläuft in einer langen, unregelmäßigen Strecke, unregelmäßig für die rauen Rückgrate eines Hügels, der mit Felsbrocken und Buchsbaumbüschen bedeckt ist. An jedem Hügelkamm könnte man erwarten, dass sich der Fluss verbiegt und verschwindet, aber dennoch erscheint er dahinter. In der Nähe des Dorfes Vera verengt es sich zu einem schmaleren Fluss, und das Wasser peitscht über die Felsen, die herrlich weiß und grün sind. Der Fluss ist sowohl bei Fischern als auch bei Schmugglern, Carlisten und Naturliebhabern bekannt. Sicherlich werden die klügsten Reisenden , bevor sie in die kargen Hochebenen von Kastilien weiterreisen, bleiben, um diesen kleinen Streifen grüner Landschaft mit seinen frischen Wäldern, Tälern und Dörfern voller Staat und Antike zu erkunden. Vera, in einer sonnigen Senke, übt eine besondere Faszination aus. Die mit Weinreben bewachsenen Balkone und vorspringenden Dächer halten die Häuser im Schatten, und auf zwei Seiten ist das Rauschen und Fließen des Wassers zu hören. Die Häuser stehen auf verschiedenen Ebenen, mehrere Stockwerke erstrecken sich Dach über Dach vom Fluss bis zur Kirche. Sie sind neugierig wegen ihrer Steinskulpturen, ihrer urigen geschnitzten Strebepfeiler, ihrer mit Nägeln besetzten Türen oder Rundbögen, die zum Außenhof führen, ihrer verrückten Holzbalkone, ihrer Wappen, ihrer Inschriften. Ganz am Eingang des Bidasoa liegt

Fuenterrabía , unterhalb des sanft abfallenden Jaizquibel . Es ist eine kleine Stadt mit wunderbaren , engen, steilen und krummen Gassen und überragenden Häusern aus Holz und Stein. Davor liegt eine kleine Bucht, schwarz von Fischerbooten, und von der anderen Seite des Wassers aus gesehen ist Fuenterrabías dicht gedrängte Häusergruppe in Gelb, Braun und Grau, gekrönt von der alten Kirche und der Burg aus dem 10. Jahrhundert, von seltener und bezaubernder Schönheit . Nicht nur ein schmaler Flussstreifen, sondern mehrere Jahrhunderte trennen ihn vom gegenüberliegenden Hendaye , mit seinem Ufer am Bidasoa und seinem Ufer am Meer und seinen Wäldern oberhalb des Flusses, die im Frühling voller Narzissen sind. Der plötzliche Wechsel von allem Französischen zu allem Spanischen kann nur überraschend sein. Dies ist zweifellos auf die Tatsache zurückzuführen, dass die Menschen neben der französischen und der spanischen Zivilisation und Sprache eine ältere Sprache und Zivilisation haben, die beiden Seiten gemeinsam ist. Die gesprochene Sprache des Baskischen unterscheidet sich nur geringfügig und ist in Spanien lediglich etwas weiter verbreitet als in Frankreich. Frau. d'Aulnoy bemerkte die abrupte Veränderung, die durch ein paar Meter Fahrt hervorgerufen wurde. „Es ist sicher, sobald ich den kleinen Fluss Bidassoa passierte , wurde ich nicht verstanden, es sei denn, ich sprach Kastilisch; und nicht länger als eine Viertelstunde, bevor man mich nicht verstanden hätte, wenn ich nicht Französisch gesprochen hätte." [52] Hindernisse und Verzögerungen beginnen: „Hier sind Zolleintreiber, die dich für alles bezahlen lassen, was du bei dir trägst, nicht mit Ausnahme deiner Umhänge . Diese Steuer wird nach Belieben erhoben und ist für Fremde übertrieben." Briefe werden nicht mehr ordnungsgemäß empfangen: „ In diesem Land herrscht eine sehr schlechte Ordnung im Handel, und wenn der französische Kurier in St. Sebastian ankommt, werden alle Briefe, die er mitbringt, anderen zugestellt , denen es gut geht." Lakaien und erleichtern sich gegenseitig. Sie stecken ihre Päckchen in einen Sack, den sie mit faulen Schnüren an der Schulter festbinden, was bedeutet, dass es oft vorkommt, dass die Geheimnisse Ihres Herzens und Ihrer Familie dem ersten Neugierigen offengelegt werden, der betrunken den Fußposten betritt." Frau. d'Aulnoy ist irritiert über die Unverständlichkeit des Baskischen: „Dieses Land namens Biskaya ist voller hoher Berge, in denen es mehrere Eisenminen gibt. [53] Die Biskaya erklimmen die Felsen so leicht und schnell wie Hirsche. Ihre Sprache (wenn man so einen Fachjargon nennen darf) ist sehr dürftig, da ein einziges Wort eine Fülle von Dingen bedeutet. Es gibt niemanden außer den im Land Geborenen, die es verstehen können; und mir wurde gesagt, dass es bis zum Ende vielleicht eher ihnen gehört. Sie machen davon keinen Gebrauch beim Schreiben: Sie lassen ihre Kinder Französisch und Spanisch lesen und schreiben lernen, je nachdem, welche Untertanen des Königs sie sind." „Man sagt, dass sie einander verstehen", sagte Scaliger über die Basken, „aber ich für meinen Teil bezweifle es." Der *berühmteste* Friedensschauplatz, den die Bidasoa miterlebten, *war das* Treffen *zwischen* Philipp IV. von Spanien und Ludwig XIV. von Frankreich im Jahr 1660. Es war ein Schauplatz verschwenderischer Pracht und Pracht, und Velázquez, damals im letzten Jahr seines Lebens, überwachte die Dekorationen und assistierte beim Interview. [54] Aber am häufigsten hören wir von den Bidasoa als einem Schauplatz von Streit und Angst, Flucht und Verfolgung. Der Fluss selbst war Gegenstand von Streitigkeiten zwischen den Regierungen Frankreichs und Spaniens, bis entschieden wurde, dass die eine Hälfte davon zu Frankreich und die andere zu Spanien gehörte; In der Mitte der Brücke von Béhobie befindet sich die Trennlinie, blau markiert für Frankreich und rot für Spanien. Schon oft wurde der Anblick seines schnell zum Meer fließenden Wassers von Menschen in Lebens- und Freiheitsgefahr willkommen geheißen. Oberst Péroz [55] hat seine Flucht durch das Durchschwimmen des Flusses während des letzten Carlist-Krieges anschaulich beschrieben. Am 5. Mai 1808 erreichte Marbot die Bidasoa, nachdem er Tag und Nacht durch feindliches Land geritten war, um dem Kaiser (damals im Château de Marrac in der Nähe von Bayonne) die Nachricht vom Aufstand der *Dos de Mayo* in Madrid zu überbringen. Anfang November überschritt Napoleon selbst die Grenze, und als er schnell die *Route d'Espagne entlang* und unter der Kirche von Urrugne mit ihrer alten, traurigen Inschrift hindurch ritt, [56] ahnte er kaum, was für ein Unterfangen er jetzt hatte sollte eine Hauptursache dafür sein, ihn schnell in die letzte tödliche Stunde zu bringen.

Im Mittelalter zogen die Pilger zum Heiligtum von Santiago aus Angst um ihr Leben durch das Baskenland und über die Grenze. Die Basken waren wild und mutig und plünderten gern. Im Jahr 1120 musste ein Bischof seine bischöflichen Gewänder ablegen und reiste mit nur zwei Dienern und einem Führer, der die „barbarische Sprache der Basken" verstand, nach Compostella. In späteren Zeiten sangen die Pilger, als sie Irun verließen:

„Adieu la France jolie
Et les nobles fleurs de lys
Car je m'en vais de Espagne,
C'est un étrange pays"

und würde mit Seufzern auf die gute Laune Frankreichs zurückblicken:

„ Quand nous fûmes á Saint Jean de Luz [57]
Les biens de Dieu en abondance,
Car ce sont gens de Dieu élus,
Des charités ont Mitbringsel."

Der ältere Weg nach Spanien war die Römerstraße von Dax nach S. Jean Pied de Port und Roncesvalles – wo Karl der Große tatsächlich und nicht „von

Fontarabia " von den Basken angegriffen wurde; [58] aber oft wurde diese Straße durch den Krieg unpassierbar. In der Mitte des 12. Jahrhunderts ging das französische Baskenland zusammen mit dem Rest Aquitaniens in den Besitz der englischen Krone über, und von nun an kam es zu zahlreichen Schlachten und Grenzüberfällen zwischen den Basken auf beiden Seiten. Im Jahr 1296 lesen wir von einem Waffenstillstand in den Streitigkeiten zwischen San Sebastian und „ Fuent". Arrabia " und einer zwischen ihnen getroffenen Vereinbarung, „kein Brot, keinen Wein, kein Fleisch, keine Waffen, Pferde oder andere Waren nach Bayonne, England oder Flandern zu schicken oder zu nehmen, solange der Krieg zwischen dem König von Frankreich und … andauert der König von England." Am 19. Juli 1311 wird ein Frieden zwischen Bayonne und Biarritz (Beiarritz) einerseits und Laredo, Castro-Urdiales und Santander andererseits geschlossen. Einige Jahre später schreiben wir, dass der König von Kastilien an den König von England schreibt und sich über die Beschlagnahmung der Güter seiner Vasallen von Biskaya durch den Seneschall von Aquitanien „gegen alle Rechte und Vernunft" beschwert. Wie so oft vor und nach „ en Diese Zeit vermeidet Grand Rancune zwischen König d'Angleterre et les Espagnols . Im Jahr 1352 wird ein Vertrag zwischen „England und den Menschen an der Küste Kantabriens" geschlossen, die für ihre Fähigkeiten im Walfang und im Grenzkrieg berühmt waren und mit englischen Fischern in Rivalität gerieten. Im Jahr 1482 werden in Westminster „freundschaftliche Verhandlungen" zwischen „Edward, von Gottes Gnaden König von England und Frankreich und Lord von Irland" und „den Bewohnern der edlen und loyalen Provinz Guipúzcoa " geschlossen. [59] Im 17. Jahrhundert gingen die Grenzüberfälle weiter, und 1636 (wie bereits 1558) wurde die Stadt St. Jean de Luz von den Spaniern eingenommen und geplündert. Oben in den Hügeln, in der Nähe des kleinen Dorfes Sare , wurden die Spanier von Vera besiegt, und Sare trägt noch immer an den Wänden seiner *Mairie* das von Ludwig XIV. geschenkte Wappen. nach dem Sieg, der durch die Tapferkeit seiner Bewohner errungen wurde, mit folgender Inschrift auf Baskisch: „Belohnung für Mut und Treue, verliehen von Ludwig XIV. an Sare ." im Jahr 1693." [60] Im Halbinselkrieg spielten Sare und sein Berg La Rhune eine herausragende Rolle, und in Napier gibt es viele anschauliche Beschreibungen wie die folgende: „Der Tag war mit großer Pracht angebrochen , und drei Kanonen wurden abgefeuert als Angriffssignal aus Atchuria . Die Franzosen wurden aus La Rhune vertrieben , Sare wurde getragen und der Feind wurde von Ainhoa und Urdax vertrieben : „Es war jetzt acht Uhr, und vom kleineren Rhune [61] eröffnete sich ein prächtiges Kriegsschauspiel. Auf der linken Seite tauschten die Kriegsschiffe, die langsam hin und her segelten , Schüsse mit der Festung von Socoa aus, und Hope, die alle französischen Linien auf dem Tiefland bedrohte, ließ den Lärm von hundert Artilleriegeschützen die Felsen hinaufbrüllen. von fast ebenso vielen von den Gipfeln der Berge aus beantwortet werden. Auf der rechten Seite wurde gerade der Gipfel des großen Atchuria [62] von der aufgehenden Sonne erleuchtet, und fünfzigtausend Männer stürmten mit schallendem Geschrei die gewaltigen Hänge hinab und schienen die zurückweichenden Schatten in das tiefe Tal zu jagen." Die Beschreibung der Passage der Bidasoa im Oktober 1813 ist ebenso anschaulich: „Von San Marcial aus waren nun sieben Kolonnen gleichzeitig zu sehen, die sich auf einer Linie von fünf Meilen bewegten, wobei diejenigen über der Brücke sich sofort in den feurigen Kampf stürzten, jene." unten erscheinen sie in der Ferne wie riesige, mürrische Schlangen, die sich über den schweren Sand winden." Der gebirgige Charakter der Grenze, der dazu führt, dass Spanien über ein oder zwei enge Passagen betreten werden muss, hat in der Tat im Laufe der Jahrhunderte eine malerische Vielfalt des Verkehrs auf einige wenige Punkte konzentriert – ein historisches Schauspiel von Soldaten, Pilgern, Schmugglern, entthronten Königen und Königinnen oder Entlassene aus der Gefangenschaft, schlaue Agenten, großartige Botschafter, flüchtige Politiker, verbannte Jesuiten, ketzerische Missionare, Verschwörer der Carlist, mit einer großen Schar von Besuchern und Abenteurern aus vielen Ländern.

IV

ESKUAL-ERRIA

I. – BASKENLAND

Es gibt wenige Völker, die es mehr wert sind, studiert zu werden als die Basken, und es gibt kaum Länder, in denen es angenehmer zu besuchen und zu leben ist als die baskischen Provinzen. Nach den baumlosen, ungeschützten Bergen und Ebenen und den kompakten Dörfern Kastiliens oder Navarras folgen die Dörfer des Baskenlandes, die im Grünen liegen und, um die Worte eines spanischen Schriftstellers zu zitieren, „alle im Frieden des Gebets" liegen ein herrlicher Kontrast. Der Himmel hat nicht mehr die harte Intensität des Kastilischen, und überall sind die Umrisse weich; Auch überall ist Grün – das Grün von Kastanien und Eichen, von Mais und Kleeblatt, von Wiesen und Mostgärten. Der Mais ist die Haupternte des Jahres und liefert das schwere, gelbe Brot, *Artoa* , sowie Futter für die Ochsen und Material für Matten, Matratzen und sogar Zigarettenpapier. Die Felder sind durch Steinplatten getrennt, und im Nebel des frühen Morgens ertönt das Angelusgebet von versteckten Türmen; und das einzige andere Geräusch ist das von Sensen, die das durchnässte Gras oder Kleeblatt schneiden. Jeder echte Baske stammt aus einer adligen, alten Familie, und das baskische Bauernhaus mit seiner Holzfassade und den geschnitzten vorspringenden Strebepfeilern, seinem breiten Balkon und den tief verzierten Dachvorsprüngen wird unverändert vom Vater an den Sohn weitergegeben. Es liegt umgeben von Obstgärten und Maisfeldern und wird oft von einem riesigen Feigenbaum oder einer Gruppe prächtiger Walnussbäume überschattet. Das Dach fällt auf einer Seite ab, bis es fast den Boden erreicht. Der untere Teil der Vorderseite ist zu einem Hof ausgehöhlt, und auf einer Seite davon führt eine Tür direkt in die geräumige Küche mit ihrem riesigen Kamin und vielen Gefäßen aus gereinigter Bronze und Kupfer, die den Hauptraum des Hauses bildet. Eine dunkle, schmale Treppe führt zu den Schlafzimmern; Durch die Risse im Boden kann man oft die Ochsen in ihren Ställen darunter sehen. Auf den meisten baskischen Bauernhöfen gibt es große Truhen aus Eichenholz, von denen einige wunderschön geschnitzt sind. In Vizcaya vertieft ein großes Weinspalier, das auf Pfosten vom Innenhof unter dem Balkon nach vorne verläuft, die dunklen Samträume in der weiß getünchten Vorderseite des Bauernhofs noch weiter; In Guipúzcoa haben viele Häuser keinen Balkon oder Gitter, sondern sind mit schweren Ranken bewachsen, die oft alle Fenster vollständig verdecken. Von den Fenstern hängen lange Schnüre roter Pimente oder weißer Zwiebeln; Über der Tür befindet sich häufig ein altes Steinwappen oder eine Inschrift mit dem Namen der Gründer und dem Datum, darüber ein Kreuz oder die Buchstaben IHS. Das Haus ist somit halb heilig. Nach dem Tod des Vaters wird der älteste Sohn „Hausherr , etcheco-jauna ", während die jüngeren Söhne oft auswandern.

Mendiburu) oder „Under-the-new" genannt werden -Straße (Bideberripe). Auch heute noch wird ein Baske im Land nie mit seinem Nachnamen angesprochen, sondern entweder mit seinem Vornamen oder einem Spitznamen oder mit dem Namen seines Hauses oder Grundstücks. Etche („Haus") ist vielleicht die häufigste Verbindung. Etcheberri (,, newhouse ") hat zahlreiche Varianten – Echeverri , Echevarri , Echavarri (in Vizcaya und Alava, wo das Baskische breiter gesprochen wird als in Guipúzcoa , neu ist „ barri "), Chavarri , Echarri , Echave , Xavier, Javer usw. Die Zahl der baskischsprachigen Menschen kann heute kaum mehr als eine halbe Million betragen, und nur sehr selten gibt es einen Basken, der kein Spanisch oder Französisch spricht. [63] Von den drei spanisch-baskischen Provinzen ist allein Guipúzcoa (Hauptstadt San Sebastián) vollständig baskisch. In Bilbao, der Hauptstadt von Vizcaya, wird kein Baskisch gesprochen; und lange bevor man Vitoria, die Hauptstadt von Álava, erreicht, wird Kastilisch gesprochen. Auch in Pamplona, der Hauptstadt von Navarra, wird Baskisch nicht gesprochen, obwohl es fast bis zu den Stadtmauern reicht und bis vor Kurzem in Navarra eine größere Verbreitung hatte, wobei Ortsnamen wie Mendigorria (,, Roter Berg") erhalten blieben. Der Schwierigkeitsgrad der Sprache wurde etwas übertrieben; Es gibt eine bekannte Geschichte, dass der Teufel drei Jahre im Baskenland verbrachte und nur zwei Wörter lernen konnte: *Bai* , „ja"; und *Es* : „nein". Aber es bleibt wahr, dass das riesige und komplizierte System der baskischen Konjugationen für einen Ausländer fast unmöglich zu meistern ist; und gleichzeitig ist die baskische Literatur zur Belohnung des Lernenden äußerst spärlich. Interessant sind in der Tat die Sprichwörter, einige Lieder und die Pastoralen, die in mehr als einer Hinsicht mit dem griechischen Drama verglichen wurden, aber heute nur noch in der Provinz Soule aufgeführt werden. Die Bühne im Freien besteht aus einfachen Brettern, die meist auf Fässern ruhen. Ein Vorhang schneidet den Schauspielern eine Rolle ab, damit sie ihre Kostüme wechseln können, wobei in einem Stück oft dieselbe Person mehrere Rollen übernimmt. Der Vorhang hat zwei Türen, eine für die Guten und eine für die Bösen. Die Guten und die Bösen werden strikt getrennt. Die Pastorale ist immer zu Ehren des Christentums und der römisch-katholischen Religion gedacht, und die Bösen sind die Heiden, die Türken, die Engländer usw. Rot ist die Farbe der Bösen, die der Guten ist Blau; diesbezüglich wird nie eine Änderung vorgenommen. Die Guten gehen immer langsam und feierlich, aber wenn die Bösen auf die Bühne kommen, ändert sich die Musik sofort in eine lebhafte Stimmung, und sie bleiben nie lange still, ihre Bewegungen bleiben schnell und aufgeregt. Die Schauspielerei ist sehr einfach; Eine Reise wird beispielsweise dadurch dargestellt, dass man die Bühne mehrmals auf und ab geht. Die Charaktere werden normalerweise ausschließlich von Männern und Jungen gespielt, es gibt jedoch auch einige Pastorale, die nur von Frauen gespielt werden; die Geschlechter werden nie vermischt. Es gibt viele seltsame und amüsante Anachronismen. In der Pastorale mit dem Titel *Abraham* erscheint Abraham in hohen Stiefeln und Filzhut; Sarah in einem modernen, farbenfrohen Kleid , mit Hut, Schleier und Fächer; Isaak trägt für das Opfer einen oder zwei Stöcke auf seiner Schulter; Der Engel ist ein kleiner Junge in Weiß. Dann gibt es die heidnischen und die christlichen Könige, die ersteren in Rot gekleidet, mit hohen, mit Federn und Bändern geschmückten Kronen, die letzteren in Blau mit goldenen Kronen. In der Mitte des Stücks verlässt einer der christlichen Könige die Bühne, erscheint plötzlich über dem Vorhang und spricht mit Abraham. Er repräsentiert den „Ewigen Vater". Die Verse werden in einem lauten, monotonen Gesang gesprochen, wobei jeder Vers buchstäblich durch Bewegungen auf und ab auf der Bühne gemessen wird. Die einzige Änderung besteht darin, wenn die Musik schneller oder langsamer wird. Die Musik besteht aus den beiden baskischen Instrumenten *Churula* , einer schrillen Pfeife, und *Tamboril* , einer Art Gitarre mit sechs Saiten, die von derselben Person gespielt werden. Die Fremdartigkeit der Szene, der laute Gesang der Schauspieler, während der Ton ansteigt und abfällt, die fantastischen Kostüme, die Tänze der „ Satans ", die Gebete der Christen und vor allem der langsame Marsch und die Aktion des Blues, würdevoll und majestätisch und die turbulenten, unruhigen Bewegungen der Roten werden nicht so schnell vergessen.

Die baskische Sprache, *Eskuara* , wurde von der spanischen Historikerin Mariana als „rau und barbarisch" beschrieben, und ein Reisender unter den Basken im Mittelalter berichtete, dass man, wenn man sie sprechen hörte, sagen würde, es handele sich um bellende Hunde. Im Englischen soll das Wort „Jingo" aus dem Baskischen stammen *Jincoa* , „Gott", wurde von Wellingtons Truppen nach dem Halbinselkrieg eingeführt. Das baskische Wort ist eine Abkürzung für *Jaungoicoa* , „der Herr in der Höhe", *jauna* , „Herr", die übliche Begrüßungsform zwischen Bauer und Bäuerin. Es wird immer seltener, reines Baskisch gesprochen zu hören; Fremdwörter schleichen sich ein und verstecken sich, mit dem bestimmten Artikel „ *a* " angehängt, unter einer baskischen Form: *dembora* (lat. *tempus*) und verdrängen damit das baskische Wort *eguraldia* für „Wetter", *gorphuntza* (lat. *corpus*) bedeutet „Körper" und bald. [64] Der reine Baskische zieht sich in abgelegene Dörfer in den Bergen zurück, und dort pflegt der Baske seine alten Bräuche, obwohl er heute ebenso abgeneigt ist, sich zu ändern, wie damals, als Horaz ihn als „ Cantabrum" beschrieb indoctum juga ferre nostra." [65]

II. – Baskische Bräuche

In einem alten lateinischen Bericht heißt es, dass die Basken nirgendwohin gingen – nicht einmal in die Kirche –, ohne Waffen, normalerweise Pfeil und Bogen, und dass sie „gens affabilis, elegans et hilaris – höflich, anmutig und unbeschwert" seien; [66] Aber trotz ihrer bekannten Gastfreundschaft kommt ihr Misstrauen gegenüber dem Fremden und ihr Hass auf Eindringlinge in mehr als einem ihrer Sprichwörter zum Ausdruck: „Der Gast, der Fremde, arbeitet nicht selbst und hindert Sie daran, zu arbeiten." Die Basken sind in der Tat die energischsten, da sie das älteste Volk der Halbinsel sind. „ Naguia bethi lansu – Der Müßiggänger ist immer beschäftigt", sagt ein anderes ihrer Sprichwörter; und noch einmal: „Müßige Jugend bringt bedürftiges Alter." [67] Ihre Felder werden gut und wirtschaftlich bewirtschaftet, und wenn ihre Methoden veraltet sind, liegt dies teilweise an der gebirgigen Natur des Landes und der Kleinheit der Betriebe, die es einfacher machen, z. *B.* Mais zu dreschen, indem man ihn bündelweise klopft Garbe gegen einen Stein. Zahlreiche kleine Fabriken – Stofffabriken wie in Vergara, Papierfabriken in Tolosa , Eisen- und Stahlfabriken in Eibar und Elgoibar , Möbelfabriken in Azpeitia – und viele Steinbrüche und Fliesenfabriken beweisen ihre Industrie; und wenn man eine kleine baskische Stadt wie Elgoibar betritt , hört man in winzigen Läden rundherum das Geräusch von Sandalenmachern und Holz- und Lederarbeitern. Sie wissen, wie man arbeitet, und sie wissen, wie man sich auf den Dorffesten mit viel Spaß amüsiert. Sonntags ist der Ball von morgens bis abends an der Wand des Pelota-Platzes zu hören, mit Tanzpausen zu den schrillen Pfeifen und Trommeln des *Chunchunero* . Voltaire, der an ihre Liebe zum Tanz dachte, beschrieb sie als „un petit peuple qui danse sur les Pyrénées ", und bestimmte Tänze überleben noch heute. Der Schwerttanz, *expata danza* , ist einer der bemerkenswertesten und wurde von Pierre Loti in „Figures etchos qui passaient " beschrieben; und andere Tänze repräsentieren die primitiven Methoden der Landwirtschaft, der Weinlese, des Webens usw. Das baskische Pelota ist in den letzten Jahren leider zu einem Spiel von Profis geworden, und da es beispielsweise in Madrid gespielt wird, ist das Interesse *eher* gering beim Wetten als im Spiel. Die frühere Begeisterung der Basken für das Spiel wird durch die Geschichte veranschaulicht, dass mehrere baskische Soldaten die Rheinarmee verließen, in ihr Land zurückkehrten, um ein Ballspiel zu spielen, und nachdem sie es gespielt und gewonnen hatten, schlossen sie sich rechtzeitig wieder der Armee an an der Schlacht bei Austerlitz teilzunehmen. [68] Ein Spiel, das auf dem riesigen Hof eines kleinen baskischen Dorfes gespielt wird, ist immer noch ein großartiger Anblick, obwohl es viel von seiner Pracht verloren hat und der alte Rebot schnell ausstirbt. Pierre Loti hat in seinem Roman über das Baskenland „ Ramuntcho " eine Partie Blaid beschrieben, wie sie in einem französisch-baskischen Dorf zu sehen ist; und diese Form des Spiels wurde in Paris und London gespielt. Aber alte Bauern werden den Kopf schütteln und sagen, es sei nicht mehr „wie früher". Der Ausdruck „von alt" ist im Mund sowohl französischer als auch spanischer Basken üblich; [69] Sie loben bereitwillig die Vergangenheit und sind äußerst konservativ gegenüber all ihren Bräuchen, ihrer uralten Sprache, ihren Spielen, Privilegien und ihrer Religion. Die Ochsenkarren mit Rädern aus massivem Holz, die unter den Weinreben der baskischen Bauernhöfe zu sehen sind, scheinen so alt zu sein wie der verdorrte Stamm der Eiche von Guernica, und ebenso sind viele alte Bräuche erhalten geblieben. In einigen Gegenden tragen die Männer bei Beerdigungen lange Umhänge, die bis zu den Füßen reichen, und die Frauen tragen auch lange, weite Umhänge mit Kapuzen, die das Gesicht vollständig verdecken. Die Männer gehen zuerst, dann alle Frauen – Männer und Frauen im Gänsemarsch – und die Haupttrauernden kommen zuletzt. Sowohl bei Hochzeiten als auch bei Beerdigungen wurden früher Feste in so großem Umfang abgehalten, dass die Familie oft fast ruiniert war, und es wurde ein Gesetz (*fuero*) erlassen, das die Einladung von Personen außer Verwandten dritten Grades verbot. Aber das Hochzeitsfest ist immer noch imposant genug; es dauert viele Stunden, und gleich danach beginnen die Jungen zu tanzen, während die Alten Karten spielen. Was die Opfergaben bei Beerdigungen betrifft, so Larramendi im 18. Jahrhundert, „konnte niemand außer einem Augenzeugen die Menge an Brot und Wachs glauben, die dargebracht wurde." Darüber hinaus wird bei diesen großen Beerdigungen an manchen Orten ein lebender Ochse und an anderen ein Schaf als Opfergabe an die Kirchentür gebracht, und wenn der Gottesdienst vorbei ist, wird es weggenommen und eine feste Geldsumme gegeben der Priester." [70] Dieser merkwürdige Brauch, ein Überbleibsel der Totenopfer und eine Spur der Ahnenverehrung, ist noch nicht ganz ausgestorben. Zumindest in einem Dorf (Arriba, an der Grenze zwischen Navarra und Guipúzcoa) ist es üblich, bei Beerdigungen Brot und Wachs anzubieten und entweder ein Viertel Kalbfleisch oder ein lebendes Schaf in die Kirche zu bringen, das anschließend dem Priester übergeben wird . Die Basken sind äußerst religiös, und es ist charakteristisch für sie, dass sie vor ihrer Konvertierung zum Christentum der Schrecken der Christen waren – tatsächlich hatten die Pilger nach Santiago de Compostella zu allen Zeiten Angst vor der Durchreise durch die baskischen Provinzen, fügte die seltsame Sprache hinzu zu ihren Schwierigkeiten („La Biscaye ", sagten sie, „ où il ya d'étrange monde, où l'on n'entend pas les gens"). Die Basken strömen jeden Sonntag zur Frühmesse, oft über holprige Bergpfade, von Bauernhöfen, die eine Meile entfernt liegen. Dennoch darf man nicht glauben, dass die Basken von Priestern beherrscht werden; Die Priester werden respektiert und nehmen oft an ihren Spielen teil oder laufen kilometerweit über die Hügel, um die Kranken zu besuchen. Doch obwohl die Basken oft engstirnig und fanatisch sind, besitzen sie viel zu viel Würde und Unabhängigkeit, um blinde Anhänger der Priester zu sein. In den Karlistenkriegen kämpften sie hauptsächlich um ihre alten Privilegien oder *Fueros* , und das Ergebnis der Kriege war, dass 1839 und 1876 fast alle ihre *Fueros* verloren gingen. „Nichts ist so schön wie die Freiheit", heißt es in einem ihrer Lieder: und ihr Nationallied „ Guernikako Arbola " [71] feiert mit seiner mitreißenden Luft „den heiligen Baum von Guernica, der von allen Basken geliebt wird". In der kleinen grünen Stadt Guernica hat eine schöne neue Eiche, etwa vierzig Jahre alt, den alten Baum ersetzt, der jetzt nur noch ein durch Glas geschützter Stamm ist, während in dem kleinen Säulentempel noch immer die sieben Marmorsteine zu sehen sind Sitze, auf denen montiert ist —

„Bauer und Herr in ihrem ernannten Sitz,
Hüter der alten Freiheit Biskayas."

Dies sind die beiden letzten Zeilen von Wordsworths Sonett zum

„Eiche von Guernica! Baum von heiligerer Kraft
als der, der in Dodona verwahrt wurde,
so liebevoll erachtete der Glaube, eine göttliche Stimme."

Edel, gutaussehend, anmutig in allen Bewegungen, zäh und klug, die Basken sind aktiv und unermüdlich, sei es als Bauern, Schmuggler, Soldaten oder *Pelotaris* . Sie leben zurückgezogen auf verstreuten Höfen, führen ein gesundes Leben unter freiem Himmel (ihr Wort für „reich" ist „ *aberatz* ", von „*abere* ", „Kopf des Viehs"), und in der Tat neigen sie dazu, in einer Stadt einige ihrer guten Eigenschaften zu verlieren. Ihre Kleidung strahlt immer einen Hauch sorgfältiger Ordentlichkeit und Vornehmheit aus, mit *Baskenmütze* , weißem Hemd (ohne Krawatte), dunkelblauem oder schwarzem Mantel über der Schulter (oder langer Bluse), leisen Sandalen und der eigentümlichen Makhila , einer kräftigen Eisenspitze Stäbchen Mispel. Sie schrumpfen in ihren Bergen zusammen, eine Rasse, die zum Untergang verurteilt ist, „un peuple qui s'en. " va. „Sie haben Jahrtausende lang miterlebt, wie um sie herum neue Rassen entstehen und gedeihen, und im 20. Jahrhundert sehen sie, wie Züge und Motoren an die unzugänglichen Orte vordringen, wo die römischen Legionen aufgehalten wurden oder Karl der Große mit all seinen Adelsständen fiel. Eine Inschrift hier und da zeigt, wie sie sich in trauriger Resignation dem Schicksal und dem unerbittlichen Lauf der Zeit beugen oder sich dem Trost ihrer Religion zuwenden — die folgenden Inschriften zum Beispiel entlang der Grenze: „Der Mensch wird von jeder Stunde geschlagen, und der letzte führt ihn ins Grab." [72] „ Vulnerant omnes, ultima necat ." [73] „ Ici fait l'home cequi Pevt et Fortune,

das sind sie vevt ." [74] „Post fata resurgo ". [75] „Deum time, Mariam invoca
." [76] „ Orhoit Hilcea . [77] Die Privilegien, die den Basken verbleiben, sind
gering und bestehen in einer etwas weniger ausgeprägten Zentralisierung als
in anderen Provinzen Spaniens. [78] Sie haben keine *Fueros* mehr, die es für
sie lohnen würden, erneut zu den Waffen zu greifen, und sie haben immer
noch lebhafte Erinnerungen an ihre verlassenen Felder und verlassenen
Farmen im letzten Carlist-Krieg. Sollte aber ihre alte Religion wirklich
angegriffen werden oder sollte versucht werden, die Mönche aus den
baskischen Provinzen zu vertreiben, war mit einem verzweifelten Widerstand
der Bauern zu rechnen, der eher ihre Unabhängigkeit als die Mönche selbst
verteidigte . Ausländer haben die Basken oft missverstanden, [79] denn sie
sind zurückhaltend und schweigsam gegenüber dem Neuankömmling („
Gizonciki Arabotz andi ", sagen sie – „Kleiner Mann, viel Lärm"; „Das leere
Fass macht den meisten Lärm" und so weiter. Aber ihre Freiheitsliebe, wie
sie oft den Katalanen zugeschrieben wird, ist nicht von Kommerzialisierung
geprägt: Sie lieben ihr wunderschönes Land, die Eskual-erria , um ihrer selbst
willen und um der Religion und Bräuche ihrer Vorfahren und der Fremden
willen Besuchen Sie ihr Land und lernen Sie bald, seine umfassende Heilkraft
und den Geist des alten Friedens zu lieben und zu bewundern. Es ist ein
Land der Zivilisation ohne große Städte, in dem eine enge und erhabene
Beziehung zwischen dem Boden und den Bewohnern besteht.

V

IM entlegenen NAVARRA

NAVARRA gilt als eines der wichtigsten Bollwerke des Klerikalismus in Spanien, und seine Dörfer sind so abgelegen und isoliert, sein Leben und seine Landwirtschaft so primitiv, seine Kommunikationsmittel so dürftig, dass es den Anschein haben könnte, als könne kein Hauch der Neuzeit dies schaffen sind in diese Provinz eingedrungen. Es liegt an der Grenze zu Frankreich und wird durch seine Berge und weiten Wüstenlandschaften vor dem Eindringen der Zivilisation geschützt. In diesen einsamen Gruppen von Häusern aus massivem gelbbraunem Stein, die sich um ihre Kirche gruppieren und felsige Hügel derselben Farbe krönen, gibt es keinen Raum für Meinungsverschiedenheiten, und wer nicht mindestens einmal im Jahr zur Messe geht, hat keinen Platz für Meinungsverschiedenheiten gezwungen, woanders zu leben. Wenn Sie fragen, wie er zum Gehen gezwungen werden kann, erhalten Sie die Antwort: „Durch das Gesetz, durch die öffentliche Meinung." Vor Kurzem kam ein Reisender verhungert und mit nicht weniger Geld als einem französischen Napoleon in einem dieser Dörfer Navarras an und ging vergeblich von Tür zu Tür. Niemand würde diese *Doblón de Oro* (Golddublone) akzeptieren. Schließlich stimmte eine Frau, die eine Zeit lang in Salies de Béarn gelebt hatte, zu, es zu erhalten, und schickte es später zur Umtauschung in die Hauptstadt Pamplona. Doch selbst hier in Navarra gibt es eine beachtliche Menge liberaler Meinungen, und selbst im Herzen des Carlist-Landes, in Estella, steht dem Club Carlista die Fahne des Círculo Liberal gegenüber; Selbst hier sind die Meinungen in allen außer den kleineren Dörfern geteilt, und die Politik der Klerikalen und Antiklerikalen wird lebhaft diskutiert. Diejenigen, die im zweiten Carlist-Krieg gedient haben, erkennen, dass sich die Zeiten geändert haben und dass Anführer oder *Cabecillas* nicht mehr bereit sind, sie in schnellen Nachtmärschen über die Hügel zu führen, obwohl sie bereit sind, ihnen zu folgen. In Estella ist eine von den Karlisten eroberte Festung heute ein friedlicher überdachter Marktplatz, und der Palast, in dem Don Carlos seinen Hof hielt, ist ein hübscher *Fonda* mit einem kühlen, mit Blumen geschmückten *Innenhof*. Wer Navarra über das Kloster von Roncesvalles und den Pass betritt, an dem Roland getötet wurde und den Byng tausend Jahre später, im Jahr 1813, mit zehntausend Soldaten räumen musste, kann sich leicht täuschen lassen und glauben, Navarra sei ein Land der Wiesen und grüne Wälder und angenehme Bäche. Der schnelle Fluss Urrobi fließt durch zerklüftete Hügelpässe, die jedoch mit Buchsbäumen, Buchen und Kiefern bewachsen sind. Steile Felswände sind im Sommer mit Fingerhut, Brombeerstrauch und Ginster, Witwenblume, Johanniskraut, Malve, Glockenheide und vielen anderen

Blumen und Farnen bedeckt, und stellenweise sind die Hügel rot von Walderdbeeren. Der Urrobi bahnt sich seinen Weg durch Barrieren aus grauem Fels und über Felsvorsprünge in grünen Teichen und weißen, rauschenden Strömen. Aber das ist nicht das wahre Navarra. Es sind keine Bäume zu sehen und man befindet sich ständig in einem weiten Kreis kahler Hügel. Das Land ist das trostloseste, das man sich vorstellen kann. Es besteht aus kahlen, aschgrauen Hügeln (die von trockenen Wildbächen zerfurcht und zerrissen sind) und ebenso kargen Tälern. Der Wind zischt, und in ein paar verkrüppelten Ulmen am Straßenrand zirpen laut Grillen. Alles ist grau ohne Farbe , und im Spätsommer verleihen die Stoppelfelder weit und in der Nähe einen neuen Hauch von Trostlosigkeit, und es scheint nicht dem Charakter des Landes zu entsprechen, dass diese Felder im Frühling jemals ein frisches Grün sein sollten. Tatsächlich wirken die gelegentlichen Olivenhaine und Weinberge in der umgebenden Wildnis aus bröckelndem Staub und Schiefer unwirklich. Dennoch sind einige willkommene Farbflecken zu finden, sei es nur eine Reihe von Zichorien oder riesigen violetten Disteln entlang eines Stoppelfeldes oder ein blaublusiger Bauer, der auf einem Maultier mit purpurrotem Besatz die staubige Straße entlang joggt. Und auf den Tennen rund um die Dörfer, wo bis tief in die Nacht gearbeitet wird, oft unter Blitzeinschlag, bilden die weißen Hemden und blauen Blusen der Männer und die rosa und roten Kleider und langen weißen Kopftücher der Frauen eine malerische und schöne Szene durch die Wolken fliegender Spreu und rötlich-goldener Körner, die in schwereren, kompakteren Massen fallen. Denn hier erfolgt das Dreschen ausschließlich von Hand mit Hilfe von Maultieren, Ochsen und Pferden, die immer wieder im Kreis herumgetrieben werden und alle Kinder des Dorfes auf kleinen Holzschlitten ziehen. Wenn das Korn so gesiebt ist, wird der Vorgang abgeschlossen, indem es mit langen Holzschaufeln und engzinkigen Holzgabeln in die Luft geworfen wird . Der Mais wird an Abhängen und steilen Berghängen angebaut und auf Eseln, die unter ihrer raschelnden Last verschwinden, zu den Tennen gebracht. Die Männer, die in diesem düsteren Land leben, sind auch streng und grimmig, haben harte Gesichtszüge, hart und stark; und obwohl sie gastfreundlich und nicht unfreundlich sind, sind sie gelegentlich wild und eigensinnig und manchmal grausam gegenüber ihren Tieren. Ihre Nahrung ist grob, aber nicht mangelhaft ; An Weizen mangelt es nicht, und mit ein paar Weinreben und Oliven begnügen sie sich mit den drei Lebensbedürfnissen eines spanischen Bauern. Die Dörfer auf ihren felsigen Hügeln würden oft unbemerkt bleiben, wären da nicht die herausragenden Merkmale ihrer düsteren, massiven Kirchen; Die Kirche von Gallipienzo dominiert einen Berg und ist so solide und schön, dass sie ihn in den Schatten zu stellen scheint. Diese Kirchen sind kilometerweit über das völlig kahle Land hinweg zu sehen, und nachts bilden die Lichter der Dorfstraßen aus großer Entfernung seltsame, unregelmäßige Buchstaben auf einem Berghang, die das Dorf weitaus auffälliger machen, als es sonst der Fall wäre am Tag sein. Sansol, ein kleines Dorf unweit von Logroño, sieht aus einiger Entfernung wie eine große Festung aus braunem Stein mit winzigen schwarzen Schießscharten (den glaslosen Fenstern) aus; Dahinter liegt ein langes Rückgrat aus grauen, felsigen Hügeln und dahinter der violettschwarze Monte Jura mit einem Blick auf eine weiße Straße. Bitter und heftig sind die Winter in Navarra und die Sonne im Sommer unerbittlich; aber trotz all seiner abweisenden Aspekte entschädigt es für die Unannehmlichkeiten eines Besuchs in seinen abgelegenen Bezirken. Lumbier ist wie ein Miniatur-Toledo auf seinem kahlen Hügel über dem gewundenen Fluss, und Sanguesa aus braungelbem Stein am gleichfarbigen Aragón hat seine prächtig geformte Kirche Santa María und andere schöne Schnitzereien an Privathäusern. Und nach ein paar Wochen der Bekanntschaft mit dem rauen Land und den stolzen Bewohnern wird der Reisende die Möglichkeit dieser unerbittlichen Carlist-Kriege erkennen, die noch immer diejenigen erschüttern, die sich an sie erinnern, und die Schwierigkeit, *Cabecillas zu jagen*, die das Land kannten den Krieg zu beenden.

VI

SPANISCHE STÄDTE

Spanien ist in erster Linie ein Land der Städte. Oft fallen sie in einem trockenen und baumlosen Landstrich auf und wirken wie Juwelen in einem sonnenverbrannten Land. Der angenehme und fruchtbare Landstrich an der französischen Grenze ist nicht eigentlich spanisch, sondern baskisch. Andererseits könnte nichts spanischer sein als die kleine, malerische Altstadt von Fuenterrabía . Der ursprüngliche Name war baskisch – Ondarrabia , „Die beiden Sandbänke". Die Römer hörten den Namen, wussten aber nichts von seiner Bedeutung und sahen zudem den raschen Fluss der Flut unter den Mauern der Stadt und nannten ihn Unda Rapida . [80] Aus dem lateinischen Unda Rapida oder Fons Rapidus kam von den Spaniern Fuenterrabía [81] und die Franzosen ihrerseits verbanden es mit den Arabern und nannten es HYPERLINK "https://gutenberg.org/files/53001/53001-h/53001-h.htm" \l "Footnote_81_81" Fontarabie . Der baskische Name wird jedoch immer noch verwendet, und eine der Straßen von Irun, deren Straßennamen wie in vielen anderen Städten und Dörfern sowohl auf Spanisch als auch auf Baskisch geschrieben sind, trägt den vollklingenden Namen Ondarrabiko Karreka – die Straße von Ondarrabia . Wenn man kleine Dinge mit großen vergleichen kann, sind die Städte Nordspaniens wie Burgen, die von Kindern in den Sand gebaut und von der zurückgehenden Flut hoch und trocken gelassen wurden. Eine Stadt nach der anderen stand mit Mauern und Bollwerken am äußersten Rand des christlichen Territoriums und war eine Zeit lang der Hof und die Hauptstadt Spaniens, bis eine erneute Eroberung die Mauren eine Runde weiter nach Süden zurückdrängte. Dies ist zum Teil der Grund für die düsteren und wundervollen spanischen Städte mit ihren prächtigen Gebäuden und Befestigungen, die immer noch existieren, aber in ihren Mauern nicht mehr die Erschütterung eines großen Schicksals spüren, sondern nur noch sozusagen die mächtigen Hüllen eines ausgestorbenen Lebens sind . So waren Burgos, León und Toledo eine Zeit lang Hauptstädte, in denen sich der geschäftige Verkehr von Höflingen und Kriegern drängte, und Avila, die Stadt der Heiligen, verfügt über die großen Befestigungsanlagen einer Grenzstadt. Es ist schwer zu glauben, dass sich Toledo überhaupt verändert hat, seit das Pferd des Cid auf wundersame Weise vor dem brennenden Licht blieb, das in der Mauer einer seiner Straßen verborgen war, und die Wasserträger heute gemächlich in den Packtaschen ihrer Esel zum Fluss hinuntergehen beladen mit irdenen Krügen, wie damals, als Cervantes „La Ilustre Fregona " schrieb. Und tatsächlich sind spanische Städte kaum anfällig für Veränderungen. Die steilen, unebenen Straßen von Toledo,

Salamanca und Segovia verachten den modernen Verkehr. Das Vorbeifahren einer Kutsche ist auf den Hauptstraßen möglich, aber ein seltenes Ereignis, das an den Mauern klappert und widerhallt. Passender sind die stattlichen Prozessionen, deren Banner sich hell von den braungelben Gebäuden abheben. Segovia wurde als Königin der kastilischen Städte bezeichnet, da Toledo der König ist. Und Segovia muss immer mittelalterlich bleiben, eine Stadt mit hundert Ebenen, die von der Kathedrale bis zum Fuß ihres mächtigen römischen Aquädukts von Terrassen aus halb verfallenen Mauern, die mit Gras und Blumen bewachsen sind, versinkt. Ein lateinischer Autor schrieb vor dreihundert Jahren: „In Segovia nemo otiosus , nemo mendicus " gab es in Segovia keine Bettler. Es wäre heute unsicher, dies von irgendeiner spanischen Stadt zu behaupten. Spanien ist kein Land der „schönen Städte und bevölkerungsreichen Städte voller fleißigster Handwerker". Solche Städte – Barcelona, [82] Bilbao – gibt es, aber die meisten Städte sind, in den Worten von Burton, „verfallene Städte", in denen es viele „spanische Herumlungerer" gibt, obwohl sie auch keine „niedrigen und armen Städte" sind Sind die Menschen „elend, hässlich, unhöflich"? Die südlichen Städte zeigen einen weicheren Einfluss. Das umliegende Land ist weniger schroff und rau, und die strengen Züge des Nordens sind vergessen. Cádiz liegt am Meer, ein spanisches Venedig, eingeschnitten in gerade weiße Straßen, wie die Stücke einer gefrorenen Torte. Sevilla ist zu jeder Zeit wunderbar, eine *Maravilla* für Ausländer und Spanier. Der spanische Schriftsteller Palacio Valdés beschrieb es in „La Hermana San Sulpicio " in Mittsommernächten, wenn man durch die Stadt ging und das Innere der Häuser besichtigte, denn von den *Innenhöfen* , in denen sich die Familien versammelten, strahlten große Strahlen Licht schoss durch die eisernen Fliegengittertüren in die dunklen und erstickten Straßen, und Gitarre und Gesang durchbrachen die Stille: „Sevilla hatte zu dieser Stunde einen magischen Anblick, einen Zauber, der den Geist verstörte." Doch von allen Städten im Süden übt Granada eine besondere Faszination aus. Das liegt vor allem an den vielen Kontrasten. Es ist eine Stadt mit Orangenhainen und Brunnen, liegt aber über zweitausend Fuß über dem Meeresspiegel und ist eher eine Sommer- als eine Winterstadt; Die größte Hitze wird durch kühle Luft aus dem ewigen Schnee der Sierra Nevada gemildert, und die Gärten der Alhambra und des Generalife mit ihren Myrten, Zypressen und Zedern spenden köstlichen Schatten. Im Winter weht eisige Kälte durch die Marmorhallen der Alhambra; Dennoch ist es nie schöner als im Februar von San Cristobal aus zu sehen, oder von dem mit Kakteen bedeckten Hügel unterhalb von San Miguel oder von dort, wo der Darro weit unten schnell fließt. Denn es erhebt sich über den schlanken Zweigen von Ulmen und Pappeln, grau und teilweise violett von ihren anschwellenden Knospen – den roten und gelbbraunen Türmen, den bröckelnden Mauern aus roter Erde und Ziegelsteinen und den großen glatten runden Steinen in Weiß oder Schwarz oder ... Rot, der hängende

Efeu, die offenen Galerien mit weißen Säulen. Ein paar Mandelbäume blühen, und oben links stehen die langen Zypressenreihen des grauweißen Generalife , wo Schöllkraut und Narzissen blühen. Viele dieser spanischen Städte werden hauptsächlich wegen ihrer großartigen antiken Gebäude und Kathedralen besucht. Dennoch verdienen die meisten von ihnen um ihrer selbst willen, wegen ihrer Erinnerungen an die Vergangenheit und wegen des Lebens in ihren engen, verwinkelten Gassen ein geduldigeres Studium. Der spanische Schriftsteller *Azorín* (Martínez Ruiz) vermittelt in einem Buch von wenigen Seiten [83] einige wunderbar klare Eindrücke von Spanien. Er widmet sich mit Vorliebe Details aus den Jahrhunderten der Größe Spaniens, als Murcia, Valencia und Sevilla für ihre Seide berühmt waren, Talavera für sein Steingut, Toledo für seine Schwerter, als die Handschuhe von Ocaña oder die Sporen von Ajofrín konkurrenzlos waren; oder zum Überleben des alten Spaniens in einem Bild, einem Gebäude oder einer Stadt. So liebt er es, durch León mit seinem Geist des alten Spaniens und seinen klassischen Straßennamen zu wandern – hier ein gepflasterter, grasbewachsener *Platz* mit hellen Akazien und alten Mauern, der langsame Flug der Tauben und der Wind, der zerrissene Papierstücke raschelt; Es gibt eine ruhige Klosterterrasse *mit* Erkern und starren Zypressen. Für ihn haben die engen Gassen von Córdoba einen tieferen Charme als die jeder anderen spanischen Stadt. Er wandert durch das Labyrinth verschlungener, gewundener Wege, erhascht einen Blick auf kleine *Säulenhöfe* voller Blumen und Brunnen und findet überall Stille und eine tiefe, heitere Melancholie, Ruhe, Vergessenheit und eine Harmonie sanfter Farbtöne, nirgendwo die unbeschwerte Frivolität, die man gemeinhin zuschreibt nach Andalusien. Die Originalität *von Azorín* besteht darin, ein paar scheinbar unbedeutende Details dazu zu zwingen, den ganzen Geist einer Stadt, eines Landes, eines Volkes hervorzubringen. Wenn er die Moschee von Córdoba erwähnt, vergisst er nur die Bettler, die im *Patio de los die Sonne genießen Naranjos* , das Zwitschern der Spatzen in den Orangenbäumen, das Geräusch füllender Krüge am Brunnen. Er liefert uns ergreifende Beschreibungen toter Provinzstädte und zerstörter Stammhäuser. Die Dekadenz Spaniens brachte blühende Städte in den Niedergang; die Wiederbelebung Spaniens bedroht sie mit einer neuen Ruine. Alte enge Gassen, verschlungene Höfe und Häuser mit Skulpturen machen Platz für die Einführung von Straßenbahnen und breiten Asphaltstraßen. Das von Pereda beschriebene alte Santander existiert nur noch in seinen Büchern, die alten Teile von Barcelona und Valencia verschwinden schnell, und glücklich ist die Stadt wie Toledo, deren Lage auf schroffen Felsen ohne ebene Räume eine Ewigkeit des Mittelalters und der Individualität zu versprechen scheint.

VII

IM ALTEN KASTILLEN

Erstaunen und einer Art Angst durchquert der Reisende die hochgelegenen Ebenen des alten Kastiliens und reist schnell von Stadt zu Stadt

„Alte Städte, deren Geschichte
in Mönchschroniken oder Reimen verborgen liegt,
Burgos, der Geburtsort der Cid,
Zamora und Valladolid ..."

denn in diesen dazwischen liegenden, von der Sonne ausgedörrten und windgepeitschten Gebieten scheint es kaum möglich, dass Menschen leben könnten. Die Dörfer sind eng aneinander gedrängt, kleine, kompakte Ansammlungen niedriger, ungekalkter Häuser, ohne Baum oder Garten, so farblos und am Boden klebend, dass man sie manchmal unbemerkt sieht. Flüsse fließen zwischen niedrigen, kahlen Ufern ohne Busch oder Baum, wie in Steingut eingelegte Perlmuttstreifen. Und es gibt weite Landstriche ohne Haus oder Grenze, eine ständige Verwüstung ohne Lebenszeichen, außer hier und da einer Schaf- oder Ziegenherde oder einer Reihe Bauern, die bei Sonnenuntergang von ihrer Arbeit zurückkehren. Sicherlich kann das Leben hier nur wenige Reize haben; Es kann keine Freude am Boden geben, wenig Versuchung für Berceos „ *Mal Labrador* " aus dem 13. Jahrhundert, der „die Erde mehr liebte als den Schöpfer" und „Wahrzeichen veränderte, um sein Anwesen zu vergrößern" – *Cambiaba los Mojones por Ganar eredat* . Doch die langsameren Züge werden von einer fröhlichen Schar freundlicher, höflicher, gutaussehender Bauern mit ovalem Gesicht, prächtigen Zähnen und Wimpern bevölkert, die die Reise mit fröhlichen Gesprächen und schrillem Gesang beschleunigen und ständig von einem Waggon zum anderen wechseln Begrüßen Sie Freunde oder vermeiden Sie die Beamten, die sich umständlich nach Tickets erkundigen. Sie sind voller Leben und Fröhlichkeit, und mit neuer Verwunderung blickt man auf die toten, zerfallenden Dörfer, in denen sie leben, und erinnert sich an die durchdringende Kraft der kastilischen Sonne im Sommer und die eisigen, durchdringenden Winterwinde. Den ganzen Tag müssen sie arbeiten, ohne den Schutz einer einzigen Hecke oder eines einzigen Baumes, im scharfen Wind [84] , der den Boden durchsiebt, oder unter einer Sonne, die ihn ausdörrt und zu Staub schrumpft. Aber bei näherer Bekanntschaft offenbart sich ein gewisser Charme [85] dieser Dörfer mit harten, klaren Namen: Campillo , Cantalapedra , Pedroso, Madrigal – ein Charme sauber gefegter Räume, klarer, leuchtender Luft und stiller Intensität; und das Land hört auf, einheitlich farblos zu sein . Hier geht eine Frau in einem Kleid aus hellblauem

Leinen und mit einem langen, fließenden Kopftuch aus Weiß auf einem Esel durch Felder mit goldenem, reifem Mais; dort, aus schmalen Fenstern in einer Straße mit gelbbraunen Häusern, hängen leuchtende blühende Geranien und Nelken. Und die Türen mit quadratischen, runden oder spitzen Bögen geben den Zugang zu kühlen, stillen Innenhöfen frei. *Azorín* hat den alten kastilischen Hidalgo beschrieben, der sein Stammhaus mit seinen großen Räumen, von denen viele unmöbliert waren, und alten Porträts, die auf einem Dachboden untergebracht und mit dem Staub der Jahrhunderte bedeckt waren, nie verlassen hat: „Seine Ländereien sind verschwunden, seine Möbel auch." verschwunden; er tut nichts; er hat eine traurige Intensität im Ausdruck", und als ihm weiteres Unglück widerfährt, sagt er : „Da hilft nichts – *qué le vamos á hacer*!" Überall ist Verfall und die Spur verschwundener Pracht . So verbringen diese alten, zerstörten Hidalgos ihr graues, eintöniges Leben in einer alten Stadt oder einem Dorf in Kastilien, inmitten der riesigen Ebenen mit „Entfernungen strahlenden Himmels und schwachen blauen Berglinien". Der blaue Rauch steigt aus duftenden Rosmarinfeuern auf, und während die Glocken zur Matin läuten, weichen die Tauben aus und kreisen, während die grauen Tauben langsam über den Himmel schweifen, der immer blau ist. Und Tag und Nacht sind die Türen der Häuser ständig geschlossen, und unter den breiten, in Stein gemeißelten Wappen wirkt es verlassen. *Azorín* beschreibt detailliert eine kastilische Stadt, die zwischen Maisfeldern und Olivenbäumen liegt – eine dieser Städte, zu deren Besuch der Ausländer selten den Mut aufbringt. Die Straßen sind eng und gewunden. Es enthält drei alte Gasthöfe, vier Kirchen, drei Einsiedeleien und zwei Klöster. Es gibt keine Industrie außer ein paar ruinierten Tuchfabriken, und nur der Wucherer floriert. Darin sind vierzehn Studenten (die ihren Abschluss nicht gemacht haben), vier Ärzte, zwölf Anwälte (von denen nur sechs ihren Lebensunterhalt verdienen, indem sie sich gegenseitig verleumden und von Zeit zu Zeit eine Erpressungsklage gegen einen armen Einwohner einreichen) . . Es gibt eine Gilde des Christus der Sterbenden, und wenn ein Mitglied stirbt, geht ein Bote durch die Straßen, läutet eine Glocke und ruft: „Zu dieser Stunde findet die Beerdigung von Don Fulano statt." Die Sommer sind feurig, die Winter lang und grausam. Es werden keine Besuche gemacht; Türen und Fenster bleiben geschlossen; Nur wenige Menschen gehen durch die Straßen, aber auf den *Plätzen* sieht man an klaren Wintertagen dichte Gruppen von Männern, die in ihre braunen Plaids und *Capas gehüllt die Sonne genießen* . Nichts passiert; Die tiefe Stille wird durch den Klang eines Schmiedehammers oder das Krähen eines Hahns unterbrochen. Zur Karnevalszeit kommen einige „Masken" vorbei, gekleidet in Matten und mit alten Besen. Die Arbeiter sind arm und Fleisch ist der Luxus einiger weniger „reicher" Einwohner. *Azorín* bemerkt die „grundlegende Energie, Zurückhaltung, Gleichgültigkeit und erhabene Verachtung des Kastiliers, mit plötzlichen Inspirationen des Heldentums"; und wir können es nicht als kleines Heldentum betrachten, stolz und klaglos in einer so rauen und unangenehmen Umgebung weiterzuleben.

VIII

DIE WÜSTE UND DIE GESAÄTEN

Als die französischen Soldaten das unbedeutende Manzanares und seine mächtigen Brücken betrachteten, riefen sie vielleicht: „Sogar die spanischen Flüsse flohen." Aber diejenigen, die beim Anblick winziger Wasserfäden in riesigen Flussbetten geneigt sind, mit Don Pedro in „ *Viel Lärm um das Nichts* " *zu fragen* : „Was braucht eine Brücke, die viel breiter ist als die Flut?" Finden Sie ihre Antwort nach ein paar Tagen starken Regens. Sechs Fuß oder mehr hohe Markierungen an Häusern, viele hundert Meter vom Ufer des Ebro entfernt, dokumentieren den Anstieg des Wassers. So werden in vielen Gegenden Ernten, die die Sommerdürre überstanden haben, von der Herbstflut weggeschwemmt, und diejenigen, die nach Regen geschrien haben, werden mit Verderben verspottet, wenn die Wasser „die Erde überwältigend überwältigen". Spaniens Landwirtschaft geht aufgrund des Wassermangels zugrunde, doch Wasser gibt es im Überfluss, sei es unter der Erde, wie in Teilen von Kastilien, oder im üppigen Schnee der hochgelegenen Regionen, wo der Schnee manchmal in Schneegruben, Pozos de Nieve oder in *den Bergen konserviert* wird diese periodischen Überschwemmungen; und es scheint, dass der Philologe Spanien im Kopf hatte, der das baskische Adjektiv *idorra* , was „trocken" bedeutet, mit ὑ δωρ , dem griechischen Wort für Wasser, verband. Die Nutzung, Erweiterung und Regulierung der Wasserversorgung ist für Spanien ein Problem von lebenswichtiger Bedeutung – ein Problem, das spanische Staatsmänner seit langem beschäftigt. Alfonso der Gelehrte sagt in seiner „ Crónica General": „Dieses Spanien, von dem wir sprechen, ist also wie das Paradies Gottes ... Zum größten Teil wird es mit Bächen und Quellen bewässert, und Brunnen gibt es nie." es mangelt an allen Orten, die ihrer bedürfen;" aber Strabo, der unparteiischer war, hatte über Spanien bemerkt: „Im Großen und Ganzen liefert es nur dürftigen Lebensunterhalt." Denn große Bezirke bestehen aus Bergen, Wäldern und Ebenen mit dünnem und darüber hinaus nicht gleichmäßig gut bewässertem Boden – ο ὐ δ ἐ τα ὐ την ὁ μ αλ ῶ ς ε ὔ υδρον ." Und seit Strabos Zeiten gab es viele Veränderungen zum Schlechteren. Turdetanien zum Beispiel, das Land zwischen Sevilla und Huelva, ist nicht mehr wunderbar wohlhabend – θα υμ α-στ ῶ ς ε ὐ τυχε ῖ ; Tatsächlich ist Süd-Estremadura, einst eine der Kornkammern Roms, heute eine der trostlosesten Regionen Spaniens. Aber der schlimmste Verfall ist der der Wälder. Die Wälder sind gefallen und gefallen, und immer noch klingelt die Axt eifrig in den Wäldern, die noch übrig sind. Schon die Worte für einen Wald, *Bosque* oder *Selva* , sind selten und poetisch geworden. Dadurch wird der Boden noch ausgetrockneter und verarmt, während Städte und Dörfer ungeschützt vor Wind und Sonne stehen. Der Escorial, der inmitten von Wäldern wuchs, ist heute in seiner fast unheimlichen Pracht über graue Hügel und Ebenen ohne Baum zu sehen; und Madrid blickt auf Ebenen, in denen alle Spuren früherer Eichen- und Kastanienwälder längst verschwunden sind, auch wenn im Stadtwappen ein Baum eine herausragende Rolle spielt. Das Fehlen von Bäumen in Spanien erhöht sowohl die Trockenheit als auch die Überschwemmungen, weshalb die Aufforstung ebenso wichtig ist wie die Bewässerung. Die Kanalisierung von Flüssen mag zwar die Überschwemmungen verringern, aber auch wenn es auf den Berghängen keinen Boden gibt – oder keinen Boden, der so leicht ist, dass er von heftigen Regenfällen weggeschwemmt wird –, muss der Regen weiterhin ein seltsam getarnter Segen sein. Es wird berechnet, dass die Bäume in sechs oder acht Jahren den Boden zusammenbinden und ihm ausreichend Widerstandskraft verleihen würden, um den Regenfällen standzuhalten und sie aufzufangen, obwohl es natürlich noch keinen wirklichen Gewinn aus dem Holz geben würde. Der Aufwand an Mühe und Geld für eine so entfernte Vergütung entspricht nicht dem spanischen Temperament. Die Großgrundbesitzer tun nichts. Der Staat gibt jedes Jahr einige tausend Peseten aus; aber beim gegenwärtigen Tempo wird die Aufforstung Hunderte von Jahren dauern und eine Ähnlichkeit mit der lang ersehnten Karte von Spanien aufweisen, die in etwa elfhundert Abschnitten herausgegeben werden soll und von denen jährlich zwei bis drei Abschnitte erscheinen. [86] Die Vorteile der Bewässerung wurden in Spanien ausführlich bewiesen, was die Gegenüberstellung von Wasser und Gold in Pindars Ode rechtfertigte; aber nur etwa ein Fünfzigstel der Gesamtfläche Spaniens – und insbesondere die Ebene von Granada und der Küstenstreifen von Málaga und Valencia – können derzeit die immense Produktivität aufweisen, die auf die Bewässerung in Kombination mit der schnell heranreifenden Sonne Spaniens zurückzuführen ist. Natürlich gibt es immense Schwierigkeiten, und nicht zuletzt die Unwissenheit und die Armut der Bauern. Wasser, das einem armen Boden zugeführt wird, wird von geringem Wert sein, wenn den Bauern nicht künstliche Mittel zur Anreicherung des Bodens und moderne Methoden seiner Bewirtschaftung beigebracht werden. Die extreme Armut der Bauern würde sie jedoch derzeit daran hindern, andere als die einfachsten Methoden anzuwenden; In vielen Bezirken verpfänden sie ihr Land, um ihre Ernte einbringen zu können, und die spanischen Bauern sind oft in der Hand der Wucherer. Der Wucherer war in Momenten der Not ihre einzige Ressource, und schließlich werden sie zur Auswanderung gezwungen und überlassen ihr Land dem Wucherer. Ein schmaler Streifen fruchtbaren Landes entlang der Flüsse hebt sich vom trostlosen Land dahinter ab. So fließt der Ebro durch Aragon, zwischen Wäldern aus Hängebirken und Pappeln und Plantagen mit Oliven, Weinreben und Mais; aber auf beiden Seiten erscheint das karge Land völlig kahler rötlicher oder brauner Hügel aus bröckelnder Erde, wie große Sanddünen, ohne Pflanze, seltsam gefaltet und durchzogen von strömendem Wasser, mit komplizierten, abrupten Mulden und Katakomben. Die Dörfer haben die Farbe des Bodens und sind aus nicht großer Entfernung kaum von einem kahlen Hügel zu unterscheiden. Oder Wüstenebenen sind dünn mit grauem Thymian bedeckt, und in den fruchtbareren Teilen wachsen Zwergreben und Mais, sodass man im Herbst über riesige, ungeteilte Ebenen mit Stoppeln und vergilbten Weinbergen bis zum fernen Horizont trüber blauer Hügel blickt. Die grausamen Winde [87] Spaniens wehen direkt von den vereisten Gebirgskämmen, ungebremst durch jede Waldbarriere. Rund um Avila und im Hochland fällt der erste Schnee früh , aber in den Städten ist Schnee zu Weihnachten selten. Der Ausländer hat manchmal den launischen Wunsch, diese weiten, gelbbraunen, schneebedeckten Ebenen zu sehen – *après la plaine blanche une autre plain blanche* , wie die Königin Romayquia , die Frau von Abenabet , dem maurischen König von Sevilla, die in ihrer Sehnsucht nach dem Anblick von Schnee keinen Trost finden konnte. Der König befahl, rund um die Stadt Córdoba Mandelbäume zu pflanzen, damit die Königin zumindest im frühen Frühling, wenn nicht zu Weihnachten, ihre Fantasie mit den schneeweißen Mandelblüten betören könnte. [88] Aber auch in Andalusien kann man gegen Ende Dezember mehrere vergleichsweise niedrige Gebirgszüge sehen, die dick mit Schnee bedeckt sind. Von den baumlosen Hügeln werden dann die Brennvorräte in die Dörfer gebracht. Weiter nördlich wurden die Weinreben beschnitten und die Weinreben zum Verbrennen gebracht; aber hier haben die Weinreben ihre Blätter noch nicht verloren, und das Feuer besteht aus Thymian und Ginster und Rosmarin, Minze und Lavendel und anderen duftenden Bergpflanzen. Bei Sonnenuntergang treffen Eselscharen mit riesigen, wohlriechenden Lasten ein, die die roten oder violetten Quasten und Fransen ihres Geschirrs vollständig verbergen. An der Ostküste leuchten jetzt unzählige Orangen; Manchmal gefrieren sie durch die eisigen Winde aus dem Landesinneren, und nachdem der Wind aufgehört hat, werden Feuer aus schwelendem Stroh rund um und in den Orangenhainen angezündet, damit ein dichter Rauch über den Bäumen hängen und sie wärmen kann. Wochen vor Weihnachten erscheinen die *Turroneros* aus Jijona , die an ihren kleinen spitzen Hüten aus schwarzem Samt erkennbar sind, in fast jeder Stadt und Ortschaft Spaniens. Auf Veranden oder in großen, kahlen Läden stellen sie schichtweise weiße Holzkisten und Proben der *Turrón* oder Mandelpaste auf, die ein wesentlicher Bestandteil der spanischen Weihnachtsgerichte ist. Zurzeit ist Jijona , die graue Stadt in den Hügeln, verlassen, doch noch vor ein paar Wochen war in jedem Haus ein geschäftiger Schauplatz für die Herstellung von *Turrón* und das Nageln dünner weißer Bretter in Kisten. Der Schnee liegt bald tief auf dem Carrasqueta- Hügel oberhalb der Stadt. Die Mandelbäume, deren rosa Blüten im Februar einen einsamen Farbgürtel zwischen Jijona und den felsigen Bergen bilden , sind jetzt so kahl und grau wie das umliegende Land. Einige der Einwohner sind in den wärmeren Süden gezogen und haben die *Diligencia* nach Alicante mitgenommen; Andere sind die steile, kurvenreiche Straße hinaufgestiegen, vorbei am Barranco de la Batalla , wo einst die Cid die Mauren verwüsteten , und jetzt Ziegenherden scheinbar von nichts ernähren, und sind in Alcoy mit dem Zug in die kalten, hochgelegenen Städte von gefahren der Norden. Aber nicht nur im nördlichen Hochland sind die spanischen Winter grausam; Die *Dehesas* Andalusiens sind ebenso ungeschützt, die stillen, eisigen Winde wehen subtil und heftig und durchdringend über das hügelige Hügelland rund um Córdoba, und man kann Hirtenjungen sehen, eng in ihre Plaids gehüllt, erstarrt und regungslos dastehen, während die Schafe sich um sie drängeln und gegeneinander, um Schutz zu suchen.

IX

DIE KÜSTE KATALONIENS IM HERBST

Ein ERSTER Blick auf Katalonien vom Meer aus zeigt jedenfalls die Steine, aus denen die Katalanen dem Sprichwort zufolge Brot backen. Denn große Stacheln aus rostfarbenem Fels , die hier und da von Kiefern in rauem Grün bedeckt sind, erstrecken sich zum Meer und brechen in schroffen Klippen ab. In den Tälern dieser Höhenzüge säumen Städte und Dörfer die Küste, Rosas, Palamos , San Feliú de Guixols mit seiner Korkindustrie und die Spitzenklöppelei Arenys de Mar. In Richtung Barcelona werden sowohl der Boden als auch die Dörfer grauer, aber Barcelona selbst hat jede Menge Farben . Die spanischen und ausländischen Schiffe im Hafen , die Palmen am Kai, über ihnen die hohen weißen und gelben Häuser mit grünen und braunen Fensterläden und darüber wiederum ein Blick auf die große Kathedrale – all das, begrenzt durch das Purpur Berge, macht den Anblick Barcelonas vom Meer aus sehr malerisch und attraktiv.

Die Küste südlich von Barcelona ist sehr fruchtbar. Es gibt Hecken aus sechs Meter hohem Schilf, aus Kakteen und aus Aloe, Aloe von jenem exquisiten Blaugrün, das im September so oft die Farbe des Mittelmeers ist. Durch vergilbte Obstgärten mit prächtigen Pfirsichen, Feigen und Äpfeln in großer Menge erblicken Sie flüchtige Blicke auf die intensiv bleiblauen Hügelketten im Westen. Die Trauben wurden zum größten Teil bereits für den Wein geerntet, aber es gibt immer noch viele Weinreben, die zu Beginn des Jahres bis auf den Boden zurückgeschnitten wurden und das Aussehen von verdorbenen Kartoffelpflanzen haben, und die jetzt bis zum Rand gewachsen sind Sie sind so groß wie Johannisbeersträucher und nicht aufgesteckt , mit großen gelben Trauben beladen. Gelegentlich sieht man auch hohe Dattelpalmen und Orangenbäume.

Hinter Casteldefels sind die Hügel mit Kiefern bedeckt, und die warmen, aber taureichen Nächte verströmen ihren Duft so stark, dass er manchmal fast bedrückend ist. Die Nächte sind still, bis auf das ständige Zirpen der Grillen und das Rauschen des unruhigen Meeres. Die Sterne sind seltsam hell, Sirius strahlt groß und intensiv, und Orion wandert jede Nacht in all seiner Pracht über den Himmel, bis ihn die Sonne in der Mitte des Himmels einfängt. Das Meer ist voller Phosphor, und weit draußen sind die Lichter von Fischerbooten zu sehen, während es an Land fast so viele Glühwürmchen gibt wie die Sterne. Die orangefarbenen und violetten Sonnenaufgänge und Sonnenuntergänge in Rosa und Amethyst sind sehr schön, und die Segel der Fischerboote bleiben weiß, und das Meer behält noch einige Zeit lang sein Blau, nachdem das Licht des Nachglühens verschwunden ist. Etwas weiter südlich sind die Klippen mit Zwergpalmen, blühendem Rosmarin und anderen Sträuchern bedeckt. Die Straße ist hier gut, aber man trifft keine Fußgänger, denn ein Weg entlang der Eisenbahn ist trotz der Verbotsschilder die akzeptierte Durchgangsstraße zwischen Dorf und Dorf. Die Männer tragen meist eine schwarze Schirmmütze, eine lange Bluse und braune oder blaue Hosen. Die Schärpe ist fast immer schwarz und wird weit getragen, die Sandalen haben nur eine Spitze und eine Fersenbedeckung, mit Befestigungen aus Leder oder schwarzem Stoff an der Spitze. Die Frauen tragen Taschentücher, die den Kopf vollständig bedecken. Die vorherrschenden Farben sind Blau und Schwarz. Etwa einen Kilometer oder mehr vor Sitges , wo der Wein angebaut wird, ist die Straße von rauen Steinterrassen mit Weinreben und dunkelgrünen Johannisbrotbäumen begrenzt. Auf der einen Seite verläuft eine Reihe von Terrassen weit die Hügel hinauf, auf der anderen erstrecken sich die Weinberge mit ihren rauen Mauern bis zum Meeresrand. Sitges , ein Dorf mit weniger als viertausend Einwohnern, ist hübsch gelegen, seine Kirche mit achteckigem Turm erhebt sich auf einem Felsen im Meer. Ein paar Kilometer weiter ist Villanueva y Geltrú nur eine ziemlich große und eher gewöhnliche Provinzstadt, obwohl sie malerische Ecken hat, deren Häuser in verschiedenen Blau-, Rosa-, Grün- oder Gelbtönen gehalten sind und an der sich Ausblicke auf die Weinberge bieten Ende vieler seiner langen, geraden Straßen. Nach Villanueva ziehen sich die Hügel weiter ins Landesinnere zurück, und es gibt etwas flacheres Land, das jedoch größtenteils von großen Sümpfen eingenommen wird, in denen das Quaken der Frösche laut ist.

Erst wenn man Roda und Creixell erreicht , haben die Dörfer ein wirklich spanisches, oder besser gesagt kastilisches Aussehen. Vor allem Creixell mit seiner massiven Kirche und dem großen quadratischen Steingebäude, das stolz auf einem Hügel aus Mauerterrassen steht, die mit Johannisbrotbäumen übersät sind, und mit seinen Häusern in der Farbe der Erde hat den Eindruck eines kleinen Toledo. An einem frühen Herbstmorgen kann man es mit jedem Haus und Fenster in einer blauen Lagune spiegeln, Hunderte Meter vom Dorf entfernt und durch Sandbänke vom Meer getrennt. Die Olivenbäume und Weinberge erstrecken sich nun bis zum Ufer, und oberhalb von San Vicente stehen große weiße Landhäuser zwischen Obstgärten und Olivenbäumen. Nach Creixell gibt es nur zwei Dörfer, Torredenbarra und Altafulla , bevor Tarragona, die zweitgrößte Küstenstadt Kataloniens, liegt. Hier schlägt tatsächlich die Sonne mit feuriger Kraft; hier ist das Mittelmeer tatsächlich „kristallin" und „die Blitze des Mittagsozeans blitzen". Hier gibt es ausgezeichneten festen Sand zum Baden, und wenn man weit draußen schwimmt, kann man immer noch sehen, wie die Sonne durch das transparente Wasser auf den welligen Sand darunter scheint. Ende September ist die Saison vorbei, doch die Tage sind immer noch fast zu heiß und das tiefe Blau der Bucht und die lange violette Hügelkette im Nordwesten sind unbeschreiblich schön. Tarragona, die bevorzugte Stadt der Römer, besitzt viele edle römische Ruinen und wunderschöne Zyklopenmauern, und ihr Umriss, vom Himmel aus gesehen von der Straße nach Tortosa aus gesehen , ist einer der prächtigsten in Spanien. Die Stadt und ihre Umgebung sowie die gesamte Küste Kataloniens sind vielleicht nicht so bekannt , wie sie es verdienen. Wenn im Herbst die Tage und sogar die Nächte heiß sind, herrscht am frühen Morgen immer eine erfrischende Kühle; die Menschen sind in der Regel freundlich und zuvorkommend; In einigen Dörfern sprechen viele nur Katalanisch, und manchmal, wenn man hier und da ein Wort aufschnappt, könnte man meinen, man sei in Italien.

X

EIN ÖSTLICHES DORF

Am klaren Märzhimmel voller strahlendem Licht ist keine Wolke. Hinter dem dunklen Grün der Orangenbäume und grauen Oliven liegt das Meer, eine schwache blaue Linie. Und im Westen sind die Berge aus nacktem Fels leicht violett und wirken in ihren klaren, aber fernen Umrissen zerbrechlich und brüchig. Eine Ziegenherde wandert langsam ein breites Flussbett aus glatten weißen Steinen hinunter, ohne Fetzen oder Spuren von Wasser. An seinen Ufern wachsen Reihen von Aloen und hohem Schilfrohr, und auf beiden Seiten sind schwarz gekleidete Bauern auf den Feldern bei der Arbeit und pflügen mit einzelnen Maultieren zwischen den braunen Stämmen frisch beschnittener Weinreben oder beschneiden Orangen- und Olivenbäume. Bündel von Wein- und Olivenzweigen liegen bereit, um als Treibstoff ins Dorf gekarrt zu werden. Frauen in weißen, rosa und scharlachroten Kleidern hacken den grünen Mais. Die Birn- und Pfirsichbäume blühen, und die Mandelbäume erstrahlen in frischem Grün. In regelmäßigen Abständen erklären Brunnen oder *Norias* das grüne, frische Aussehen des Landes, das sich so sehr von der verbrannten Trostlosigkeit der wasserlosen Regionen weiter nördlich unterscheidet. Denn Oropesa, das Nachbardorf , liegt nur etwa sechzig Meilen nördlich von Valencia und grenzt auf der einen Seite an die volle Fruchtbarkeit der valencianischen Ebene, auf der anderen ist es jedoch von kargen Hügeln umgeben. In jeder *Noria bildet* ein langer, gekrümmter Ast den Griff für das Eisenrad, an dem ein Maultier festgebunden ist. Wenn sich das Maultier dreht, dreht sich das Rad mit einem langsamen, klirrenden Geräusch, und die langen, am Rad befestigten Tongefäße (Arcaduces) *sprudeln* Wasser in einen Trog und so durch kleine Kanäle aus trockener Erde in die Felder mit brauner und rötlicher Erde. Ein Weg führt durch grüne Felder und Orangenbäume zum Dorf. Auf einigen Feldern weiter südlich wurden die letzten Orangen gepflückt und Tausende von perlenförmigen Knospen verkünden, dass die Bäume bald mit einem glitzernden Schnee aus duftenden Blüten bedeckt sein werden. Aber in vielen strahlen die Orangen immer noch prächtig aus: An einem grauen Tag treten sie deutlicher hervor, als wenn die Sonne sie in einem leuchtenden Dunst verschwimmen lässt und sie nur im flachen Licht ihres Auf- oder Untergangs deutlich sichtbar bleiben. Die Bäume sind mit Früchten bedeckt und die beladenen Äste stützen sich auf den Boden. Die drängenden Orangen leuchten in unzähligen goldenen Kugeln, hier und da liegen goldene Hügel gesammelter Orangen, und unter den Bäumen ist der Boden ein übersätes Pflaster aus Gold. Auf jeder Seite kann man unter den Bäumen ein magisches Land aus unzähligen goldenen Lampen sehen; Einzeln oder in Kleeblättern

und Gruppen von sieben, zehn und zwanzig hängen die Orangen nur wenige
Zentimeter über dem Boden. Hunderte Meter entfernt erscheint zwischen
den Bäumen derselbe Duft leuchtender Früchte, und die Luft duftet nach
Orangen. Von Zeit zu Zeit weht ein leichter Wind unter den Bäumen, und
die Zweige mit ihrer Last dichter Orangen schwanken schwer hin und her ,
wie langsam schwingende Räuchergefäße aus brennendem Gold. Aber in der
Nähe von Oropesa gibt es vergleichsweise wenige Orangen. Das Dorf liegt
auf einem steilen, steilen Hügel aus grauem Fels und wird von den verfallenen
Mauern einer großen Burg gekrönt. Die Häuser klettern Dach über Dach, in
zerlumpter Unordnung den Felsen hinauf. Sie bestehen aus gelblich-
braunem Stein mit rauem Zement und bestehen größtenteils aus keinem
Glas, sind aber vorn leicht weiß getüncht, so dass sie der aufgehenden Sonne
strahlende Morgengesichter verleihen. In den nebellosen, strahlenden
Morgen zeichnet sich das Dorf deutlich ab, sein scharfer Felsen ragt steil aus
der Ebene empor. Das Meer dahinter ist silbern, und auf der anderen Seite
ist jede Falte in den Felsen der grauen Berge deutlich sichtbar. Es gibt keinen
Ton außer den gelegentlichen Stimmen von Kindern, dem Klirren und
Klirren eines Schmiedehammers, dem Krähen eines Hahns oder dem
schwachen kristallklaren Krachen brechender Wellen; aber von Zeit zu Zeit
hört man ein trockenes Gerücht von Rädern und den Schrei eines Mannes,
der sein Maultier anschreit, wenn es in seinem Karren die Straße entlangfährt.
Eingehüllt in ihre Plaids gegen die frische Morgenluft ziehen die Bauern
gemächlich auf Karren und auf Maultieren vorbei, um bis zum Abend auf
den Feldern zu arbeiten. In der Abenddämmerung kehrt die langsame
Prozession zurück, mit vielen Begrüßungen, *Bonbons* und dem Lächeln
sonnenverbrannter, faltiger Gesichter. Dünne Linien blauen Rauchs steigen
von schnell aufflackernden Feuern aus Weinreben, Rosmarin und trockenen
Pflanzen auf, die von den Hügeln gesammelt wurden, und eine oder zwei
Stunden später ist Oropesa dem Schlaf und der Stille der Sterne überlassen,
die nur durch den tiefen Rhythmus unterbrochen wird Schrei des *Sereno* , der
die Stunden ruft. Im Süden führt eine Straße durch graue felsige Hügel mit
Thymian, Zwergpalmen und Zistrosen hinauf. Die kahlen, glatten Felsen
haben einen metallischen Ring, und es gibt kein Lebenszeichen außer einer
Ziegenherde weit oben, die Ziegenherde mit ihrem Plaid und dem breiten
Filzhut zeichnet sich deutlich am Himmel ab, und der Klang ihrer Flöte ist
deutlich zu hören die Einsamkeit der Hügel, völlig still bis auf das silberne
Klingeln der Ziegenglocken. Auf diesen felsigen Hügeln kann kein Wasser
zurückbleiben, es ergießt sich sofort in die dahinter liegende Ebene, wo an
einem kaum einen Meter breiten Bachbett eine Säule von denen erzählt, die
dort im Jahr 1850 in „der diligencia, die von den Wassern mitgerissen wurde
" umkamen der Wildbach." Obwohl Oropesa jetzt einen Bahnhof hat,
verkehren die *Diligencias* immer noch zwischen ihm und Castellón und
Torreblanca , und es mag fünfzig Meilen von jeder Eisenbahn entfernt sein,

so primitiv und egozentrisch ist sein Leben. Gelegentlich kommt ein sonnenloser Morgen mit einem ruhigen grauen Himmel, was an der Ostküste Spaniens außer in den Tagen des frühen Frühlings selten ist. Das Meer liegt regungslos und grau, mit blassen Lichtreflexen in Spiralen und goldenen Flecken. Die Luft ist so still, dass das leise Zwitschern der Vögel zwischen den Oliven wie ein Stein in stilles Wasser fällt. Mit fortschreitendem Tag werden die Berge, die zuvor vermischt waren und im Grau des Himmels verloren gingen, deutlicher, bis gegen Sonnenuntergang jede Linie und jeder Spalt in ihren scharfen Gebirgszügen deutlich wird und der überhängende Wolkennebel im Grau des Himmels verschmilzt Abend, bestreut mit dem Goldstaub der Sterne.

XI

VOR DER OSTKÜSTE SPANIENS

D as Mittelmeer vor der Küste Spaniens ist nicht immer ruhig. Manchmal peitscht der Ostwind, der *Llevant* , die Wellen mit voller Wucht, und die Küsten entlang der Dörfer und Städte sind schwarz von Reihen von Fischerbooten, die es nicht wagen, ins Meer hinauszufahren. Aber wochenlang wird es „in den Windungen seiner kristallinen Ströme eingelullt", und die Sonne geht über einer seidenblauen Ebene auf und unter. Bei diesem Wetter hat eine Fahrt entlang der Küste eine wunderbare Frische und einen faszinierenden Reiz. Immer wieder erinnert sich der Reisende an den Zauber dieser Zeilen des alten Liebesromans:

„ Quién hubiese tal Ventura ,
Sobre las aguas del mar,
Como hubo el conde Arnaldos ,
La mañana de San Juan!"

„ Oh, für eine so glückliche Chance,
wo das tiefe Meerwasser anschwillt,
wie am Morgen des St. John's Day,
Graf Arnaldos befel " usw.

Am Johannistag strahlt die Sonne jedoch zu heftig, und im Spätfrühling oder Frühherbst ist die Reise am angenehmsten. Eine Landreise vermittelt keinen Eindruck von der Schönheit dieser Küsten, und Städte wie Alicante und Almería verlieren viel von ihrer Schönheit, wenn sie ihren Hintergrund aus Bergen verlieren, die nur auf See vollständig zu sehen sind. Das Meer und der Himmel sind immer schön und das Leben in den Häfen voller Farben und Bewegung verliert nie seinen Reiz. Almería, das von seiner alten Größe abgefallen ist, ist in seiner „violett beschatteten Bucht" [89] immer noch aktiv und exportiert jedes Jahr zwei Millionen Fässer, hundert Millionen Pfund, Trauben, hauptsächlich nach Amerika und England. Torrevieja, weiter nördlich, ist eine kleine Stadt oder ein Dorf mit etwa siebentausend Einwohnern, an denen Dampfer anlegen, um eine Ladung Salz aufzunehmen, zu deren Besuch der Tourist auf seinem Weg von Elche nach Murcia jedoch selten vorbeikommt. Es hat ein durch und durch afrikanisches Aussehen mit seinen flachgedeckten, grauweißen Häusern auf einem kahlen, ebenen Streifen Sandküste, ohne Bäume außer Palmen, die auffällig wie Bäume der Wüste dastehen; Der Sand ist stellenweise dünn mit Gras bedeckt, von hellstem, fast gelbem Grün. Auf der linken Seite, vom Meer aus gesehen, befindet sich eine lange Linie aus glänzendem Salz, das durch Verdunstung unter der Sommersonne aus dem Meerwasser gewonnen wurde und nun zum

Export bereit ist. Jenseits der Salzlinie liegt in der Ferne eine Reihe kahler Berge, die leicht violett sind. Die Stadt hat ein oder zwei kleine Türme, vier Fabrikschornsteine und ein halbes Dutzend Rundmühlen, deren Arme so schlank sind wie die Kräne auf den Ladedampfern im Hafen . Ein ständiger Rosenkranz aus Lastkähnen, gelb, weiß, grün oder schwarz, transportiert das Salz über die Bucht. Die schwere Last drückt den Lastkahn bis an den Rand des Wassers und das glitzernde weiße Salz scheint auf der blauen Oberfläche zu schweben. An beiden Enden des Lastkahns befinden sich bis zu zwanzig oder sogar dreißig Männer, von denen einige rudernd sitzen, andere ihnen gegenüberstehen und zum Rudern stehen und wieder andere mit ihren enorm langen Stangen stochern, die sich nach oben hin zu einem geringen Umfang verjüngen eine Angelrute. Die Hemden der Männer, malvenfarben, rosa, weiß, rot oder lila, ihre hellblauen oder schwarzen Mäntel, rote Schärpen, Hosen aus Samt oder Samtcord in vielen Farbtönen, von leuchtendem Gelb bis Dunkelbraun, die langen, leuchtend gelben Stocherstangen und die weißen Salzpyramiden auf dem Saphirmeer ergeben zusammen einen seltsamen und wunderschönen Anblick. Die leeren Lastkähne kehren hoch ins Wasser zurück, mit kleinen Salzhaufen an ihren Rändern. Zur Mittagszeit scheinen die Häuser zu verblassen und undeutlich zu werden, die Berge verblassen zu kaum wahrnehmbaren Umrissen, nur das Salz spiegelt die Sonne in jeder Facette seiner unzähligen Körner und glitzert weißer als Schnee. Bei Sonnenuntergang werden die Linien wieder scharf, und die Berge sind je nach Entfernung grau oder blaugrau oder intensiv bleiblau oder violett. Der Himmel über Murcia ist berühmt für seine klare Ruhe und die Sonnenuntergänge und Sonnenaufgänge sind von überragender Schönheit. Auch Alicante, das näher an Murcia als an Valencia liegt, hat einen wundervollen Himmel und ein wundervolles Meer, und auch hier ist der „Sonnenaufgang eine herrliche Geburt". „Alicante aux clochers mêle les minarets", sagt Victor Hugo in einem der Gedichte von „Les Orientales ", und vom Meer aus hat Alicante ein orientalisches Aussehen mit seinen Palmenreihen, den Etagen der Flachdächer und dem kahlen Hintergrund aus Hügeln und Bergen. Aber am Abend ist Alicante eine der schönsten Städte der Welt. Die Lichter scheinen sanft durch die vier Palmenreihen entlang des Paseo de los Mártires und spiegeln sich im Wasser; Im Hafen setzt der letzte Glanz des Abends das Maßwerk der Masten, Kräne und Takelage deutlich in Szene. Im Westen ist das Meer bereits dunkel, fast weinfarben , das o ἶ νψ der Griechen, aber im Osten ist es ein äußerst exquisites Blau, ein Blau, das wie eine transparente türkisfarbene Oberfläche erscheint, die eine Schicht weißer Kreide bedeckt . Der östliche Horizont ist schwach violett, und vor ihm sind die Segel einer Flotte von Fischerbooten weißer als jemals zuvor und leuchten noch lange nach Sonnenuntergang. Später fängt das Meer für einen Moment das schwache Purpur des Himmels ein, der Himmel verliert seine Farbe , und schließlich verschmilzt ein Nebel aus sanftem Grau miteinander, sodass man nicht mehr erkennen kann, wo der Himmel aufhört und das Meer beginnt. An den Felsen der Küste brechen die mit Phosphor gefüllten Wellen nachts in einem leuchtenden Gischt, „wie Licht, das in geworfenen Sternenschauern aufgelöst wird". Die niedrige Reihe blasser Lichter entlang El Grao , dem Hafen von Valencia , sieht aus einiger Entfernung auf dem Meer aus wie eine solche Phosphorwelle, wenn man sie sich nachts nähert. Tagsüber erscheint der Hafen als ein Wald aus Masten, und in der Ferne erscheinen die Türme von Valencia rund um den hohen Miguelete ebenso zahlreich und in der Ferne fast so schlank wie die Masten des Hafens : „les clochers de ses trois ." Cent églises ." Entlang der Küste von Huerta, insbesondere südlich von Valencia, glitzern mehrere schneeweiße Pyramiden, die auf den ersten Blick eher aus Salz bestehen und genau das Aussehen der Hügel haben, die entlang der Bucht von Cadiz liegen. Es sind die weiß getünchten, dreieckigen Fronten der strohgedeckten Hütten oder *Barracas der Bauern* , die in der fruchtbaren Ebene, dem „Obstgarten Spaniens", stehen.

Einer der schönsten und originellsten Anblicke entlang der gesamten Küste ist der der hohen kahlen, baumlosen Bergkette südlich von Cartagena, die steil ins Meer abfällt und sich in einem zarten Lila über dem hellblauen Wasser erhebt. Es gibt nicht den geringsten Küstenrand, tatsächlich umfließt das Meer die Flanken der Berge, und sie erstrecken sich weit über das Land hinaus, wobei ihre Gipfel gelegentlich wie kleine Inseln erscheinen.

Vor allem aber wird der Reisende , der die glückliche Chance hat, sich im Morgengrauen eines wolkenlosen Tages in einem Boot eine Stunde westlich von Almería wiederzufinden, vor allem dann bereit sein, die Zeilen zu wiederholen:

„ Quién hubiese tal ventura
Sobre las aguas del mar."

Ein leichter Schimmer im Osten warnt den Mond, dass seine Herrschaft des ruhigen Lichts zu Ende geht und der lange Auftakt des Tages beginnt. Über einer dunklen Meereslinie kriecht ein schwaches Orange in den Himmel, das sich zu Orange-Lila vertieft und bald in blasses Gelb, Safran und Narzisse abfällt. Dann, später, darüber erweitert sich ein Raum von klarstem Grün, und schließlich wechselt der Körper des Himmels von Grau zu Hellblau. Im Westen ist alles noch grau, wie mit einem sanften Hauch hängender Nebel. Die Segel eines Bootes, das aufs Meer hinausfährt, sind im ersten Schein der Morgendämmerung weiß, und das sanft nach Osten anschwellende Meer reflektiert das Licht in gleichmäßigen Goldschimmern, wie glatte, glänzende Butterblumenwiesen. Dann geht die Sonne rot-orange über einer wolkenlosen Meereslinie auf, das Meer wird hellblau, und am Rest des Horizonts liegen Räume aus Perlen und Opalen, während im Osten ein trüber, silberner Mond langsam verblasst. Die Szene ist von solch bezaubernder Schönheit, wie die Geburt einer neuen Welt, dass der Reisende , wenn die Sierra Nevada größtenteils in einer langen Nebelwolke verborgen ist, kaum einen oder zwei Gipfel bemerkt, die wie schwebender Schnee aussehen -weiße Wolken. Dann löst sich der Wolkennebel auf, und einer nach dem anderen erscheinen die schneebedeckten Gipfel, bis die gesamte riesige Bergkette kahl dasteht und unglaublich hoch in einem Himmel aus klarem, schwachem Grün aussieht. Es ist ein Anblick, der Männer den Atem anhalten lässt. Das Schiff, die Nachtschatten kaum von seinem Deck vertrieben, gleitet langsam, fast geräuschlos durch das Wasser, als hätte auch es verstanden, dass es sich hier um ein verzaubertes Land handelt. Der Blick von Granada auf die Sierra Nevada, so schön er auch ist, lässt nicht an einen so unvergleichlichen Anblick denken. Die Reichweite ist so groß, der Schnee ist so tief und weich. Lange, fast ebene Linien, riesige, schroffe Felsen, sanft abfallende Schluchten, glatte, pyramidenförmige Gipfel, Schelfe und Zinnen, Spalten und Felsvorsprünge – alles ist ohne Unterbrechung vollständig in tiefen, viel besonnten Schnee gehüllt. Jeder Blick bringt ein neues Wunder und eine neue Überraschung mit sich, nachdem man sich für einen Moment dem grauen westlichen Horizont oder der wogenden, kristallklaren Oberfläche des blauen Meeres zugewandt hat. So wunderbar ist das Strahlen des Weiß, das im vollen Glanz aus dem Osten erscheint, und so ist die unendliche Klarheit und Subtilität der Umrisse an einem Himmel, der von Blaugrau bis zu transparentem Grün variiert. Die lange Massivkette erweckt aus einiger Entfernung auf dem Meer den Eindruck einer Höhe von zwanzigtausend Fuß, wohingegen man von Granada aus schwer erkennen kann, dass der höchste Gipfel über elftausend Fuß hoch ist. Unterhalb der Schneegrenze scheint eine hohe Reihe kahler grauvioletter Berge im Meer zu versinken, obwohl es tatsächlich eine ebene Küstenlinie gibt. Weit und breit ist kein Baum zu sehen; An der Küste steht ein weißer Leuchtturm, und auf dem seidenblauen Meer schimmert ab und zu ein weißes Segel oder der Flügelschlag einer Möwe. Je höher die Sonne steigt, desto violetter werden die sanft gewölbten Berge unter der Sierra Nevada über dem Meer und die Schatten ihrer Grübchenmulden werden schwarz. Oben präsentieren die weiten, glatten Räume und die tiefen Schluchten der Sonne ohne Schatten ihr breites, weiß schimmerndes Gewand. Es ist alles unvorstellbar schön, mit einer atemlosen Reinheit der urtümlichen Dinge –

„Die unbegreiflich Hohe Werke
sind herrlich wie am ersten Tag."

Diese und andere vergnügliche Stunden während einer Küstenfahrt im spanischen Mittelmeer werden nicht so schnell vergessen, und obwohl sie nicht in Worte zu fassen sind –

„Sie blitzen auf dem inneren Auge auf,
das die Glückseligkeit der Einsamkeit ist.“

Die Reise kann an der Südküste verlängert werden, und zwar von dem Zeitpunkt an, an dem zu seiner Linken Tarifa am Meer liegt, wie eine Linie aus schmelzendem Schnee unter sanft geformten grünen Hügeln, und zu seiner Rechten Tanger sein Weiß zeigt Häuser undeutlich unter den kahlen, grauen Bergen Afrikas zu sehen, bis zu der Zeit, als er in Port Bou Abschied von der katalanischen Küste und von Spanien nimmt, wird der Reisende keinen langweiligen oder unangenehmen Moment erleben; Wenn die Götter ihm nur günstige, wolkenlose Tage schicken würden –

„ Quién hubiese tal ventura
Sobre las aguas del mar!“

XII

DIE RICHTUNG DER WASSER

Es war ein wolkenloser Novembertag. Die Kathedrale von Valencia hob sich grau vor einem sanftblauen Himmel ab. Auf der *Plaza de la Constitución* schien die Sonne auf den zentralen Brunnen und zeichnete in dunklen Linien die Schatten der Häuser und der Kathedrale. Aus der großen „Tür der Apostel" drang ein Duft von Weihrauch, wenn die Leute ein- und ausgingen. Die Tür mit ihrem großen Rosettenfenster wirkt abgenutzt und uralt, und die Pflanzen, die hier und da in der Wand wachsen, tragen dazu bei sein Aussehen von ehrwürdiger Pracht . Manche der Apostel stehen kopflos da, manche ohne Arme, manche sind nur steinerne Stämme. Oben erhebt sich hier der hohe *Miguelete* -Turm, der weithin in der valencianischen Ebene sichtbar ist. Ein paar Priester kamen vorbei, ein paar Karren wurden von langen Maultierketten gezogen, ein Zeitungsverkäufer rief den *Heraldo de Madrid* , und einige Bauern in schwarzen oder blaugrauen Gruppen unterhielten sich, auf ihre Stöcke gestützt. Kurz nach elf wurde auf dem Bürgersteig direkt vor der Tür der Kathedrale ein langes grünes Sofa aufgestellt und ein schmaler Raum darum herum mit einem Eisengeländer umschlossen. Sofa und Geländer, abschnittsweise über die Straße getragen, trugen die Inschrift *Tribunal de las Aguas* . Denn es war Donnerstag, der Sitzungstag des Tribunals, das über Streitigkeiten im Zusammenhang mit der Bewässerung des Huerta entscheidet.

Für den Bauern des valencianischen Huerta bedeutet der Verlust von Wasser für sein Land Hungersnot, und die Stunden, zu denen jeder Wasser aus den schmalen Kanälen schöpfen darf, die sein Land durchqueren, sind sorgfältig geregelt. Wenn jemand aus seinem Zug Wasser wegnimmt, müssen die Felder eines anderen leiden, und der Fall muss den Richtern vorgelegt werden, die im wöchentlichen Rat tagen. Gegen ihr Urteil gibt es keinen Protest oder Berufung; Es ist absolut endgültig, und obwohl es Fälle von Ungerechtigkeit geben muss, sind die Bauern sehr stolz auf ihr Tribunal. Es gibt keine Niederschrift – die Fälle werden nicht einmal aufgezeichnet – die Sache wird vor Ort und unter freiem Himmel zwischen Mann und Mann entschieden; es gibt keine Angestellten oder Anwälte; kein Tisch, keine Tinte oder Papiere, die das Einfache verwirren könnten; [90] Es gibt keine Gebühren oder ängstlichen Verzögerungen, und die Richter, die darüber hinaus von und aus den Bauern selbst gewählt werden, verstehen die ihnen vorgelegten Fragen vollkommen. Es ist ein seltsamer Anblick, diese allmächtige, jahrhundertealte Institution im 20. Jahrhundert auf der *Plaza de la Constitución zu sehen*. Es liegt eine würdevolle Einfachheit darin, ein Mangel an Darstellung, der imposant ist. Die Bauern sind bewusst stolz darauf, ihre eigenen Angelegenheiten ohne Einmischung der Gelehrten regeln zu können, ebenso wie sie bereit sind, ihre privateren Streitigkeiten ohne Rückgriff auf das Gesetz beizulegen. Der Mann, der bei einem Streit niedergestochen wurde, wird den Namen seines Angreifers vor der Polizei geheim halten und sich stets das Vergnügen vorbehalten, sich später zu rächen. Der Charakter der Bauern der Huerta ist in der Tat eine Mischung aus Hochmut und List, aus Einfachheit und Klugheit, und das Wort, das sie am besten beschreibt, ist das spanische *socarronería* – ein gewisser bösartiger Humor . [91] Sie leben isoliert in der weiten offenen Ebene, bilden eine eigene Gemeinschaft und ärgern sich über äußere Eingriffe. Ihr Tribunal ist völlig primitiv und rustikal; In all den Jahren seines Stadtlebens hat es sich nicht an die Sitten der Stadt angepasst und verfügt nicht einmal über den Schutz eines Daches.

Im vorliegenden Fall musste nur eine einzige Frage geklärt werden, und die Verhandlung dauerte weniger als fünf Minuten und verlief nahezu unbemerkt. Etwa um Viertel vor zwölf gingen die Richter, fünf an der Zahl und ganz in Schwarz gekleidet wie gewöhnliche Bauern, langsam in die Halle und nahmen ihre Plätze auf dem offiziellen Sofa ein, wobei sie ihre schwarzen Filzhüte abnahmen. Die gesamte Jury besteht aus sieben Personen, die aus verschiedenen Bezirken ausgewählt werden, um die wichtigsten Bewässerungskanäle zu repräsentieren. Ein anderer Bauer, Beamter des Tribunals (auf seiner Mütze steht *A. de T. Aguas* , der *Alguacil* , das heißt des Tribunals der Wasser), stand am kleinen Tor im Geländer und erklärte das Tribunal offiziell für eröffnet: *S' obri el Tribunal* sind die geweihten Worte. Dann stellte er den Kläger und den Angeklagten vor, die barhäuptig und ohne Stöcke einen halben Meter von den Richtern entfernt standen. Nachdem jeder seine Sache dargelegt hatte – und jede Unterbrechung wird mit einer strengen Geldstrafe geahndet –, fällte einer der Richter sofort das Urteil. Das Urteil fiel gegen den alten Mann, und er drehte sich wortlos um, um das Gehege zu verlassen. Seine Frau jedoch ließ sich ohne Geländer nicht einschüchtern, obwohl er den Finger an die Lippen legte, um sie zum Schweigen zu bringen, und machte den Richtern in einem schrillen Schwall von Worten Vorwürfe, als sie feierlich auf die Plaza gingen. Das *Tribunal de las Aguas* wurde geschlossen; Die Richter verteilten sich auf ihre stillen Felder, um sich am darauffolgenden Donnerstag im Trubel und Lärm der überfüllten Stadt wieder zu treffen. Jeden Donnerstag im Jahr werden das schlichte grüne Sofa und das runde Geländer abschnittsweise herausgeholt, und die Preisrichter erscheinen auf der Plaza. Sie betreten nicht immer das Gehege, denn manchmal ist kein Streit anhängig, oder die Streitenden haben sich auf der Plaza ohne Rückgriff auf das Tribunal geeinigt, und wenn die Uhr zwölf schlägt, werden Geländer und Sofa zurückgetragen. Die Richter tragen dazu bei, eine Einigung herbeizuführen, und das erklärt vielleicht, dass ihre offiziellen Urteile sofort gefällt werden, ohne dass eine Denk- oder

Beratungspause erfolgt; Sie haben sich zweifellos alle Einzelheiten des Falles angehört und vorher eine Entscheidung getroffen.

düsteren, aber entzückenden Romans „La Barraca " von Don Vicente Blasco Ibáñez werden sich an die Szene an der „Tür der Apostel" erinnern, als Batiste, der seine Empörung über die ungerechtfertigte Anklage gegen ihn nicht zurückhalten kann, für seine Aufregung mit einer Geldstrafe belegt wird Unterbrechungen und auch eine Geldstrafe wegen der Untat, die er nicht begangen hatte. Aber in der Regel ist die Szene ruhig und fast feierlich. Das Gericht hat die Heiligkeit von Jahren; Der Bauer respektiert eine Institution, die zur Zeit seines Vaters, seines Großvaters und seiner Vorfahren vor fünf Jahrhunderten dieselbe war. Die Richter, die vorher und nachher einfache Bauern waren , sind im Moment mit der Macht ausgestattet, Angelegenheiten von lebenswichtiger Bedeutung zu regeln; Bei Missachtung des Gerichtsurteils können sie einem Mann sein Recht auf Wasser vollständig entziehen und ihn und seine Familie so mittellos machen. Sie repräsentieren die gesamte Huerta und verkörpern gleichermaßen ihren unabhängigen Geist und ihre konservativen Traditionen. Wenige Minuten, nachdem die Richter aufgestanden sind, und manchmal bevor die Uhr der Kathedrale zwölf schlägt, sind Sofa und Geländer verschwunden, und es ist schwer zu erkennen, dass das altehrwürdige Richten der Wasser, so primitiv und beeindruckend , tatsächlich stattgefunden hat in dieser Stadt mit zweihunderttausend Einwohnern und auf diesem gepflasterten Platz, wo jetzt nur noch wenige Wanderer sind und der zentrale Brunnen schweigend plätschert und plätschert.

XIII

SEVILLA IM WINTER

Im Frühling, von März bis Mai, wird Sevilla hauptsächlich besucht; Die warme Luft und die heiße Sonne, die blühenden Orangenbäume, die großen religiösen Feste und die berühmten Stierkämpfe ziehen eine Schar von Ausländern an, und die Stadt verfügt über eine Lebendigkeit, die selbst in der fröhlichen und lebhaften Hauptstadt Andalusiens ungewöhnlich ist. Im Winter hat Sevilla einen ruhigeren, aber vielleicht nicht weniger starken Charme. Der Winter bringt oft eine Reihe kühler, klarer Tage mit sich, an denen der Himmel ein heiteres, fast durchsichtiges Blau mit goldenen Sonnenuntergängen hat. Die weißen Linien der Häuser mit Flachdächern, die sich vor dem Blau des Abendhimmels abheben, haben das sanfte Licht und die Farbe von Opalen, während die fernen Hügel am Horizont schwach violett sind. An diesen stillen Tagen spiegelt der bewegungslose Fluss die Linien blattloser Hängebirken und gelber Tamarisken in all ihren schlanken Zweigen wider. Ein paar Meter weiter vom Ufer entfernt hängen auf beiden Seiten Tausende von dunklen Orangenbäumen mit leuchtenden Früchten und umkreisen die Stadt mit einem Lichterkranz. Über und durch die jetzt kahlen und grauen Bäume des *Paseo de las Delicias* zeigen sich die verschiedenen Grüntöne der hohen Eukalyptusbäume und Palmen, der Orangenbäume und Zypressen der Santelmo- Gärten. Am Kai liegen gewaltige Orangenhaufen, bereit zum Verpacken: Die heiße Sonne erfüllt die Luft mit ihrem Duft, Kinder machen fliegende Angriffe und ziehen sich überstürzt mit je einer Orange zurück, während ab und zu auch ein Bettler sein Arbeitsentgelt aus dem scheinbar unerschöpflichen Vorrat erhält. In der stets überfüllten *Calle de las Sierpes* werden an kleinen, offenen Ständen frische Veilchen und prächtige Nelken und Rosen angeboten, und in einigen Gärten kann man blühende Rosen und Geranien sehen. In den schönen Gärten des Alcázar verströmt die Sonne einen köstlichen Duft aus Buchsbaumhecken, Myrten und Orangen.

Gelegentlich – immer noch bei unbewölktem Wetter – ist der Wind kalt und durchdringend und alle sehen gedämpft aus, die Männer in ihren *Capas* , die Frauen mit langen Schals. Im *Patio de los Naranjos* , unter den mit Orangen beladenen Bäumen, fegt der Wind über das Pflaster aus rauen Ziegeln, das mit Gras und dem stumpferen Grün der Moose bewachsen ist, und lässt die abgefallenen Blätter in Linien und Kreisen rasseln. Weit oben steht der große Giralda -Turm rosa und cremegrau am klaren Winterhimmel. Am Tor der Verzeihung, in einer Ecke mit heißer Sonne und windgeschützt, sitzen ein paar Bettler, wärmen sich und schauen mit orientalischer Geduld und Unbeweglichkeit zu. Die Straßen sind größtenteils zu eng, um die Sonne hereinzulassen, aber auf den *Plätzen* und allen offenen Flächen sieht man Männer, die sich in der Sonne aalen, *tomando el sol* . Entlang der Brücke, die in den Vorort Triana führt , sind die Plätze auf beiden Seiten überfüllt. Triana entspricht besser als Sevilla Cervantes' Beschreibung einer Stadt, in der an jeder Straßenecke Abenteuer zu finden sind, und Triana stellt eine Armee von Herumtreibern zur Verfügung, deren Lebensaufgabe im Winter darin besteht, „die Sonne zu genießen".

Am Vorabend großer Winterfeste wie dem Dreikönigsfest wird es bereits dunkel, wenn Gottesdienste abgehalten werden, und die riesige Kathedrale ist von Hunderten von Kerzen und gedämpften Hängelampen schwach erleuchtet, obwohl das letzte Tageslicht noch eine Weile in der Tiefe verweilt Rot- und Violetttöne, Grün, Orange und jede Farbe der Fenster darüber. Es gibt keine Prozession der Heiligen Drei Könige durch die Stadt; In Alcoy in der Provinz Valencia reiten die Heiligen Drei Könige mit Geschenken beladen von jenseits der sie umgebenden grauen Berge in die Stadt, und die Hälfte der Bevölkerung eilt ihnen entgegen, aber dafür ist Sevilla zu „zivilisiert". .

Selbst in Sevilla sind nicht alle Wintertage wolkenlos und ruhig. Auf einigen von ihnen ist der Himmel gleichmäßig grau, und der Regen fällt unaufhörlich, bis die Mitte der schmaleren, ungleichmäßig gepflasterten Straßen, die an beiden Seiten erhöht und ohne Bürgersteig sind, zu einem fließenden Bach wird. Aber wenn die andalusische Sonne wieder zum Vorschein kommt, wirken die Häuser in ihrem strahlenden Weiß oder in ihren Schichten aus schwachem Grün oder Rot, Gelb oder Lila (obwohl selbst diese normalerweise eine weiße Linie entlang des Dachs haben) und in der Luft noch frischer ist ein Frühlingsgefühl. Es gibt ein altes andalusisches Lied, das den März zum Januar sagen lässt:

„An drei Tagen, die mir aufgefallen sind,
und an denen ich meinen Kameraden Abríl
He verlassen habe tus ovejas
Que te acordarás de mí ."

(Mit den drei Tagen, die mir noch bleiben und den drei, die mir meine Freundin April geliehen hat, werde ich Ihre Schafe in eine solche Notlage bringen, dass Sie sich an mich erinnern werden.) Das ist das Cumbrian: —

„März sagte zu Aperill
: ‚Ich sehe drei Haggs [Schafe] auf einem Hügel. Und wenn du mir drei
Tage leihst, werde ich einen Weg finden, sie zum Handeln zu bringen.' "

Aber die Strenge der folgenden Tage in Cumberland hat in den tiefer gelegenen Bezirken Andalusiens keinen Platz und keine Parallele :

„Der erste von ihnen war Wind und Nässe ,
der zweite von ihnen war Schnee und Graupel,
der dritte von ihnen war ein Frost
, der die Vogelnester an den Bäumen festfrieren ließ;
Als die drei Tage vorüber waren, kamen
die drei dummen Haggs gezwitschert Schade ."

In Sevilla ist der Winter wenige Wochen nach dem Tag der Könige wirklich vorbei: Im Februar ist der Himmel intensiver blau und mit der längeren Sonneneinstrahlung nimmt die Wärme zu. Es folgen die Frühlingstage in ihrer unvergleichlichen Pracht , bis schließlich die feurige Hitze der Sonne alle, die die Stadt verlassen können, in die kühlere Zuflucht des Meeres oder der Hügel treibt.

XIV

AUS EINEM HAUSDACH IN SEVILLA

Im Winter ist der Himmel über Sevilla manchmal wochenlang völlig wolkenlos. Tag für Tag öffnet und vergeht es friedlich wie eine perfekte Blume; oder, wenn ein starker kalter Wind über den Tag weht, weht er immer noch in einem Himmel aus grenzenlosem, klarem Blau. Aber zu Beginn des Frühlings ist der Himmel oft in ein schwebendes graues Blätterdach gehüllt, oder man kann beobachten, wie die weißen Wolkenmassen dünner werden und über dem Blau verschmelzen. Und das Blau ist nicht länger starr, fern und heiter; Selbst wenn es scheinbar klar ist, hat es eine vage Bewegung sich auflösender Nebel, eine ungreifbare weiße Weichheit, die es durchdringt. Es ist diese Qualität des Himmels, der so gut mit den weichen Linien und zarten Farben der Stadt harmoniert, die Sevilla im Frühling seinen unfehlbaren Charme verleiht. Besonders spürbar ist dieser Zauber in der Stunde, in der die Zigaretten der Männer zu leuchten beginnen und die Straßen mit winzigen Glühwürmchen übersät sind, die so deutlich zu erkennen sind wie die weißen Blumen, die die Frauen in ihren Haaren tragen. Die tiefroten Nelken und dunklen Veilchen der offenen Blumenstände verschwinden im Schatten; Die hellen Grün-, Flieder-, Gelb-, Braun- und Blautöne der Häuser nehmen einen graueren Farbton an. Der letzte Sonnenschein wirft seinen dünneren Glanz entlang der weißen Linien flacher Dächer, die sich in vielen Ebenen und Winkeln am blauen oder blau-weißen Himmel abheben, und der Effekt ist der von Perlen und Opalen, nicht das Aufblitzen polierter Opale, sondern sozusagen blaue Opaladern in weißer Kreide. Der Westen ist von einem gleichmäßigen Glanz aus reinem Gold erfüllt, und bald verändert sich auch der östliche Himmel von Blau zu einem schwachen Goldgrau. Eine nach der anderen beginnen die hängenden Straßenlaternen ihr sanftes weißes Licht auszustrahlen, und über ihnen leuchten die ersten Sterne schwach, verschwinden und tauchen wieder auf. Die Glocken der Ziegen und der sanftere Klang der Kuhglocken sind zu hören, wenn sie ihre abendliche Runde zum Melken machen, getrieben von einem Jungen auf seinem Esel oder von einem alten Mann mit einem verblassten rosa Regenschirm; oder ein Esel, beladen mit Orangen, vorbei, deren Gold durch das Zwielicht zwischen den Netzen der Packtaschen schimmert. Ein Hauch Landluft weht durch die Stadt; Die Arbeit des Tages ist zu Ende, und vielleicht hören Sie aus einer Kirche oder einem Kloster „eine ferne Glocke, die das Ende des Tages zu betrauern scheint":

„Squilla di lontano
Che paia 'l giorno pianger che si muore ."

Die schnelle Dämmerung des Südens vergeht bald, aber diese kurze Stunde verkörpert mehr als jede andere den Zauber eines sevillanischen Frühlings. Denn Sevilla ist zu anderen Zeiten „eine Stadt voller Aufregung, eine turbulente Stadt, eine freudige Stadt". Es erwacht zu einer dissonanten Musik aus vielen Straßenschreien. Alle Arten von Waren werden schrill, mit lauten Rufen oder langsamen, klagenden Gesängen feilgeboten. Später am Tag erklingen die melodischeren Rufe „Orangen! Wasser! Veilchen! Nelken!— ¡ *Qué Buenas Naranjas ! Agua, Königin Mehr Wasser ! Violetas ! Claveles !* „Aber von den flachen, mit Ziegeln gepflasterten Hausdächern, die von Mauern unterschiedlicher Höhe von drei bis zwanzig Fuß umgeben sind und alle bis zur ebenen Fläche weiß getüncht sind, sind diese Straßengeräusche nur schwach zu hören. Das Rattern der Räder über das Kopfsteinpflaster ist gedämpft, die Glocken langsam getriebener Kühe und Ziegen läuten aus der Ferne; Manchmal hört man das komplizierte Pfeifen des Messerschleifers, oder eine Drehorgel spielt einen endlosen Tanz zum Klappern der Kastagnetten , der durch seine unaufhörliche Wiederholung fasziniert. Aber die Geräusche sind vage und gedämpft, ohne Härte oder Schärfe, und hier herrscht ununterbrochenere Stille als in den kühlen Marmorterrassen *unten* , mit dem häufigen Hin- und Hergehen durch die eiserne *Reja der Tür* . An den Wänden oder in der Schattenlinie darunter stehen Reihen von Pflanzen – Rosen, Geranien, Heliotrop und vor allem Nelken. Von hier aus füllen die Straßenverkäufer ihre offenen Stände und Körbe mit den riesigen Nelken des Frühlings, wobei die kleineren frühen Nelken hauptsächlich aus Málaga kommen. Und die Nelken sehen nie schöner aus als gesehen, dunkelrot, rosa oder gelb, vor diesen Wänden aus glitzerndem Weiß; man nennt sie gerne bei ihrem deutschen oder „sanften spanischen Namen" – *Nelken , Claveles* . Die aufgehende Sonne erhellt die Dächer der Häuser, so dass sie wie Schnee zwischen den dunklen Räumen aus bronzefarbenen, grün oder blau glasierten Ziegeln, den schlanken Türmen und den seltenen Dächern glänzen, die im Frühling wie kleine Felder dicht mit Gras bedeckt sind. Oder in einer Mondnacht sieht die Stadt wie ein Phantom aus weiß getünchten Gräbern aus , und wenn bei leerem Himmel kein Mond voller Freude umherblickt, hat man einen ununterbrochenen Blick auf die Sterne am ganzen Himmel, wie vom Deck eines Schiffs. Zur Mittagszeit, wenn die Sonne ganz aus Feuer brennt und die Schattenlinien zu bloßen schwarzen Rändern verengt, kann man den grellen Glanz des Weiß nicht länger als einen Augenblick überblicken. Am Morgen herrscht eine exquisite Frische. Aus den Häusern steigt wenig Rauch auf – nur gelegentlich ein winziges Gespenst aus Grau –, aber dahinter steigt eine dichte Linie von der Cartuja- Fabrik für *Azulejos auf* und hängt schwarz-violett am blauen Himmel – der Morgenhimmel ist mit wehenden, ausgestreckten Streifen von gestreift weiße nebelartige Wolke. Man hört den Flügelschlag der Tauben, die von Wand zu Wand flattern, und das Zwitschern unzähliger Spatzen. Die Stunden werden durch das kristallklare Schlagen vieler Uhren markiert, das nur schwach und zeitweise von unten im Straßenverkehr zu hören ist. Aber am Abend hat das Dach des Hauses einen fast magischen Charme, wenn die Sonne in einem Himmel aus zartem Gold untergegangen ist und im Osten lange dünne Linien aus weißen und schwach violetten Wolken über einem Himmel von hellstem Blau liegen. Dann verströmen die Blumen an der Wand ihren ganzen Duft. Schwalben wirbeln und schleudern weit über ihnen hinweg oder gleiten leicht über die hundert Stockwerke weiß getünchter Türme und Mauern. Die *Claveles* verblassen langsam in der zunehmenden Dämmerung; die weite, unebene Ebene leuchtender Wände wird allmählich undeutlich und verschwommen; Schließlich ist auch der Himmel in perfekter Grausymmetrie geformt , und vielleicht steigt ein riesiger orangefarbener Mond langsam über die Stadt. Sevilla ist im Winter wunderschön, wenn der Himmel kalt und heiter blau ist und Nacht für Nacht die Sterne glitzern und glitzern. Schön im Frühling, wenn überall, auf dem Dach, auf *der Terrasse* und im Garten, das Grün triumphiert, wenn die Orangen noch in Blüte an den Orangenbäumen hängen – wie gelbe Krokusse, die aus dem Schnee hervorlugen – und der Mais bereits hoch in den Oliven steht jenseits des Flusses; Herrlich im Sommer, wenn das Grün ausgedörrt und verdorrt ist und ein heißer Wind heftig über die schwächer werdenden Hausdächer weht, oder in Nächten schwüler Stille das intensive Leuchten vieler beleuchteter *Terrassen* auf die samtene Dunkelheit der engen Gassen fällt. Schön zu jeder Zeit, aber nie schöner als in den gemäßigten Frühlingstagen, wenn hundert Glocken zum Fest der Auferstehung läuten und die Blumen von unzähligen Dächern für das Fest gesammelt *werden* ; wenn in Szenen voller Feenzauber die langsamen *Pasos* mit ihren unzähligen brennenden Kerzen durch die Dämmerung durch die überfüllten Straßen und *Plätze zur Kathedrale ziehen, während die hohe* Giralda noch immer friedlich über dem Orangenhof auf die Stadt blickt, die sie umschließt , zu den weiten *Dehesas* Andalusiens, zu den grünen Feldern und mit Olivenbäumen bedeckten Hügeln jenseits des sanft fließenden Guadalquivir und bis zur fernen Linie der Sierra Morena.

XV.

FEBRUAR IN ANDALUSIEN

KEINER von vielleicht hundert Besuchern von Sevilla und Granada erhascht mehr als einen flüchtigen Blick auf das wunderschöne Land und die merkwürdigen Dörfer Andalusiens. Dennoch macht eine Reise durch diese ganze Region viel Freude und Interesse. Im Februar ermöglicht ein früher Start mit der Sonne dem Reisenden zu Pferd oder zu Fuß, eine schöne Tagesreise zurückzulegen, da die Sonne noch nicht zu brennen begonnen hat und ihn dazu zwingt, etwa sechs zentrale Stunden des Tages zu ruhen, wie später im Februar das Jahr. Und die Umrisse auf allen Seiten sind außerordentlich klar, der Himmel normalerweise wolkenlos und Bäche fließen dort, wo später nur trockene Kanäle sein werden. Teilweise sind die Felder und Straßenränder blau und violett mit Zwerg-Iris (die Bauern nennen sie einfach *Lirios* , Lilien) und die Mandelbäume blühen; Und zu keiner Jahreszeit gibt es einen größeren und reizvolleren Kontrast zwischen dem Frühling im Tal und dem Winter auf den Hügeln. In der Nähe von Sevilla erstrecken sich die riesigen Ebenen endlos bis zu den schwachen Bergen, braunen und mattgrünen Weiden aus Heidekraut und Zwergpalmen, gesprenkelt mit silberweißen Wasserstreifen; Dort grasen Rinderherden, glänzend schwarz mit weißen Hörnern, Schweine, Pferde und große Schafherden. Oder das Land ist sanft gewellt wie die Hügel von Sussex, aber mit sanfter geformten Umrissen und einem Horizont aus blassblauen Bergen, deren Blasseheit im Februar besonders ausgeprägt ist. Ein Dorf bedeckt oft vollständig einen der kleinen Hügel, nicht ein Haus, das sich an den Stadtrand wagt, sondern alles ist dicht gedrängt und kompakt. Steile, vollkommen gerade Straßen mit scharfem, schmalem Kopfsteinpflaster ohne seitliche Gehwege führen durch Reihen niedriger, weiß getünchter , einstöckiger Häuser von strahlendem Weiß bis zur Kirche oben. Abends kommen die Arbeiter von den weit entfernten Feldern in einer ununterbrochenen Reihe zu Fuß oder auf Maultieren und Eseln, und Kinder gehen ihnen entgegen und werden zurück ins Dorf gefahren. Manchmal ist ihr Rückweg mehrere Kilometer lang , über tiefe erdige oder steinige Pfade, und mit ihren glänzenden Hacken (*pioches* , *azadones*) über ihren Schultern sind sie jetzt klar umrissen am Abendhimmel zu sehen, und jetzt verschwinden sie aus dem Blickfeld eine der vielen Mulden der Hügel. Weit und in der Nähe gibt es keinen Baum, „weder Busch noch Strauch, der überhaupt jedem Wetter standhält", und die Winde scheinen die Hügel gesiebt und in sanft gewellte Hügel und Mulden geformt zu haben. Im Februar weht der Wind immer noch gelegentlich mit eisigem Atem, und Sie werden Männer auf Maultieren mit purpurroten und magentafarbenen

Quasten und Eseln treffen , die eng in altmodische braune *Capas gehüllt sind und von denen nur die Augen sichtbar sind.* Auf der Straße gibt es nur wenige Reisende – Köhler, die mit Scharen beladener Esel von den Hügeln herunterkommen, oder ein langsamer Karren, der von einer Reihe Maultiere gezogen wird, dessen Kutscher träge schläft und dessen Zügel zwischen den Sohlen seiner Sandalen hervorlugen. [92] oder eine Truppe von Zigeunern oder Orangenverkäufern mit den Packtaschen ihrer Maultiere voller Orangen, die jetzt für sechs *Reales* , etwas mehr als einen Schilling, den Hundert, verkaufen. Manchmal ist das Land ganz grau und eisig, und etwas weiter entfernt (in der Nähe des schneeweißen Arcos de la Frontera) wachsen große Hecken aus Sträuchern, Aloe, Brombeersträuchern und Kakteen, in denen Bienen zirpen und weiß und gelb schweben Schmetterlinge und weite Räume mit hohen, verzweigten Blüten aus Asphodel und grauem, duftendem Rosmarin. Oder in einer Ecke windgepeitschter Hügel finden Sie vielleicht eine geschützte *Huerta* mit einer dichten Hecke aus hohen schwarzen Zypressen; Die Orangen bedecken die Bäume mit Gold, und die Mandelbäume werfen über die staubige Straße einen dichten Teppich aus zerbrochenen Blumen, rosa und weiß. Nach Grazalema führt nur ein steiler und schmaler Fußweg, nachdem man unweit von Algodonales die Straße verlassen hat (von den Bauern in einem Vokalschwall Aooae ausgesprochen) und den Fluss Guadalete überquert hat . Im Tal leuchten die Orangen in Unmengen, und die Hügel unmittelbar darüber sind mit einem ununterbrochenen Sprühnebel blühender Mandelbäume gefärbt , der ihre Seiten vollständig bedeckt und sie manchmal triumphierend krönt. Und weit oben, über Wäldern aus Korkeichen und immergrünen Eichen, aus denen zarte blaue Rauchlinien von den Feuern der Köhler aufsteigen, erscheinen zwei oder drei Schneegipfel klar vor einem blassblauen Himmel. Der Weg führt an Brombeersträuchern entlang, durch Asphodelbäume und Hunderte von Strandschnecken, mit Trittsteinen und fließenden Bächen hinauf; hier und da eine schneeweiße Olivenölmühle mit Wächterzypressen. Und unten fließt der blasse, schneebedeckte Guadalete schnell über weiße Steine durch Orangenhaine. Aus der Ferne vermittelt Grazalema die fantasievolle Vorstellung von zerbrochenen Muscheln an einem steinigen Ufer mit seinen Häusern in Weiß, Rosa und Braun, von denen viele überhängen und aus steilen Felsen zu wachsen scheinen. Vom Dorf führt ein Weg durch Korkwälder, deren abgestreifte Baumstämme eine tief kastanienbraune Farbe haben , nach Ronda auf seinem steilen Hügel. Von Antequera nach Málaga sind es auf der Straße etwa fünfzig Kilometer , und auch hier gibt es wunderbare Kontraste und einen plötzlichen Wechsel vom Winter zum Sommer. In den ungeschützten Ebenen rund um Bobadilla zeigen die Mandelbäume keine Anzeichen von Blüte, und die grauen Berge über den strengen, stirnrunzelnden Türmen von Antequera sind eisbedeckt. Wenn man den Pass umdreht, eröffnet sich ein herrlicher Blick auf sechs oder sieben gezackte Hügelketten bis zur Meereslinie hinter dem verborgenen Málaga – auf der linken Seite eine fantastisch zerklüftete Bergkette, die teilweise mit Schnee bedeckt ist; auf der rechten Seite eine lange Reihe schneebedeckter Berge, die in einer kahlen Bergkette endet, die sich violett aus dem Meer erhebt. Und das Eis wird bald dünner und verschwindet, macht Schwertlilien, winzigen Schneeglöckchen und Strandschnecken Platz und steigt auf halber Höhe den Berghang hinab, nach Villanueva, wo die Mandelbäume bereits die Hälfte ihrer Blüten, ihres Grases und ihrer weißen, staubigen Straße verloren haben Dunkler, frisch gepflügter Boden ist dicht mit Blütenblättern übersät, und die Felder mit Saubohnen erstrahlen in duftenden schwarzen und weißen Blüten. Entlang der Küste herrscht voller Sommer , die Balkone sind voller Blumenranken, das Meer ist tiefblau und der Wind weht halbschwül über die Bohnenfelder und die verblassten grünen Blätter des Zuckerrohrs, die nach Heu duften. Manchmal ist die Straße von Pappeln gesäumt, und Ochsenkarren fahren beladen mit Gras, Kleeblatt und Blättern des Zuckerrohrs. An anderer Stelle schlängelt sich die Straße landeinwärts durch graue, felsige Hügel und Wälder mit stark duftenden Kiefern, mit Blicken auf das blaue Meer; oder hoch über Klippen verläuft, das Meer unmittelbar darunter mattgrün anschwillt oder um dunkle Felsen herum schäumt. Von Motril oder einem anderen Punkt aus kann man nach Granada hinaufsteigen, wobei die Sierra Nevada immer wieder auftaucht und sich verändert. und Gedanken an die Alhambra und andere magische Namen verkürzen die Straße, obwohl sie viele schöne Ausblicke und Dörfer bietet, wie zum Beispiel Pino links am Berghang mit seinen weißen Häusern und tiefrotbraunen Dächern. Aber von den vielen schönen Gegenden Andalusiens liegt zwischen Guadalquivir und La Mancha, einer Region mit Unterholz und Bergen, vielleicht die landschaftlich reizvollste. Die Straße von Marmolejo führt durch Hügel hinauf, die mit Sträuchern in allen Grüntönen bedeckt sind, von Graublau bis zu schrillem Gelb, viele davon duftend, Mastixstrauch, Escalonia, Adelfa, Zistrose, Rosmarin und *hundert* mehr; selbst im Februar duftet die Mittagssonne die ganze Luft nach ihnen. In der Nähe des Dorfes Cardeña , etwa dreißig Meilen von Marmolejo entfernt, soll es sich bei einer Ruine um die Gaststätte handeln, in der sich viele Szenen aus „Don Quijote" abspielten, von der jedoch nur noch wenige Steine übrig sind. Wenn wir das Dorf am frühen Morgen bei Frost und Eis verlassen, um nach Montoro am Guadalquivir hinunterzufahren, ist die Straße zunächst wild, von Eichen gesäumt, mit Schafherden, ein paar Maisfeldern, vielen Elstern und der Ebene von Vögeln und gelegentlich das Surren eines Rebhuhns. Doch selbst hier gibt es in einigen Senken Weinreben und Mandelbäume und Räume mit duftenden Pflanzen und wilden gelben Jonquillen, mit weißen oder braunen oder gelben Schmetterlingen, dem Summen von Bienen und dem Rascheln von Eidechsen. Die Straße führt nun durch Hügel duftender Sträucher, die so vielfältig und geordnet sind und eine so sorgfältige Harmonie aufweisen, wie kein von Menschen angelegter Garten mithalten kann. Auf beiden Seiten gibt es eine Reihe von Hügeln, die mit Sträuchern bedeckt sind, mattgrün, braun und blau, braun, wo die Sträucher zum Brennen geschnitten wurden. Auf der rechten Seite befindet sich eine weite, tiefe Schlucht mit einem kleinen Fluss weit unten und flüchtigen Blicken auf blaue Weiten und Täler weiterer Hügel. Links weitere Hügel und über eine blaue Strecke von Hügeltälern hinweg die Sierra de Jaen mit ihrem wunderschönen pyramidenförmigen Gipfel aus tiefstem Schnee, und ganz rechts davon die beiden spitzeren Gipfel der Sierra Nevada von Granada, die in der Ferne wunderbar klar zu erkennen sind . Zwischen ihnen und der Sierra de Jaen verläuft die schneebedeckte Bergkette oberhalb des Dorfes Los Villares de Jaen. In der durchsichtigen Kraft selbst eines Februarmittags sind die weiter entfernten und höheren der nahen Hügel violett, und die großen Schneeberge unterhalb der Schneegrenze werden blass und grau. Montoro ist eine wunderschöne, malerische Stadt, die sich über dem Guadalquivir in sieben oder acht Stockwerken mit Häusern aus rotem Stein und weiß getünchten Gebäuden erhebt. Der hohe Kirchturm, ebenfalls aus rotem Stein, erhebt sich gewaltig über der Stadt und steile, gepflasterte Straßen führen hinauf. Die Fenster, Balkone und Gärten der Häuser blicken steil auf den Fluss weit unten, der über ein Wehr oberhalb und unterhalb der Stadt fließt, so dass man ständig das Rauschen des Wassers hört. Von Montoro aus kann man dem Guadalquivir, heute ein majestätischer Fluss, durch seine Olivenhaine bis zur berühmten Brücke von Alcolea und der niedrigen weißen Linie unter kahlen Hügeln und bewaldeten Bergen folgen, die Córdoba von Osten aus gesehen darstellt. Überall auf den Straßen und in den Gasthäusern Andalusiens sind die Bauern höflich, freundlich, intelligent, malerisch; immer bereit, jeden in ihrer Macht stehenden Dienst zu leisten, oft äußerst unwissend. Sie werden fragen, ob „ Ingalaterra " nicht das Grenzland Spaniens ist und es mit Gibraltar verwechselt, oder ob die Königin vor ihrer Heirat Christin war. Meistens können sie weder lesen noch schreiben; [93] Dennoch unterhalten sie sich bereitwillig über die verschiedensten Themen, insbesondere über Politik und Religion, den Bürgermeister und den Priester. Hier beklagt sich eine Frau: „Neun Kinder hatte ich, und die neun sind tot; In diesen Zeiten des Elends ist es besser so"; dort beschreibt ein Bauer die verschneite Sierra im Monat August, wie sie weißer als Lilien über der Ebene leuchtet – *más Blanca , das ist eine Azucena* ; oder erzählt, wie schön das Land im späteren Frühling ist, wenn Quitten, Äpfel und Granatäpfel blühen, *que es un paraiso* – ein wahres Paradies. Wenn sie an den kalten Abenden des Vorfrühlings um die *Candela sitzen, fließen die Gespräche bis in die Nacht hinein, immer freundlich und höflich, wie von einem Gran Señor* zum anderen.

XVI

EINIGE MERKMALE DER SPANISCHEN LITERATUR

Es gibt in Europa keine Literatur, die individueller ist als die Spaniens. Es wurde zu verschiedenen Zeiten stark von anderen Ländern beeinflusst, insbesondere von Italien und Frankreich, aber in seinen vielen Meisterwerken hat es einen Hauch von Erde, eine lokale Färbung , die ganz anders ist. Selbst wenn spanische Autoren sich am großzügigsten bedienten, gelang es ihnen in der Regel, ihre eigene Individualität über ihre „ ehrenhafte Art des Diebstahls" zu stellen. Wer hat ein individuelleres Genie als Juan Ruiz, der fröhliche Erzpriester von Hita ? Dennoch hat sich gezeigt, dass sein Verdienst gegenüber französischen, lateinischen und anderen Autoren sehr groß ist. In dieser von Shakespeare praktizierten Form der Entlehnung , bei der es sich nicht um eine direkte Nachahmung, sondern um eine Leihgabe von Ziegeln zur Marmorierung handelt, liegt tatsächlich eine hohe Originalität vor. Der Satz, mit dem die Verdienste des Marqués de Santillana zusammengefasst wurden, könnte auf die gesamte spanische Literatur angewendet werden: Wenn sie aufhört, sie nachzuahmen, ist sie unnachahmlich. Santillanas Berglieder – seine *Serranillas* duften gleichsam nach dem Thymian der kastilischen Hügel, während seine Sonette auf italienische Art farblos und künstlich sind.

Herr Fitzmaurice-Kelly spricht von „dieser kraftvollen realistischen Berührung, dieser wachen Vision, diesem intensiven Eindruck des Gesehenen und genau Beobachteten, die der spanischen Literatur ihren besonderen Stempel der Authentizität verleihen." Die klare Atmosphäre Spaniens, in der ferne Berge zum Greifen nah zu sein scheinen, ist auch die Atmosphäre der spanischen Literatur. Der Spanier verfügt vielleicht über wenig subtile Einsichten oder kritisches Urteilsvermögen, aber er verfügt über eine Direktheit der Vision, die sich in Bigotterie, Brutalität und zynischer Satire sowie in scharfsinnigem Humor, Geradlinigkeit und Würde des Charakters manifestiert. Der Realismus, der die schrecklichen Christusstatuen der Kathedralen mit ihren langen menschlichen Haaren und lebensechten Wunden hervorgebracht hat, oder die polychromen Statuen spanischer Schnitzer, in denen der Schmerz auf dem menschlichen Gesicht in allem und mehr als all seinem Schrecken dargestellt ist – das ist es Realismus kann entweder auf einem Hass auf alles Falsche und Künstliche beruhen oder auf einem Mangel an Sensibilität, einer Unfähigkeit, ohne einen harten Schock, einen Schauer entsetzter Ehrfurcht mitzufühlen. Was hätten die Griechen zu diesen gequälten Gesichtszügen, diesen quälenden Brauen und fließenden Wunden gesagt? Es ist eine ebenso falsche Kunst, die Qual einiger Höhepunkte in Holz oder Stein zu verewigen, als sich ein lachendes oder gähnendes Gesicht vorzustellen, aus dessen ständig geöffnetem Mund wir uns bald mit einem Lachen oder einem Gähnen wenden werden. Dieser Realismus hat in der spanischen Literatur einen weniger harten Ausdruck gefunden, beispielsweise in der gesunden und brillanten Kunst von Velázquez. Die Brutalität macht sich gelegentlich bemerkbar, wie in einigen von Quevedos bitteren Schriften, aber meistens ist der Geist edler und menschlicher. Im „ Poema del Cid" aus dem 12. Jahrhundert treten alle Figuren in wunderbarer Klarheit hervor, vom Cid selbst bis zum neunjährigen Kind in Burgos, das dem Cid sagt, dass sie es aus Angst vor dem Cid nicht wagen würden, ihm ihre Türen zu öffnen Edikt des Königs. Und die Ereignisse des Gedichts werden vor unseren Augen mit einer freudigen Dynamik und Schnelligkeit und einem Gepräge der Wahrheit vor Augen geführt, die eines Homers würdig sind. Wir sehen den Cid mit hundert auserwählten Rittern über die Brücke von Alcántara und die engen Gassen von Toledo reiten. Wir sehen, wie er an das Tor von San Pedro de Cardeña klopft, um sich von seiner Frau Doña Jimena zu verabschieden, und wie der Abt, der gerade die Messe zur Wiederkehr des Morgengrauens feierte, mit Lichtern und Fackeln hinausläuft, um „den glücklich Geborenen" willkommen zu heißen Stunde." Wir sehen ihn wieder im Kampf, während die Wimpel steigen und fallen, wir hören „das kreischende Kreischen des Schwertes" und das Trampeln der Pferde, das die Erde beben lässt. In „Celestina", dem langen Prosadrama vom Ende des 15. Jahrhunderts, haben wir die gleiche Lebenswahrheit, wenn auch in sehr unterschiedlichen Szenen. Hier sind es nicht Ritter und Schlachten, sondern einfache Leute der Straße – die alte Hexe Celestina oder Calistos Diener –, die mit meisterhafter Hand gezeichnet werden.

„Celestina" gibt einen Vorgeschmack auf die kommenden Schelmenromane, deren Blüte „ Lazarillo de Tormes " ist (1554 ist das Datum unserer frühesten Ausgabe), gefolgt von „Guzmán de Alfarache ", „El Buscón ", " und eine lange Nachwelt in Spanien, Frankreich und England. Dies ist keine Geschichte von wahrer Liebe wie in „Celestina", sondern von nagendem Hunger und den genialen Bemühungen von Lazarillo , sich Brot zu verschaffen. Seine aufeinanderfolgenden Herren, der blinde Bettler, der geizige Priester, der mittellose kastilische Herr, der schurkische Verkäufer päpstlicher Bullen, werden in der Autobiographie ihres Dieners Lazarillo mit dem scharfen Blick der Hungersnot beschrieben und sind ebenso unvergesslich wie Lazarillo selbst. dessen Name in Spanien zum gebräuchlichen Namen für einen Blindenführer geworden ist, so wie Victor Hugos unsterblicher Gavroche dem Pariser *Gamin seinen Namen gab* . Tatsächlich ist es ein Meisterwerk aus sieben kurzen Kapiteln, lebendig in jedem Satz, von direktem und bissigem Humor , vielleicht die anschaulichste Geschichte, die jemals geschrieben wurde. Ein paar prägnante Sätze bringen eine Szene oder eine Figur erstaunlich deutlich zum Vorschein, und das Bild ist heute noch so frisch und lebendig wie damals, als es vor dreieinhalb Jahrhunderten zum ersten Mal erschien. Kein anderes Land und keine andere Sprache hätten ein so zynisch-nüchternes, so vollkommen charmantes Stück Realismus hervorbringen können. Es hat die ätzende Schärfe spanischer Sprichwörter und den bitteren Geschmack des rauen Iberia. Es gehört eher zum Leben als zur Literatur, aber das Leben wird mit der Zurückhaltung und Kraft einer vollendeten Kunst dargestellt. Es wurde früh als „The Marvelus" ins Englische übersetzt Dedes und der Lyf von Lazaro de Tormes ." Die Urheberschaft von „ Lazarillo " wurde diesem und jenem Mann zugeschrieben, und darüber und darüber gab es heftige Auseinandersetzungen, ohne dass es auch nur den geringsten Grad an Gewissheit gäbe. Der Name Hurtado de Mendoza findet sich häufig auf der Titelseite. Er wurde 1503 geboren und lebte noch, als der Roman erschien; er war ein Autor; er konnte in pointiertem, ja skurrilem Stil schreiben, wie seine Briefe über den Papst zeigen – er nennt ihn einen alten Schurken, *Vellaco* ; aber das sind kaum schlüssige Beweise. Wer auch immer der Autor ist, das Werk steht immer noch an erster Stelle, auch wenn viele vielleicht mit Ginés de Pasamonte in „Don Quixote" gedacht haben , dass es ein böser Moment für „ Lazarillo " sein würde, als ihre Memoiren erschienen. Ein halbes Jahrhundert nach „ Lazarillo " ist in den „ Novelas " die gleiche Treue zur pikaresken Realität, mit einer breiteren Perspektive und einer universelleren Sympathie, zu finden Ejemplares " von Cervantes. Rinconete und Cortadillo , die gleichnamigen Helden einer seiner bekanntesten Geschichten, sind eng mit Lazarillo verwandt ; Sie sind tatsächlich die Lazarillos im Süden Spaniens. Es ist unnötig, den Realismus von „Don Quijote" zu betonen. Herr Fitzmaurice-Kelly sagt über seinen unmittelbaren Triumph: „Für zeitgenössische Leser lag der Charme von ‚Don Quixote' in seiner Verschmelzung fantasievoller und realistischer Elemente, in seinen angehäuften Episoden, in seiner unendlichen Sympathie und seinem überzeugenden Humor . " Es stand also außer Frage, ob „Don Quijote" eine Quelle symbolischer Lehre war. Die Leinwand war voller Typen, die jedem bekannt waren, der seine Begleiter auf den staubigen Straßen Spaniens sehen wollte. Die Dirnen, die Don Quijote mit Stockfisch und Schwarzbrot servierten; der junge Andrés, der im Eichenhain von Juan Haldudo dem Reichen von Quintanar gehäutet wurde ; die Ziegenhirten saßen um das Feuer herum, auf dem der Topf mit gesalzener Ziege köchelte; die drei lebhaften Nadelmacher vom Colt of Córdoba; die Mitternachtsprozession, die den Leichnam von Baeza nach Segovia eskortiert und auf der Straße Klagelieder singt; das Dutzend dahintrampelnde Galeerensklaven, aneinandergereiht wie Perlen an einer Eisenkette; All dies wird mit meisterhafter Detailgenauigkeit beobachtet und präsentiert." [94]

Trotz Zensur und Inquisitoren war die spanische Literatur frei und offen, denn sie schilderte das Leben, wie es war. Wenn darin die Hingabe an die Kirche und den König zum Ausdruck kommt, dann deshalb, weil es sich dabei um tief verwurzelte nationale Überzeugungen handelte. Doch den Priestern begegnet man manchmal mit weniger Respekt. Der Cid droht, aus den Gewändern des Papstes Schmuck für sein Pferd zu machen, und wir haben gesehen, dass Hurtado de Mendoza, der Botschafter des Königs von Spanien in Rom, von seiner Heiligkeit in Worten spricht, die an Benvenuto Cellinis leidenschaftliche Ausbrüche erinnern. Wir haben auch die wenig geschmeichelten Porträts des Priesters und Begnadigungsverkäufers in „ Lazarillo de Tormes “ gesehen. Cervantes, der „als katholischer und gläubiger Christ die Kirche respektiert und verehrt“, versäumt es nicht, sich über die fetten *Alforjas*, die gut ausgestatteten Satteltaschen der *Señores*, *lustig zu machen clérigos*, „die es sich selten erlauben, krank zu werden“, und er geht strenger mit den Hauspriestern um, die „die Häuser der Fürsten regieren und, da sie selbst nicht fürstlicher Abstammung sind, nicht in der Lage sind, das Verhalten derer zu leiten, die es sind“, und die „denen, die sie regieren, Enge und Beschränktheit beizubringen versuchen, sie unglücklich zu machen.“ Er gibt uns das Bild der falschen Pilger, die durch ganz Spanien reisen , „und es gibt kein Dorf, in dem sie am Ende ihrer Reise nicht Essen und Trinken und zumindest einen *echten Betrag in Geld erhalten.“* Sie verlassen das Land mit einem Schatz von über hundert Dukaten“, und er erlaubt sich sogar zu fragen, warum Ginés de Pasamontes schlauer Affe nicht vor die Herren der Inquisition gestellt wurde.

In der spanischen Literatur gibt es gelegentlich Anzeichen einer verzerrten Vorstellungskraft, einer rastlosen Sehnsucht, das Unsichtbare zu materialisieren, was kein fantasievoller Traum ist, sondern eher eine Art Superrealismus, ein angestrengtes und beharrliches Bemühen, eine greifbare Vollkommenheit zu erreichen – den Geist, der In manchen spanischen Gebäuden hat man Ornament zu Ornament hinzugefügt, bis das Ergebnis eine reiche Pracht in einer Unendlichkeit von Details, aber insgesamt Abscheulichkeit ist. Eine Form davon finden wir in Werken wie Quevedos „ Sueños “, eine andere, das Churriguereske, im späteren Stil von Góngora . Auf der anderen Seite haben wir die großen spanischen Mystiker in ihrer Aufrichtigkeit, die sich in der exquisiten Einfachheit ihres Stils widerspiegelt, einer der edelsten Ruhme der Literatur ihres Landes. Doch auch sie waren, wie schon oft betont wurde, überaus praktisch; Luis de León zum Beispiel, tatkräftiges Oberhaupt des Augustinerordens; Santa Teresa, die weise, unermüdliche Verwalterin. Ihre Schriften haben die feurige Transparenz von Pascal und die ganze klare und lebendige Präzision von Militärschriftstellern vieler Länder, bei denen, wie bei so vielen Spaniern, „die Lanze die Feder nicht stumpf gemacht hat“. [95] Die Mystiker erklimmen edle Höhen der Erhabenheit, aber die Tugend ihrer Schriften liegt darin, dass sie auf den

Punkt kommen, ohne vage Rhetorik; und kein Anwalt konnte die Klarheit übertreffen, mit der Luis de León seine eigene Verteidigung vor der Inquisition durchführte.

Die vielleicht schwächste Seite der spanischen Literatur ist ihr Mangel an kritischer Einsicht. Tatsächlich gibt es nur wenige spanische Autoren, von denen man sagen könnte, wie Ticknor vor langer Zeit von Luis de León sagte, dass es kaum eine Zeile ihrer Poesie gibt, die nicht exquisit wäre. Esproncedas unbestreitbares Genie zerbricht beispielsweise an dem unhandlichen Fragment „El Diablo Mundo". Die übermäßige Leichtigkeit der Komposition war der Stolperstein der Autoren, wie sie auch der Stolperstein der Redner Spaniens war. Kaum einem Redner in den spanischen *Cortes* fehlen jemals die Worte, um seinen Ideen Ausdruck zu verleihen oder deren Mangel zu verbergen. Jeder ist einer, wie Don Adriano de Armado in „Love's Labour's Lost".

„Der eine Fülle von Phrasen in seinem Gehirn hat,
Einer, den die Musik seiner eigenen eitlen Zunge
wie bezaubernde Harmonie hinreißt."

Selbst ein so wunderbarer Redner wie Emilio Castelar ließ sich zuweilen von der großartigen Beredsamkeit hinreißen, die unfehlbar aus seinen Lippen floss. Auf die gleiche Weise könnte Lope de Vega in ein paar Tagen ein Spiel auf die Beine stellen. Über 2000 Theaterstücke und *Werke* werden ihm zugeschrieben, und von den 450, die noch übrig sind, geben seine glühendsten Bewunderer zu, dass es Trockengebiete gibt. Und normalerweise war diese Fülle ein Fehler, der sich negativ auf die spanische Literatur auswirkte, und das ist auch weiterhin ein Fehler: Señor Blasco Ibáñez schreibt seine brillanten Romane in offensichtlicher Eile; Señor Perez Galdós ist in die fünfte von zehn seiner „Episoden" eingestiegen Nacionales " und seine anderen Romane und Theaterstücke sind sehr zahlreich. Ein solcher Produktionsreichtum konnte dem kritischen Urteil nur schaden. Im 19. Jahrhundert brachte Spanien ein oder zwei hervorragende Kritiker hervor, insbesondere Larra und *Clarín*, das Pseudonym von Leopoldo Alas, dem Autor von „La Regenta ", einem der eindrucksvollsten psychologischen Romane des Jahrhunderts. Im Allgemeinen ist die spanische Literaturkritik jedoch oberflächlich und verschleiert den Punkt entweder in einem höflichen Wortgeflecht, während die deutsche Literaturkritik zirkulär ist und, wie sehr sie auch die Nebenwege ihres Lernens beleuchtet, um den Punkt herumschweift, ohne ihn jemals ganz zu berühren. oder wird gerade durch diese Rhetorik daran gehindert, den Sinn überhaupt zu erkennen. Sogar Valera, der seine eigene Prosa so sorgfältig kalkulierte und dessen Verse, wenn auch nicht inspiriert, immer fein und ausgefeilt sind, war alles andere als ein guter Kritiker. Er lobte überschwänglich Werke, die bestenfalls Schweigen verdienten, und diese Unaufrichtigkeit in literarischen

Angelegenheiten ist, so ist zu befürchten, eine weit verbreitete Schwäche in Spanien.

Das Merkmal der spanischen Literatur, das sie in besonderer Sympathie mit der englischen Literatur verbindet, ist ihr großer Humor . Es begegnet uns im „ Poema del Cid“, im Charakter des Cid und im schnellen Aufspüren des Lächerlichen; die Gedichte des Erzpriesters von Hita sind voller Fröhlichkeit und humorvoller Charakterdarstellung; der Humor des Erzpriesters taucht in „ Lazarillo de Tormes “ wieder auf, jedoch ohne seine fröhliche Fröhlichkeit; mit Quevedo wird seine Ader grausam satirisch. Der Humor verließ Luis de León nicht, als er krank und einsam im dunklen Valladolid-Gefängnis der Inquisition war. und es ist bei der großen Mehrheit der spanischen Autoren zu finden und stellt nur eine andere Seite ihrer direkten, ungetrübten Beobachtung dar. Im humorvollsten aller Bücher muss sogar Don Quijote, der Ritter mit dem traurigen Antlitz, lachen: Beim Anblick von Sancho, so lesen wir, war seine Melancholie nicht stark genug, um ihn daran zu hindern, in sein Lachen einzustimmen – und das Die ganze Welt lacht mit, nicht über ihn.

Gerade weil die spanische Literatur stark national ist, hat sie ein so universelles Interesse, und in ihrer jüngsten Phase, dem Roman, hat sie einen lokalen Charakter voller Charme. José María de Pereda beispielsweise verließ seine Heimatprovinz Kantabrien kaum. Er schrieb über die Orte und Menschen, die er verstand und liebte. Doch niemand, der seine großartigen Romane „El Sabor de la Tierruca “, „ Sotileza “ oder „ Peñas Arriba“ gelesen hat, wird behaupten, dass sie provinziell sind oder dass ihr Interesse nur lokal ist. [96] Seine Charaktere sind universell, und Pereda ist ein weiteres Beispiel für die Wahrheit, dass derjenige, der ein wenig Land in die Tiefe gräbt, eine bessere Belohnung erntet als derjenige, der oberflächlich und in großem Umfang arbeitet. Also Señor Blasco Ibáñez wird mit größter Freude gelesen, wenn er seinen eigenen Garten pflegt – die Stadt und Provinz Valencia.

XVII

DAS GEDICHT DES CID

1. – Ein primitives Meisterwerk

D ER Nationalheld Spaniens wurde in vielen Erscheinungsformen dargestellt, aber nirgendwo ist er so intensiv spanisch wie im „ Poema del Cid". Hier gibt es keine wunderbaren Ereignisse und Wunder, keine Reisen aus Spanien nach Paris und Rom; In der spanischen Umgebung geschieht alles auf natürliche und einfache Weise, und dieses erste große Meisterwerk der spanischen Literatur hat einen starken Hauch von Erde. Nachdem der Cid einen „ wunderbaren und großen Sieg " über die Mauren in Spanien errungen hat, sagt er: „Ich danke Gott, der der Herr der Welt ist; Früher war ich in Not, jetzt bin ich reich, denn ich habe Güter und Land und Gold und Ehre ... Mauren und Christen leben in großer Angst vor mir. Dort im Landesinneren Marokkos, wo die Moscheen sind, wollen sie eines Nachts von mir aus eindringen. Es ist nur ihre Angst, denn ich denke nicht daran. Ich werde sie nicht suchen , ich werde in Valencia sein." Der Cid ist ritterlich, mutig, großmütig, einfach, mit einem starken Sinn für Humor und einer Liebe zum Fairplay. Mit einfachem guten Glauben sieht der Dichter keine Notwendigkeit, Handlungen seines Helden zu erklären oder zu entschuldigen, die einem späteren Zeitalter tadelnswert erscheinen könnten, wie etwa die Täuschung, die an den beiden Juden begangen wurde . Obwohl es nicht historisch ist, strahlt das Gedicht einen Hauch von Wahrheit und Aufrichtigkeit aus, der zutiefst beeindruckend ist. Es wurde wahrscheinlich in der Mitte des 12. Jahrhunderts verfasst, nicht viel mehr als fünfzig Jahre nach dem Tod des Cid im Jahr 1099. Es wurde dem Beginn des 13. Jahrhunderts zugeschrieben, aber es gibt tatsächliche Beweise, die ein früheres Datum rechtfertigen. Die Sprache ist archaischer als die der Schriftsteller des 13. Jahrhunderts. Es sind Spuren der lateinischen Chrysalis zu sehen. „Morgen früh" ist *cras á la mañana* , halb lateinisch und halb spanisch, und „jeder" ist in gleicher Weise *quiscadauno* , während das Wort *huebos* , das häufig im Sinne von *menester vorkommt* , nur das kaum verhüllte lateinische *Werk ist* . Das Gedicht, so wie es uns unvollständig überliefert ist, hat fast viertausend Verse. Es ist in langen assonanten Zeilen mit ungleicher Silbenzahl geschrieben. „Der Dichter", wie Tomas Antonio Sánchez, der 1779 erstmals das „Poema del Cid" herausgab, bemerkt, „hat sich nichts dabei gedacht, einer Zeile zwei oder drei Silben mehr zu geben, als sein Satz erfordern könnte", und zwar Elfzeilen und Zeilen von achtzehn Silben kommen gleichgültig vor. Von Anfang bis Ende geht die Geschichte ohne nachzulassen weiter; Der Stil ist so schnell und direkt, dass er den Leser mitreißt. Die Erzählung strahlt eine Freude und Frische aus, die kaum zu übertreffen ist. [97] Diese Ereignisse mögen gar nicht oder anders geschehen sein, aber das spielt keine Rolle, da sie dank des Könnens des unbekannten Dichters mit einer Lebendigkeit hervorstechen, die sie unauslöschlich in das Gedächtnis des Lesers einprägt und beweist dass nichts so real ist wie das, was nicht passiert ist. Wer kann zum Beispiel die Ankunft von König Alfonso und dem Cid in Toledo vergessen , als der König in die Stadt zog, der Cid jedoch auf der anderen Seite des Tejo in der Burg von San Serván (heute eine wunderschöne Ruine) bleibt? mit zwei noch erhaltenen maurischen Fenstern und im Frühjahr von Zwerg-Asphodelbäumen umgeben . Er sagt zum König: „Ich werde mit den Meinen in San Serván ruhen ; Heute Abend werden meine Anhänger eintreffen. Ich werde an diesem heiligen Ort Wache halten; Morgen früh werde ich die Stadt betreten. Hier hielten er und seine Anhänger „Matinen und Primiz bis zum Morgengrauen“, und am nächsten Tag zogen sie in Toledo ein, der Cid prächtig gekleidet und von hundert Rittern begleitet, über die Brücke von Alcántara und die steile und schmale Straße hinauf zum Hof oder Parlament. [98] Jedes Detail seiner Kleidung ist gegeben: Purpur, Gold und Silber. Das Gedicht enthält jedoch häufig frische und urig lebendige Details. Als die Grafen von Carrión empört sind und ihre Frauen im Stich gelassen haben, hält der Dichter inne und ruft aus: „Was für ein Glück hatten die Cid Campeador , dass sie auftauchten.“ Als Félez Muñoz die Töchter des Cid fast im Sterben findet, bringt er ihnen Wasser in seinen Hut: „Es war neu und frisch, und er hatte es aus Valencia mitgebracht.“ Die Messe wird „bei halbem Hahnenschrei, vor Tagesanbruch“ abgehalten. Der Maure Abengalvon tadelt den Verrat seiner Gäste bei der Planung seiner Ermordung wie folgt: „ Sagen Sie mir, was ich Ihnen angetan habe, Grafen von Carrión ?“ Ich diene dir ohne Arglist, und du hast dich für meinen Tod beraten, *Hyo sirviendovos sin art, E vos conseiastes para mi muert* .“ Spontaner und direkter geht es nicht. Mit gleicher Direktheit nennt der ehrliche Pero Bermuez einen der Grafen von Carrión „eine Zunge ohne Hände“, „einen Mund ohne Wahrheit“, und wir lesen von Asur González, der „frühstückte, bevor er zum Gebet ging“, dass „er lila kam“. denn er hatte gefrühstückt, und seine Rede war rücksichtslos.“ Der Bericht über die Schlacht ist wohlbekannt: „Sie hielten ihre Schilde vor die Brust, sie senkten ihre Lanzen mit ihren Bannern, sie neigten ihre Angesichter über den Sätteln, sie gingen mit kühnem Herzen los, um sie zu schlagen.“ Mit lauter Stimme ruft er, der in der Happy Hour geboren wurde: „Schlagt sie, Ritter, aus Liebe zur Nächstenliebe.“ Ich bin Ruy Diaz, der Cid Campeador von Bibar .' Alle streiken in der Gruppe, in der sich Pero Bermuez befindet . Dreihundert Lanzen sind da, alle mit ihren Bannern. Jeweils einen Mauren töteten sie mit einem einzigen Schlag, und als sie sich umdrehten, töteten sie ebenso viele weitere. Da würdet ihr sehen, wie sich viele Lanzen erheben und senken, so manchen Schild durchbohrt und durchlöchert, so manchen Brustpanzer durchbrochen, viele weiße Banner rot vor Blut hervortreten, viele gute Rosse ohne Reiter unterwegs sein. Die Mauren rufen Mohammed an, die Christen den Jakobus. In kurzer Zeit werden tausenddreihundert Mauren getötet." Keine Version kann einen Eindruck von der Kraft des Originals vermitteln . Aber nicht nur Kampfszenen werden gewaltsam behandelt und ins Relief gerückt. Wir können die Ankunft des Cid in San Pedro de Cardeña als Beispiel für die erstaunliche Lebendigkeit ruhigerer Episoden nehmen: „Die Hähne krähen und die Morgendämmerung versucht anzubrechen, als der gute Campeador in San Pedro ankam. Der Abt Don Sancho, Diener des Schöpfers, hielt die Matin zur Wiederkehr der Morgendämmerung. Und Doña Jimena betete mit fünf edlen Damen zum heiligen Petrus und dem Schöpfer: „O Du, der du alle führst , sei mit meinem Cid, dem Campeador ." Er rief am Tor und sie hörten den Ruf. Himmel! Wie froh war der Abt Don Sancho! Mit Lichtern und Kerzen liefen sie in den Hof. Mit großer Freude empfangen sie den, der in der Happy Hour geboren wurde. „Ich danke Gott, mein Cid", sagte der Abt Don Sancho, „da ich dich hier sehe, akzeptiere meine Gastfreundschaft." "

II. VALENCIA DEL CID.

Das Gedicht beginnt abrupt mit der Verbannung des Cid aus Kastilien. Er reitet zu seinem Haus in Burgos, stellt jedoch fest, dass alle gegen ihn geschlossen sind. Nur ein neunjähriges Mädchen erzählt ihm: „Gestern Abend kam der Brief des Königs." Wir wagen es nicht, dich zu öffnen oder dich zu empfangen, sonst würden wir unsere Güter und Häuser verlieren und darüber hinaus die Augen unserer Häupter."

Vidas sechshundert Mark . Sie dürfen die Truhen ein Jahr lang nicht öffnen. An der Wand im Kreuzgang der Kathedrale von Burgos hängt noch immer eine alte Truhe, die als *Cofre del Cid bekannt ist* . Mit dieser Ausstattung verlässt der Cid Kastilien und betet feierlich zu Gott und der glorreichen Heiligen Maria: „Denn hier verlasse ich Kastilien, denn der König ist zornig mit mir, und ich weiß nicht, ob ich in all meinen Tagen wieder hineingehen werde." " Er verabschiedet sich von seiner Frau und seinen Kindern im Kloster San Pedro de Cardeña und geht nach der Frühmesse des Abtes Don Sancho weg, wobei er wehmütig den Kopf dreht, um zurückzublicken. Doña Jimena, seine Frau, betet für seine Sicherheit zum „herrlichen Herrn, dem Vater, der Himmel und Erde und drittens das Meer geschaffen hat , der Sterne, Mond und Sonne geschaffen hat , um Wärme zu spenden". Schon strömten Männer unter das Banner des Cid, und seine erste Heldentat ist die Eroberung der Stadt Castejon . Er lauert davor: „Die Morgendämmerung bricht an, und der Morgen war nahe. Die Sonne ging auf, Himmel! wie schön es aufgegangen ist. In Castejon erwachten alle. Sie öffneten die Tore und gingen schnell hinaus, um sich ihre Arbeit auf den Feldern und ihre

Besitztümer anzusehen." Als sie alle weg waren, eroberten die Cid die Stadt.
Auch die nächste Stadt, Alcocer , erobert er mit einer List . „Die Nachricht
betrübt die von Teca , die Männer von Teruel gefällt sie nicht ; es gefällt den
Männern von Calatayud nicht ." Eine Schar Mauren belagert den Cid in
Alcocer , und nach drei Wochen, als die Vorräte zur Neige gehen, zieht er
aus und erringt einen großen Sieg. Beim Klang der Trommeln des
maurischen Heeres „könnte die Erde brechen". Er verfolgt den Feind bis zu
den Mauern von Calatayud . *Fata Calatayuth duro el Segudar* . Er schickt Alvar
Fáñez nach *Castiella la gentil* mit einem Geschenk von dreißig Pferden für
König Alfonso und Geld für Doña Jimena sowie für tausend Messen in Santa
María de Burgos. Zaragoza erklärt sich bereit, dem Cid Tribut zu zollen. Don
Remont Berenger, Graf von Barcelona, geht gegen ihn vor und besteht
darauf, eine Verlobung einzugehen, obwohl der Cid ihm eine Nachricht
schickt: „Ich habe nichts von ihm, bitte ihn, mich in Frieden gehen zu
lassen." Das Ergebnis ist eine vernichtende Niederlage der „Frankenarmee"
und der Graf wird gefangen genommen. Der Bericht über seine
Gefangenschaft ist unterhaltsam. Der Graf verweigert jegliches Essen: „, Ich
werde keinen Bissen essen für alles, was es in Spanien gibt.' Ich würde lieber
sterben (wörtlich: meinen Körper verlieren und meine Seele verlassen), da
mich so schlecht ausgerüstete Männer im Kampf geschlagen haben. Sie
werden hören, was mein Cid Ruy Diaz sagte: „Iss, Graf, von diesem Brot
und trinke diesen Wein; Wenn du tust, was ich sage, wirst du frei sein,
andernfalls wirst du in all deinen Tagen kein christliches Land mehr sehen.'
„ Der Graf isst drei Tage lang nichts: „Die Aufteilung dieser großen Beute
kann ihn nicht dazu bringen, ein Stück Brot zu essen." Dann erneuert der
Cid sein Versprechen, ihm die Freiheit zu geben: „Aber von dem, was du
verloren hast und was ich auf dem Feld gewonnen habe, wisse, dass ich dir
keinen Teil geben werde, aber was du verloren hast, werde ich dir nicht
geben, denn ich brauche es." es für mich und für meine Vasallen und werde
es dir nicht geben. Endlich gibt der Graf nach. „Der Graf isst, Himmel! mit
welchem guten Willen. Ihm gegenüber saß der in der glücklichen Stunde
Geborene: „Wenn du nicht gut isst, Graf, und ich nicht satt bin, bleiben wir
hier, wir werden uns nicht trennen." ... Der Cid, der ihn beobachtet, ist es
zufrieden, so schnell bewegte Graf Remont seine Hände", und er begleitet
ihn auf seinem Weg. Der Graf verabschiedet sich und „dreht den Kopf und
schaut zurück; voller Angst ging er, dass der Cid Buße tun würde, was er
nicht für alles tun würde, was auf der Welt ist." Es folgen neue Siege. Der
Cid führt den Krieg „gegen das Salzmeer" und erobert unter anderem
Murviedro (das alte Sagunt und das moderne Sagunto). Hier wird er von den
Valencianern belagert, macht aber einen Ausfall und besiegt sie. *Fata Valencia
duro el Segudar* . Drei Jahre lang führt er weiterhin Krieg und erobert Städte.
„Der Ruhm meines Cid wird bekanntlich im Ausland bekannt gemacht."
„Die Einwohner von Valencia wissen nicht, was sie tun sollen. Von keiner

Seite kam Brot, Vater und Sohn sind ohne Rat, der Freund kann den Freund nicht trösten. Eine schlechte Sache, meine Herren, ist der Mangel an Brot." Nach einer neunmonatigen Belagerung nimmt der Cid Valencia ein. Er errichtet in seiner neuen Stadt ein christliches Bistum und schickt König Alfonso ein Geschenk von hundert Pferden. Alvar Fáñez begleitet bei seiner Rückkehr Doña Jimena und ihre Töchter Elvira und Sol nach Valencia. Der Cid heißt sie in der Stadt willkommen: „ ‚ Du, geliebte und geehrte Frau, und meine beiden Töchter, mein Herz und meine Seele, betreten mit mir die Stadt Valencia, den Besitz, den ich dir gewonnen habe.' Mutter und Töchter küssten ihm die Hände, mit großer Ehre betraten sie Valencia. Mein Cid ging mit ihnen zur Zitadelle: Er führte sie auf den höchsten Teil. Samtige Augen blicken nach allen Seiten. Sie schauen auf Valencia, wie die Stadt liegt, und auf der anderen Seite haben sie das Meer. Sie wirken schlicht, üppig und groß. Sie heben ihre Hände, um zu Gott zu beten. Mein Cid und seine Gefährten sind so froh über diese gute und große Beute. Der Winter geht zu Ende, und der März steht vor der Tür ..." Der maurische König Jucef mit „fünfzigmal tausend" Mauren stößt auf die Cid, wird aber unter großem Gemetzel besiegt. „Es sind nicht mehr als hundertvier entkommen." Ein neues Geschenk von zweihundert Pferden wird an König Alfons geschickt. Die Grafen von Carrión beschließen nun, um die Heirat mit den Töchtern der Cid zu bitten, und der König schlägt ein Interview mit den Cid „oberhalb des Tejo, einem Hauptfluss" vor. Die Hochzeit wird arrangiert und die Grafen kehren mit dem Cid nach Valencia zurück, wo die Hochzeitsfeierlichkeiten volle zwei Wochen dauern. Beladen mit Geschenken vom Cid reisen die Gäste ab. „Die Reichen kehren nach Kastilien zurück, die zur Hochzeit gekommen waren." Und hier gibt es eine ganz deutliche Trennung im Gedicht. „Die Verse dieses Liedes haben hier ein Ende. Möge der Schöpfer mit dir und allen seinen Heiligen sein" (Zeilen, 2286, 7). Der Rest des Gedichts erzählt vom Verrat und der Bestrafung der Grafen von Carrión . Es beginnt mit dem Vorfall mit dem Löwen. Ein Löwe, der im Hof des Cid-Hauses gehalten wurde, entkam eines Tages, als der Cid schlief. Seine treuen Anhänger drängten sich um ihn, um ihn vor Schaden zu bewahren, aber von den Grafen von Carrión kletterte einer unter die Bank des Cid, der andere rannte durch die Tür hinaus und rief: „Ich werde Carrión nicht sehen " und versteckte sich hinter einem Weinstrahl -drücken, so dass sein Umhang und sein Wams ganz beschmutzt wurden. Nachdem der Cid den Löwen eingeschüchtert hatte, „fragte er nach seinen Schwiegersöhnen, fand sie aber nicht. Sie rufen laut nach ihnen, aber niemand antwortet. Als sie sie fanden und kamen, wurden sie ganz blass. Solche Scherze wie am Hofe haben Sie noch nicht gesehen. Mein Cid der Campeador befahl, dass sie damit aufhören sollten." Weitere Ereignisse zeigten den Kleinmut und den Verrat der Schwiegersöhne des Cid, und seine Töchter werden schließlich mit edleren Männern, den Infanten von Navarra und Aragon, verlobt. Das Gedicht, wie

wir es haben, endet mit einem Gebet, dass Gott dem, der es geschrieben (*dh*
kopiert) hat, das Paradies schenken möge, und mit der Bitte um Geld oder
ein Glas Wein für seine Rezitatoren: „ Dat Nos del vino si non tenedes
Dineros .“

XVIII

EIN GEFANGENER DER SPANISCHEN INQUISITION

I. – NOVEDADES

Die Poesie von Luis de León ist nicht umfangreich; er hat keine große thematische Vielfalt; er singt „das ruhige Leben dessen, der den Aufruhr der Welt scheut"; aber es gibt, wie gesagt, kaum eine Zeile davon, die nicht exquisit wäre. Und wenn Luis de León als Lyriker an der Spitze der spanischen Literatur steht, so hat er als Autor beredter und wohlgeformter kastilischer Prosa nur wenige seinesgleichen gefunden. Seine „ Nombres de Cristo" sind eines der Meisterwerke der spanischen Sprache. Die Sätze sind vielleicht gelegentlich zu weitschweifig und dehnen sich in einer Fülle von Wörtern und Bildern aus. Er hatte, wie Ticknor sagte, eine hebräische Seele und hatte Freude an Gleichnissen. Es ist in der Tat teilweise dies, was seinem Stil eine Farbe und einen Klang verleiht, die ihn zu einem der größten Prosaautoren aller Zeiten machen. Aber als Schriftsteller ist Luis de León zu bekannt, als dass er einer Stellungnahme bedarf. Und für ihn selbst waren seine literarischen Werke zweitrangig und nahmen in seinem anstrengenden und energischen Leben einen untergeordneten Platz ein. Er wurde 1527 als Sohn einer bekannten Familie in Belmonte in La Mancha geboren und von seinem Vater im Alter von vierzehn Jahren an die Universität von Salamanca geschickt, mit dem Rat, „der allgemeinen Meinung in Briefen zu folgen, que siguiese *la opinión* ". *Kommun en las letras* ." Das Gebot war in dieser Zeit nicht unnötig, denn die Reformation hatte den Glauben der Menschen aus den Fugen gebracht und sie vielen Ängsten ausgeliefert. Die Intoleranz auf Seiten der Reformatoren wurde mit neuer Intoleranz beantwortet. In Spanien könnte man am wenigsten eine Abweichung von der anerkannten Religion erwarten. Doch selbst in Spanien hatte die allgemeine Unruhe im übrigen Europa ein Echo gefunden, der Geist des Zweifels und der Forschung war bis zu den spanischen Universitäten vorgedrungen, und die Köpfe der Menschen öffneten sich für neue Gedankengänge. Es gab tatsächlich reichlich Spielraum für Reformen. Die Scholastik war zu einem trockenen und gestelzten System geworden, das geeignet war, alles Gelehrte lächerlich zu machen. Die Professoren hatten Freude an Haarspaltereien und Streitereien. Luis de León spricht mit einem bissigen Sarkasmus von der Art Professor, der sagte, er sei ... „mit dem Wissen über den heiligen Thomas und die Heiligen zufrieden ... und habe keinen Wunsch nach neuen Erkenntnissen (novedades) " ; von denen, die „sich schmeicheln und glauben, dass sie sich den Namen eines Gelehrten verdient haben, weil sie zwanzig mit Staub bedeckte Bücher in ihren Zimmern haben und den Grad eines Meisters der Künste erlangt haben, und dass sie das auch im Übrigen tun werden. " geben sich ganz sicher dem Schlaf und einem guten Leben hin ... und sie denken, dass die bloße Tatsache, die Bücher zu haben und einmal im Jahr in einen Teil davon einzutauchen, ihnen Wissen über den heiligen Thomas und die Heiligen verleiht." Aber der neue Geist der Forschung und Reform führte dazu, dass diejenigen, die der alten Schule angehörten, sich noch stärker mit engen und bigotten Überzeugungen abschotten, an den Konventionalitäten des Dogmas festhielten und sich über die unschuldigsten Neuerungen lustig machten. Heftige Angriffe auf die Scholastik hatten zur Folge, dass gemäßigtere Reformversuche in einem abscheulichen Licht gestanden wurden. Überall herrschten Verdächtigungen, und es bedurfte nicht geringer Sorgfalt, um dem Vorwurf zu entgehen, man sei auf „Neues" bedacht. Auch die höchsten Geistlichen waren vom Angriff nicht verschont. Carranza, der Erzbischof von Toledo, hatte einige Jahre in England verbracht. 1556 hatte er Oxford besucht und festgestellt, dass es katholisch war, *la encontró católica* , aber im folgenden Jahr verbrannte er in Cambridge viele ketzerische Bücher und englische Bibeln. Bei seiner Rückkehr nach Spanien glaubte man, er sei durch den Kontakt mit so vielen Ketzern kontaminiert worden, obwohl er sich rühmte, mehr als jeder andere dazu beigetragen zu haben, sie zu entdecken.

II. – Universität Salamanca

An den Universitäten richteten sich vor allem Anschuldigungen aller Art gegen Männer, die sich durch ihre Stellung oder Fähigkeiten auszeichneten. Die Universität Salamanca war schon immer äußerst konservativ gewesen. Päpste und Könige waren um sein Wohlergehen besorgt. Philipp II. sah in der Universität eine Hochburg der Religion und Loyalität. Pedro Chacon erzählt, wie „im Jahr 1560, als unser Souverän Don Philip nach mehrjähriger Abwesenheit, die er mit der Reduzierung und Verwaltung des Königreichs England verbracht hatte, nach Spanien zurückkehrte, er sofort alle Privilegien bestätigte, die die Universität von ihm erhalten hatte." Vorgänger." Er mischte sich persönlich in die allgemeinen Angelegenheiten und besonderen Streitigkeiten der Universität ein und schien keine Mühe für zu groß gehalten zu haben, um die alte Reinheit ihrer Meinungen zu bewahren. Luis de León war der Universität, „dem Licht", wie er sagte, „nicht nur Spaniens, sondern ganz Europas" zutiefst verbunden, und widmete Salamanca als Student und Professor sein ganzes Leben. Wenige Monate nach seiner Ankunft in Salamanca trat er dem Augustinerorden bei und verzichtete damit auf ein sehr beträchtliches Einkommen, das er sonst als ältester Sohn seines Vaters geerbt hätte. Sein Erfolg stellte sich schnell ein. Er erhielt den Lehrstuhl für Philosophie und später den für Theologie, und diesen Lehrstuhl hatte er noch inne, als er Anfang 1572 verhaftet und fast fünf Jahre lang im Gefängnis der Inquisition in Valladolid festgehalten wurde. Die schwersten Vorwürfe gegen ihn lauteten, er habe das Hohelied Salomos in die Vulgärsprache übersetzt und die Autorität der Vulgata herabgewürdigt. Aber es handelte sich in erster Linie um eine Frage zwischen zwei Denkschulen an der Universität, zwischen den rivalisierenden griechischen und hebräischen Gelehrten, zwischen den Mitgliedern des Ordens des Heiligen Dominikus und den Mitgliedern des Ordens des Heiligen Augustinus, und der Fall kam nur zur Entscheidung die Autorität der Inquisition durch die Denunziationen von Luis de Leóns Feinden, wie León de Castro. León de Castro war ein Professor der alten Schule. Er war ein ausgezeichneter Latein- und Griechischgelehrter und besaß große Energie und Ausdauer. Durch seine Gelehrsamkeit und teilweise durch reine Charakterstärke hatte er eine Position mit hoher Autorität an der Universität erlangt, und er wahrte seine Autorität mit eifersüchtiger Sorgfalt. Er duldete keinen Widerstand und versuchte alle zu vernichten, die ihn aufgrund ihrer Talente oder Popularität in den Schatten stellen könnten. Er wollte die Oberhand gewinnen. Er wurde leicht so wütend, dass er die Kontrolle über sich selbst verlor; „Wenn er in einen Streit verwickelt ist", sagt Luis de León, „weiß er nicht, was er tut oder sagt." Er war in seinem Urteil über Menschen und Meinungen voreilig und glich die Mängel seines eigenen Wissens durch eine entschieden positive Einstellung aus. Es heißt, wenn er eine Meinung im Werk eines Heiligen oder Philosophen finden würde, würde er sofort sagen: „Dies ist die Meinung aller Heiligen, aller Philosophen." Für ihn war die Vulgata die letzte und unumstößliche Autorität, und er widersetzte sich mit größter Entschlossenheit jenen Gelehrten, die zum hebräischen Original zurückkehrten. Solche hebräischen Gelehrten nannte er „Juden", ein Name, der in dieser Zeit nach Feuer roch. (Gegen Luis de León wurde tatsächlich der Vorwurf erhoben, Jude zu sein und von Juden abzustammen.) Wenn sich zeigte, dass der hebräische Text von der Vulgata abweicht, antwortete Castro, dass der hebräische Text seither von den „Juden" geändert worden sei Übersetzung gemacht wurde. Seine Position war somit uneinnehmbar. Er wollte sich keine Argumente anhören, sondern schrie seine Gegner nieder. In einer begrenzten Zeit konnte er sich selbst einreden, dass er der Kirche durch die Behauptung seiner Meinung einen guten Dienst erwies . Sein Einfluss war zweifellos groß, und es erforderte nicht wenig Mut, sich ihm zu widersetzen. Luis de León war jedoch kein Mann, der sich flach hinlegte und Setebos liebte. Er war von Natur aus offenherzig und offen, sogar gegenüber Unbesonnenheit und Indiskretion, und in seinem Reformeifer hatte er keine Angst davor, sich Feinde zu machen. Als er seinen Abschluss machte, attackierte er bestimmte Missbräuche in einer lateinischen Rede über Ciceroni-Gewalt, und bei einer anderen Gelegenheit tadelte er die Dominikaner öffentlich wegen der

Ketzereien ihres Ordens, und der Vorstoß scheint angekommen zu sein, denn er selbst sagt, dass sie es gespürt hätten scharf: „ *sintieronse feurig* ." Vor allem hatte er kein Verständnis für Pedanterie und Intoleranz. Es war unmöglich, dass zwei Männer mit so unterschiedlichen Charakteren nicht aufeinanderprallten, und tatsächlich waren die Diskussionen zwischen Professoren oft von heftigen Auseinandersetzungen und all dem Gift von Groll und Unhöflichkeit geprägt, das sich seltsamerweise manchmal in das tägliche Leben der Professoren einschleicht gelernt. Einmal drohte Luis de León, Castros Buch – einen Kommentar zu Jesaja – von der Inquisition verbrennen zu lassen. Für dieses Buch hatte Castro viel Mühe und viel Geld aufgewendet, und die Drohung traf ihn bis ins Mark, so dass er antwortete, er würde Luis de León selbst verbrennen lassen. Und solche Drohungen waren keine leeren Worte oder gedankenloses Gezänk einer müßigen Stunde. Dass Luis de León viele bösartige Feinde hatte, wurde bei seinem Prozess deutlich gezeigt.

III. – In einem Valladolid-Kerker.

Der Inhaftierungsbefehl wurde am 26. Februar 1572 erlassen. Seine Besitztümer sollten mit Ausnahme eines Bettes und vierzig Dukaten für seine Verpflegung im Gefängnis beschlagnahmt werden. Er sollte beschlagnahmt werden, wo immer er gefunden wurde, „in der Kirche, im Kloster oder an einem anderen heiligen Ort", und er sollte nichts als Kleidung und Wäsche mitbringen. Eine merkwürdige Klausel fügt hinzu, dass „Lasttiere, die ihn und sein Bett usw. tragen, zum üblichen Preis zur Verfügung gestellt werden müssen und der Preis nicht erhöht werden darf." Er wurde daraufhin verhaftet und nach Valladolid gebracht. Die folgende Beschreibung des Gefängnisses findet sich im Prozess gegen Carranza, Erzbischof von Toledo, der etwa zehn Jahre zuvor dort eingesperrt war. „Das Gefängnis bestand aus zwei Räumen, einem für ihn und einem für zwei Diener. Sie waren so abgelegen, dass der Erzbischof nichts von einem Brand hörte, der am 21. September 1561 ausbrach und anderthalb Tage lang mehr als vierhundert Häuser vernichtete, einige davon in der Nähe des Geheimgefängnisses. Der Gestank war so unerträglich, dass sie manchmal darum betteln mussten, dass die Türen geöffnet würden, sonst würden sie ersticken. Die Infektion des Ortes machte sowohl den Herrn als auch die Diener schwer krank, und die Ärzte des Heiligen Offiziums berichteten, dass es unabdingbar sei, die Wohnung morgens und abends in reiner Luft zu baden. Daraufhin veranlassten die Inquisitoren, dass in der Tür ein Gitter angebracht werden sollte, eine Einrichtung, die der Erzbischof beschlossen hatte als zusätzliche Beleidigung der Verletzung verachtet. Die Räume wurden nicht gefegt ... die Fensterläden wurden geschlossen gehalten und an manchen Tagen musste der Erzbischof um neun Uhr morgens eine Kerze anzünden. Das Essen wurde auf zerbrochenen Tellern serviert; die Laken dienten als Tischdecke ...“ In einem Brief an Philipp II. schreibt der Erzbischof nach zwei Jahren Gefangenschaft : „Ich fürchte und erwarte täglich den Tod, und auf diesen Zweck scheint meine Behandlung ausgerichtet zu sein." seit ich hierher gekommen bin." Der Verlust von Sonne und Licht sowie der tatsächliche Schmutz und Schrecken des Ortes müssen für einen Mann vom Temperament Luis de Leóns äußerst abstoßend gewesen sein. In einer seiner Schriften, „La Perfecta Casada ", sagt er: „Ist Sauberkeit nicht die Quelle der Schönheit – der erste und größte Teil davon?" Er liebte die freie Luft und pflegte den Verlust der Freiheit zu bedauern, den sogar seine Pflichten als Professor in Salamanca mit sich brachten. Aber zu den tatsächlichen und schwerwiegenden Strapazen, die er erdulden musste, kam für den gläubigen Katholiken noch die subtilere und unbestimmtere Folter des Geistes hinzu. Denn er konnte nicht sicher sein, dass er in diesem Leben nicht durch eine unfreiwillige Sünde erniedrigt worden war und im nächsten nicht endlose Strafen erlitten hatte, und in der Einsamkeit und Dunkelheit des Gefängnisses kamen diese Zweifel oft wieder auf. Luis de León erkannte die volle Autorität der Inquisition an, und seine uneingeschränkte Unterwerfung war weder erzwungen noch heuchlerisch, sondern das Ergebnis einer aufrichtigen Überzeugung. Die äußerste Klarheit seines Intellekts war sein Schutz, und obwohl er sich in allen Dingen dem Willen der Kirche beugte, war er sich seiner eigenen Unschuld vollkommen sicher. Kurz nach seiner Verhaftung verfasste er ein Glaubensbekenntnis, in dem er erklärte, dass er „jetzt und in Zukunft im Glauben und Glauben der Heiligen Katholischen Kirche lebe und sterbe und seine Sünden *con entranable dolor bekenne* ". Seine Verteidigung wurde durchweg meisterhaft geführt. Während dieser fünf Leidensjahre zeigte er eine feine Aufrichtigkeit und eine Klarheit der Argumentation, die einen sehr an Pascal erinnern. Nie war sein Stil prägnanter und klarer, seine Argumentation subtiler als in den zahlreichen „unveröffentlichten Dokumenten", die uns überliefert sind. Bei keiner Gelegenheit wurde die Geduld und Demut des Mannes deutlicher gezeigt. Es ist eine seltsame Überlegung, dass viele dieser Dokumente im Einklang mit der Geheimhaltung der Inquisitionsverfahren vor Luis de León selbst verborgen gehalten wurden und dass er, wie wir wissen, wahrscheinlich nie wusste, dass er kurz davor stand, untersucht zu werden auf dem Gestell. Trotz seiner genialen und ausgefeilten Verteidigung dauerte der Prozess gegen Luis de León lange, und man muss schaudern, wenn man an die Leiden und die Verzweiflung von Männern mit schwächerem Metall und weniger subtilem Intellekt denkt, wie etwa seinem engen Freund Grajal, der im Gefängnis starb . Die Inquisition ging wie üblich äußerst langsam und gründlich vor. „ *Recato y Secreto* ", Vorsicht und Geheimhaltung, waren tatsächlich seine Schlagworte. Zeugen zum Fall Luis de León wurden in vielen Teilen Spaniens und sogar in Cuzco in Peru vernommen. Es wäre leicht, gegen die Grausamkeit und Tyrannei der Inquisition zu protestieren, aber bei näherer Betrachtung würde es ungerecht erscheinen, die Schuld ausschließlich ihr zuzuschieben. Die Zeit erforderte, wie wir bereits festgestellt haben, äußerste Wachsamkeit seitens der Anhänger des wahren und katholischen Glaubens. Sie könnten sich verpflichtet fühlen, mit unermüdlichem Fleiß die unbedeutendsten Streitigkeiten über die Lehre der Kirche zu untersuchen. Es waren bereits unorthodoxe Bücher nach Spanien gelangt. In Cadiz war eine Übersetzung der Psalmen eingetroffen, und ein einziger Mann, eine Art Leihgabe aus dem 16. Jahrhundert, hatte zwei Ballen ketzerischer Bücher nach Sevilla gebracht. Das Leben des Buchhändlers wurde durch ein solches Verfahren beunruhigend und schwierig. In einem Brief an die Inquisitoren von Valladolid lesen wir: „Die Buchhändler dieser Stadt (Salamanca) haben täglich Ballen voller Bücher aus Frankreich und anderen Teilen erhalten und erhalten dies auch weiterhin." Sie wagen es nicht, diese ohne Erlaubnis zum Verkauf anzubieten." Das Böse muss gestoppt werden, bevor es sich im Land ausbreitet. Man kann plausibel argumentieren, dass die Standhaftigkeit der Inquisition Spanien vor den religiösen Meinungsverschiedenheiten bewahrte, die in Frankreich, Deutschland und England so heftig wüteten, und man darf auch nicht vergessen, dass die Jahrhunderte, in denen die Inquisition ihre strengste Macht ausübte, auch die Jahrhunderte der größten Literatur Spaniens waren Ruhm.

Vielleicht bestand der Schaden der Inquisition nicht darin, dass sie das ursprüngliche Denken und die Forschung beeinträchtigte, sondern darin, dass sie im täglichen Leben einen unerträglichen Geist des Misstrauens und des Misstrauens erzeugte. Die Inhaftierung sowohl von Erzbischof Carranza als auch von Luis de León war der Feindseligkeit ihrer privaten Feinde zu verdanken, und es ist schwer, an die Aufrichtigkeit der Zeugen zu glauben, „ohne zitiert zu werden" und „zur Entlastung ihres Gewissens". ", legten ihre Anschuldigungen vor der Inquisition vor. An der Universität von Salamanca gab es viel Spionage und Spionage, gefördert durch die Rivalitäten und Feindseligkeiten der Professoren. Die Professoren wurden durch die Stimmen der Studenten nach einer öffentlichen Diskussion zwischen den Kandidaten zu einem bestimmten Thema gewählt, und dieses System führte natürlich zu erheblicher Unzufriedenheit und vielen Missbräuchen. Bei Diskussionen an der Universität war immer jemand auf der Hut, der auf fadenscheinige Anschuldigungen achtete. Als Luis de León behauptete, dass „die Ehe an sich kein Übel, sondern nur ein weniger gesegneter Zustand als das Zölibat" sei, hatte León de Castro dies niedergeschrieben, um es bei der Inquisition anzuprangern, und auf die gleiche Weise hatte es ein anderer Professor getan während einer Diskussion hastig hinausgegangen, um Feder und Tinte zu holen. Als Zuñiga einmal in der Zelle von Luis de León in Salamanca war, erwähnte dieser ein Buch, das ihm sein Freund, der berühmte

Arias Montano, geschickt hatte. Zuñiga äußerte daraufhin Misstrauen gegenüber Montano, was Luis de León übel nahm. Ein paar Tage später, um Luis de Leóns eigene Worte zu zitieren, „kam er mir immer noch misstrauisch vor, und da ich wusste, dass er mürrisch war und immer dazu neigte, die Dinge in ihrem schlechtesten Licht zu sehen, sagte ich lachend zu ihm: , Sie sind in der Tat ein Pessimist; es scheint, dass du immer noch schlecht über Montano denkst.' Er sagte nein; Ich denke nicht schlecht über den Mann, aber ich bin mir nicht sicher, ob es nicht meine Pflicht ist, das Buch anzuprangern. „ Luis de León fährt fort, dass er mehr als zwei Jahre später auch „einen Anfall von Pessimismus hatte und angesichts der Zahl der Ketzer, die in Spanien entdeckt worden waren und täglich entdeckt wurden“, sich dazu entschloss, die Angelegenheit vorzulegen die Inquisition – eine übliche Methode, einer Anschuldigung zuvorzukommen. Wieder untersuchte Medina mit heiligstem Eifer (*con santísimo) . celo*) Vorträge und andere Aufsätze von Luis de León. Das Ergebnis wäre umso fruchtbarer, als er die Notizen der Studenten während der Vorlesungen nicht ausließ, und, wie Luis de León sehr wohl wusste, „interpretierten unwissende Studenten oft eine völlig falsche Interpretation der Aussagen des Dozenten.“ Medina berief tatsächlich ein Treffen der Studenten in seiner Zelle ein und fragte sie, ob sie verdächtige oder perverse Lehren von Luis de León gehört oder davon gewusst hätten. Solche Methoden müssen die Angriffsmöglichkeiten vervielfachen und den Versuch weiter ausbauen. Über einen Zeugen sagte Luis de León zu seiner Verteidigung : „Dieser Zeuge ist der Bachelor of Arts Rodríguez, der an der Universität den Spitznamen ‚Doctor Subtle‘ trägt.“ Ich glaube, dass er es ist, denn er sagt, ich hätte ihn ohne Antwort gelassen, und er war der einzige Mensch an dieser Universität, dem das passiert ist. Denn da er ein Mann mit schlechtem Urteilsvermögen war und manchmal unverschämte Fragen stellte und aus dem, was er hörte und was er nicht verstand, unsinnige Antworten sammelte, wurde ich wütend und nannte ihn einen Narren. Und zu anderen Zeiten gab ich ihm keine Antwort, sondern floh vor ihm, um nicht wütend und deprimiert zu werden . Und er ist so geistlos und aufdringlich, dass ich mich daran erinnere, dass ich versucht habe, ihm zu entkommen, sowohl drinnen als auch in der Schule und auf der Straße, wie er ihm folgte und absurde Fragen stellte, während ich ohne Antwort weitereilte, bis schließlich einige meiner Kameraden oder andere Schüler drängten halte ihn beiseite und halte ihn mit Gewalt zurück. Ein kleines Bild des akademischen Lebens, das an Anschaulichkeit kaum zu übertreffen ist. Luis de León war in der Tat nicht sparsam mit der Kritik an seinen verschiedenen Anklägern. Ihre Namen wurden ihm gemäß dem Brauch der Inquisition vorenthalten, aber als er die anonymen Anschuldigungen las, verwies er sie mit unfehlbarem Urteilsvermögen auf den wahren Verfasser und war so in der Lage, sie mit sicherer Hand zu widerlegen. Über einen der Zeugen, die seinem eigenen Orden angehörten, sagte er: „Er ist bei uns als ein Mann bekannt, der nur aus Versehen die Wahrheit sagt." Von einem anderen spricht er satirisch als „höchst spirituell", *espiritualísimo*, und sagt, dass ihn die Worte „küsse", „umarmt", „helle Augen" und andere Worte in der spanischen Wiedergabe des Hoheliedes empörten; Das heißt, Worte, die ihm nicht aufgefallen waren, als er sie auf Latein las, schockierten ihn jetzt, da sie in der Romanze geschrieben waren. Luis de León war sich nicht darüber im Klaren, dass seine Aussprüche oder über ihn berichteten Aussprüche die schlechteste Interpretation erfahren würden, und diese Angst veranlasste ihn selbst dazu, der Inquisition viele triviale Details vorzulegen. So gestand er, dass bei einer Vorlesung „die Studenten, die am weitesten von mir entfernt waren, mir befahlen, lauter zu sprechen, denn ich war heiser und sie konnten mich nicht gut hören, und ich sagte: ‚Ich bin heiser, und es ist besser, leiser zu sprechen.' Die Herren der Inquisition dürfen es nicht hören.' „ Er war voller Leben und Humor , und so manches zufällig im Scherz gesprochene Wort konnte von den Böswilligen in eine unkatholische Bedeutung verdreht werden." Im Gefängnis hatte er das Gefühl, mit verbundenen Augen gegen viele Feinde zu kämpfen, und verlangte mehr als einmal, seinen Anklägern gegenüberzutreten . „Und so", sagt er, „sprechen sie aus der Ferne als Menschen in Sicherheit und Freiheit, während ich, blind und im Gefängnis, nicht sehen kann, wer mich angreift." Gegen ihn wurden viele absurde Anschuldigungen erhoben. Laut einem Zeugen hielt er „immer eine kleine Messe, sogar an einem Festtag, und niemand konnte hören, was er sagte, während er , tu , tu , tu ' murmelte und sehr schnell zu Ende ging." Eine andere Anschuldigung scheint auf bloßen Wortklaubereien zu beruhen *vino* , „Wein", und *vinó* , „kam". Denn bei einem Abendessen scheint jemand um Wein gebeten zu haben, und Fray Luis soll gesagt haben, es sei zweifelhaft, ob er gekommen sei; aber dem Zeugen zufolge verstanden alle, dass sich seine Antwort auf das Kommen Christi bezog! Ein anderer Zeuge sagte, er sei „ein sehr kluger Theologe, aber in seinen Vorträgen etwas kühn" – ein Vorwurf, der weniger kleinlich ist als der vorhergehende, aber aufgrund seiner Unbestimmtheit kaum weniger lächerlich. Im gleichen Sinne „hatte Castro sagen gehört", „dachte, er hätte es gehört"; Medina „glaubte, in Fray Luis eine Neigung zu neuen Dingen zu sehen." Solche Anschuldigungen von Feinden machten seine Unschuld, wie er sagte, „klarer als das Licht des Mittags". Minutenpunkte wurden ausführlich behandelt. Zum Beispiel sei der Verkauf von Castros Buch über Jesaja seiner Meinung nach von den Juden (Luis de León und seinen Freunden) verdorben worden; Laut Luis de León war der wahre Grund für das Scheitern seine Größe und Kosten. Was den Vorwurf angeht, er sei tatsächlich Jüdin, so scheint es, dass die Urgroßmutter von Fray Luis, oder vielmehr die zweite Frau seines Urgroßvaters, jüdischer Herkunft war.

Der einzige schwerwiegende Vorwurf bestand tatsächlich darin, dass er der Vulgata nicht die gebührende Autorität verliehen habe. Es ist wahrscheinlich, dass seine Haltung zu einer Zeit, als die Vulgata von allen Seiten von Ketzern angegriffen wurde, unpassend war und dass die zahlreichen Studenten, die seine Vorlesungen besuchten, dazu neigten, seine Lehre zu übertreiben.

Und so zog sich der Prozess in die Länge. Luis de León begann die Geduld zu verlieren. „Wenn nur", ruft er, „die Sonne gerecht zwischen mir und meinen Anklägern aufgeteilt wäre " – eine dem Duell entlehnte Metapher . Er beklagt sich häufig über unnötige Verzögerungen. Er schreibt an die Inquisitoren: „Sie verzögern den Abschluss meines Prozesses ohne triftigen Grund", „ohne triftigen Grund und nur mit dem Ziel, meine Haft zu verlängern, und mit dem Wunsch, meinem Leben ein Ende zu setzen, da Sie mich gefunden haben." ohne Schuld." Er bittet darum, dass es keine weitere Verzögerung gebe, „angesichts der langen Zeit, die ich schon hier bin, und des geringen Grundes, der mich hierher gebracht hat, und der Feindschaft und berüchtigten Verleumdungen, die diesen Skandal begannen und verursachten." Seine Inhaftierung sei „eine lange, harte und grausame Qual", sagt er. Teilweise ständige Kommunikation zwischen Valladolid und Madrid verursachte Verzögerungen. So erhielt eine Anfrage von Fray Luis, die am 20. August gestellt wurde, vom Obersten Gerichtshof in Madrid erst am 20. September eine Antwort. Teilweise muss man auch zugeben, dass es nach dem Skandal und der Aufregung, die seine Inhaftierung in Salamanca, wo er eine Schar von Freunden und Anhängern hatte, verursacht hatte, fast so aussah, als ob die Inquisitoren nicht bereit waren, ihn mit dem Geständnis freizulassen, dass das Ganze Materie war Rauch ohne Feuer gewesen; und je länger der Prozess dauerte, desto größer wurde natürlich ihre Verlegenheit.

Ihm wurden einige Bücher und einige andere Artikel gestattet. So bittet er um ein Kruzifix, einen Messingleuchter, ein Messer, „um zu schneiden, was ich esse", die Werke des heiligen Leon, eine hebräische Bibel, einen Sophokles auf Griechisch, einen Pindar auf Griechisch und Latein usw. Er beklagt sich darüber Er wird nicht richtig betreut, und „es ist vorgekommen, dass ich vor Hunger ohnmächtig geworden bin, weil ich niemanden hatte, der mir Essen gab, und ich bitte darum, dass mir ein Mönch meines Ordens gegeben wird, der mir dient, wenn Sie es mir nicht erlauben wollen." allein zwischen vier Wänden sterben." Der Gebrauch der Sakramente war ihm nicht gestattet, und in seiner häufigen Krankheit war dies eine ständige Folter. „Sie beharren darauf", sagt er, „mich im Gefängnis zu halten, als wäre ich ein Ketzer, dem der Gebrauch der Sakramente vorenthalten wird und der eine offensichtliche Gefahr für mein Leben und meine Seele darstellt, obwohl Sie keine neue Anklage gegen mich erheben." Er bittet sie daher, bis zur Urteilsverkündung „mir zumindest einen freien Tod unter meinen Mönchen zu ermöglichen". Da sich der Abschluss seines Falles von Tag zu Tag verzögert, bittet er in einer anderen Petition darum, in ein Kloster in

Valladolid transportiert zu werden, damit er dort als Christ sterben könne. „Das ist das Einzige, was ich erbitte oder wünsche, denn die Leidenschaft meiner Feinde und meine eigenen Sünden haben mir alles genommen, was man sich im Leben wünscht."

IV. – EX FORTI DULCEDO.

Am 28. September 1576 wird das Urteil endlich verkündet. Die Mehrheit der Richter „ist der Meinung, dass Fray Luis de León wegen seiner Meinung und wegen der gegen ihn ausgesagten Aussagen und wegen der Aussagen, die als ketzerisch eingestuft wurden, der Folter ausgesetzt werden muss Tatsache, dass die Theologen behaupten, endlich mit ihnen zufrieden zu sein und ihnen die Bedeutung zu geben, die Fray Luis ihnen geben möchte; und dass die ihm auferlegte Folter gemäßigt ausfallen soll, da der Angeklagte gesundheitlich anfällig ist; und dass die erzielten Ergebnisse dann weiter untersucht werden." Dies war das Urteil von vier der sieben Richter; man gab keine Entscheidung; Die übrigen beiden waren der Meinung, dass der Angeklagte vor dem Gericht des Heiligen Offiziums gerügt werden sollte und dass er im Hauptsaal der größeren Schulen von Salamanca in Anwesenheit der Studenten und anderer Personen der Universität seine Aussage machen sollte Vorschläge sind verdächtig und mehrdeutig; dass es ihm verboten werden sollte, in den Schulen oder anderswo Vorlesungen zu halten, und dass seine Übersetzung des Hoheliedes Salomos verboten und aus dem Verkehr gezogen werden sollte.

Das übergeordnete und unparteiischere Gericht von Madrid hob das Urteil auf und Luis de León wurde nicht auf der Folterbank verhört. Es verfügte (7. Dezember 1576), dass Fray Luis de León freigesprochen und vor dem Gericht des Heiligen Offiziums ermahnt werden sollte, in Zukunft vorsichtig damit umzugehen, wie er mit so gefährlichen Angelegenheiten wie denen umging, die in den Prozess verwickelt waren. Das verkündete Urteil lautet wie folgt: „Wir sind der Auffassung, dass es in Übereinstimmung mit den Dekreten und in der Sache der besagten Klage unsere Pflicht ist, den besagten Bruder Luis de León von der Last dieses Prozesses zu befreien, und das tun wir auch. " Er beantragte und erhielt eine Erklärung, dass er ohne Buße oder Makel freigesprochen worden sei und alle seine Pflichten an der Universität frei ausüben könne.

Luis de Leóns Gesundheitszustand war nie besonders gut gewesen und wurde durch die Strapazen seiner Gefangenschaft völlig zerstört. Dass er überlebte, ist wahrscheinlich seiner Standhaftigkeit und seinem mystischen Glauben zu verdanken. In einer Widmung an Kardinal Quiroga sagt er: „Als ich wegen der Intrigen einiger meiner Feinde vor Gericht stand und als verdächtig im Glauben gebrandmarkt wurde, wurde ich nicht nur vom

Gespräch, sondern auch vom Geschlechtsverkehr ausgeschlossen." Als ich vor den Augen der Menschen war und fünf Jahre lang in einem Gefängnis begraben war, verspürte ich inmitten all dessen einen Frieden und eine Freude im Geiste, die ich jetzt, da ich wieder ans Tageslicht und zu meinen Freunden zurückgekehrt bin, oft vermisse."

Diese Jahre im Gefängnis verbrachten wir nicht im Müßiggang. Neben seiner Verteidigung schrieb er in dieser Zeit mehrere seiner Gedichte und seine lange Abhandlung „Los Nombres de Cristo". Viele kennen sein kurzes Gedicht, das mit „Hier hielten mich Falschheit und Unrecht gefangen" begann und mit der in der spanischen Literatur so oft zitierten Zeile endete: „ ni beneidet ni Envidioso ." Und wir können auf diese Zeit seiner Gefangenschaft Passagen wie „No pinta" beziehen el prado aquí la primavera" –

„Hier mit dem Frühling sind die Wiesen nicht bunt,
noch sind die Wolken golden in der aufgehenden Sonne;
Keine Nachtigall ergießt ihre klagende Stimme:
Aber hier ist die Nacht schlaflos, und der Tag
ist voller Tränen und trostlosem Kummer,
und die traurige Gegenwart hat einen traurigeren Morgen ..."

Oder das schöne Gedicht, das mit „Virgen que el sol más " beginnt pura " –

„Jungfrau, reiner als die Sonne,
Ehre der Sterblichen, des Himmelslichts,
deren Mitleid nicht geringer ist als deine große Macht, ... "

Ohne die erzwungene Muße dieser Jahre können wir nicht bezweifeln, dass seine „ Nombres de Cristo" niemals geschrieben worden wären und der spanischen Prosa eines ihrer leuchtendsten und brillantesten Juwelen gefehlt hätte.

Die spanische Literatur schuldet ihm großen Dank dafür, dass er auf Spanisch geschrieben hat, im Gegensatz zu den Vorurteilen der Gelehrten, die der Ansicht waren, dass ein tiefgründiges Schreiben dunkel sein müsse, und „wunderten sich über einen Theologen, von dem sie eine große Abhandlung voller tiefer Fragen erwarteten . " hatte schließlich ein Buch über Liebesromane geschrieben." Aber Luis de León wollte, wie er sagt, den „neuen Weg" des guten Stils eröffnen, der „sowohl darin besteht, was gesagt wird, als auch in der Art, es zu sagen, und in der Aufgabe, die besten Worte der gebräuchlichen zu wählen." , und deren Klang zu betrachten, und manchmal sogar die Buchstaben zu zählen, sie abzuwägen, zu messen und zu vermischen, damit die Sache nicht nur klar, sondern auch sanft und harmonisch dargestellt wird."

Fast fünf Jahre nach seiner Verhaftung kehrte Luis de León nach Salamanca zurück. Er kehrte völlig gerechtfertigt zurück und die Universität begrüßte ihn mit Freude. Über dem Augustinerorden hing vor allem sein Prozess wie eine Wolke, und die Verurteilung eines so angesehenen Professors muss von der gesamten Universität als Schande empfunden worden sein. Die Legende ist bekannt. Als Luis de León seine Vorlesungen wieder aufnahm, drängte sich die gesamte Universität zusammen, um ihm zuzuhören. Die Inquisition befahl ihm, völliges Stillschweigen über das Vorgehen zu wahren, aber dies war zumindest eine Gelegenheit für subtile und indirekte Anspielungen und für die Erregung allgemeiner Sympathie. Luis de León erhob sich in dem überfüllten Raum und begann seinen Vortrag mit den Worten: „Meine Herren, das haben wir gestern gesagt", und so setzte er seinen Kurs fort. Die dazwischenliegenden fünf Jahre wurden ausgelöscht. Die Geschichte stimmt so sehr mit dem Charakter des Mannes überein, dessen Einfachheit und aufrichtige Demut eine Wirkung erzeugten, die selbst mit den fleißigsten Kunstgriffen nicht zu erreichen wäre, dass wir bereitwillig an ihrer Wahrheit festhalten würden. Wir würden die prosaische Tatsache beiseite schieben, dass Luis de León seine Vorlesungen nicht wieder aufgenommen hat, da der Lehrstuhl in seiner Abwesenheit besetzt war und er sich bei seiner Rückkehr damit abgefunden hat (*la daba por bien empleada*), und dass, als ihm eine andere Vorlesungsreihe zugewiesen wurde, in der Universität ein langer Streit darüber entbrannte, zu welcher Stunde er sie halten sollte. Wir können zumindest sagen, dass die Geschichte, auch wenn sie nicht wörtlich in den Fakten steht, im Geiste im Wesentlichen wahr ist. Die urige Art der Kanzel, von der aus die Worte gesprochen wurden, und der Hörsaal mit seinen grob behauenen Bänken sind noch immer in der Universität von Salamanca erhalten, ebenso wie die erhabenen Worte „Decíamos. *"Ayer"* gehören zum *Repertoire* des Touristen-Cicerone.

Luis de León könnte bei der Wiedererlangung seiner Freiheit mit den Worten der Persiles von Cervantes (Cervantes, der sich selbst als Luis de Leóns „ehrfürchtiger Anhänger und Anhänger" bezeichnete) ausrufen *: á quien jo reverencio , adoro y sigo*): „Ich danke dir, unermesslicher und barmherziger Himmel, dass du mich zum Sterben gebracht hast, wo dein Licht auf meinen Tod blicken kann, und nicht in den Schatten des dunklen Gefängnisses, das ich jetzt verlasse." " Er überlebte fünfzehn Jahre und starb am 23. August 1591, neun Tage nach seiner Beförderung vom Generalvikar zum Provinzial seines Ordens. Seine gute Laune und natürliche Fröhlichkeit, seine Selbstlosigkeit und sein gesunder Menschenverstand brachten ihm viele und starke Freundschaften ein — wir haben tatsächlich das Gefühl, dass er ein Mann war, der zwar nicht ohne Schwächen, aber durchaus liebenswert war. Er war vom Generalinquisitor angewiesen worden, seine eigenen Werke zu veröffentlichen, und wurde mit der Veröffentlichung der Werke von Santa Teresa betraut. Sein zweiter Inquisitionsprozess entstand offenbar aus einem

Vortrag über die heikle Frage der Prädestination und des freien Willens. Es wurde erklärt, dass die Universität von Salamanca über die Kühnheit, mit der er behauptete, das Gegenteil seiner eigenen Meinung sei Ketzerei, sehr empört sei. Die Angelegenheit endete jedoch damit, dass er in Toledo „wohlwollend und liebevoll ermahnt" wurde. Neben diesen und vielen anderen Tätigkeiten unterstützte er die Karmeliterinnen unwiderstehlich bei der Durchsetzung ihrer Unabhängigkeit, die durch eine von Philipp II. genehmigte Reform bedroht war. Der Papst war zwar positiv gegenüber den Nonnen, aber der König widersetzte sich dem päpstlichen Auftrag, und Luis de León soll gesagt haben: „Es ist unmöglich, einen einzigen Befehl Seiner Heiligkeit in Spanien auszuführen." Die Geschichte, dass Fray Luis vor Kummer wegen der Wut des Königs über diesen Widerstand gestorben sei, ist sicherlich unwahr, obwohl es wahrscheinlich ist, dass der König verärgert war. Er soll ausgerufen haben: „ Quien le mete á Frai Luis en." estas cosas ? – Was hat Fray Luis in dieser *Galère* zu tun ?" Das Leben von Luis de León verlief daher nicht ohne viele Turbulenzen . Am liebsten denken wir jedoch an ihn, wie er in seinen „ Nombres de Cristo" beschrieben wird: „im Monat Juni, nach dem Fest des Heiligen Johannes, wenn das Semester in Salamanca zu Ende geht", wie er sich von einem langen Jahr zurückzieht Arbeiten an dem Landhaus seines Klosters am Ufer des Tormes . Dort, in dem großen Garten voller Bäume, die ohne Ordnung wuchsen, mit einem Bach, der „wie vor Lachen floss und innehielt", und mit dem gewundenen Fluss Tormes in Sicht – „ ein Ort, der weitaus besser ist als der Stuhl des Professors" – meditierte er allein oder sich mit Freunden unterhalten „in der Kühle des Morgens, an einem Tag, der sehr ruhig und sonnig ist"; „Denn", sagt er an anderer Stelle im selben Werk, „mag es sein, dass in Städten die Sprache verfeinerter ist, aber die Feinheit der Gefühle ist vom Land und von der Einsamkeit."

XIX

DER MODERNE SPANISCHE ROMAN

I. – Wiederbelebung. Fernán Caballero

Man hätte erwarten können, dass der Erfolg von „Don Quixote" eine Schar von Nachahmern anlocken würde, aber das 17. Jahrhundert war in Spanien eher dem Drama als dem Roman gewidmet, und das 18. Jahrhundert „war in Spanien ein Zeitalter der Unfruchtbarkeit was Romantik betrifft." [99] In der ersten Hälfte des 19. Jahrhunderts war der spanische Roman größtenteils eine blasse Nachahmung von Sir Walter Scott, und diese etwas faden Romanzen waren trotz der Fülle an Themen, die die spanische Geschichte bot, nicht wirklich spanisch; Sie waren auf einen von zurückkehrenden Verbannten importierten Geschmack zurückzuführen und waren kein natürliches Wachstum des Bodens. So könnte die Condesa Pardo Bazán sagen, dass der Roman in Spanien kein Gestern hat, sondern nur einen *Anteayer*, vorgestern, und das Erscheinen von Fernán Caballeros „La Gaviota " wurde von einem spanischen Kritiker als Verbindung zwischen Cervantes und dem 19. Jahrhundert gefeiert . Es markierte tatsächlich die Wiederbelebung der realistischen Fiktion in Spanien. Cecilia Böhl von Faber, Tochter eines angesehenen Deutschen, der sich in Spanien niederließ, wurde 1796 in der Schweiz geboren, verbrachte jedoch fast ihr gesamtes Leben in Spanien, hauptsächlich in Sevilla. Sie verband deutschen Tiefgang mit dem Witz und der klaren Vision Andalusiens. Das sagte ein anspruchsvoller Madrider Kritiker, der „La Gaviota " rezensierte, das erste veröffentlichte Werk des damals unbekannten Fernán Caballero – es war zunächst auf Französisch verfasst worden und erschien nun auf Spanisch auf den Seiten von „El Heraldo " (1848-49). Es zeigte eine Mischung aus der deutschen und andalusischen Schule, dem Bleistift von Dürer und der Farbgebung von Murillo. Eine Figur in „La Gaviota " bemerkt: „Wäre ich Königin von Spanien, würde ich befehlen, in jeder Provinz einen Roman über die Bräuche zu schreiben." Es war die *Novelle de costumbres* , die Fernán Caballero mit so großem Erfolg schrieb. Sie wolle, sagte sie, Spanien so zeigen, wie es wirklich sei, und nicht so, wie es normalerweise von Ausländern dargestellt werde.

Cecilia Böhl von Faber war dreimal verheiratet – mit Spaniern – und als Marquesa de Arco Hermoso auf dem Anwesen ihres Mannes in Dos Hermanas, einem kleinen Dorf in der Nähe von Sevilla, lebte, kam ihr erstmals die Idee, die schnell verschwindenden Bräuche einzusammeln Traditionen der Bauern. Sie kam häufig mit ihnen in Kontakt, weil sie ihre individuellen Bedürfnisse kennenlernen und wissen wollte, wie sie ihre Wohltätigkeitsorganisation am besten verwalten kann. Die dreizehn Jahre von ihrer zweiten Heirat im Jahr 1822 bis zum Tod des Marqués de Arco Hermoso im Jahr 1835 verbrachten sie hauptsächlich in Sevilla, in ihrem Haus an der *Plaza de San Vicente* oder im Nachbarschaft . Die Geschichte *La Familia de Albareda* , deren Schauplatz Dos Hermanas ist, wurde damals auf der Grundlage von Ereignissen geschrieben, die sich tatsächlich in diesem Dorf ereigneten, obwohl sie erst später veröffentlicht wurde. Als ihr dritter Ehemann in Australien abwesend war, dachte sie darüber nach, ihre Geschichten zu veröffentlichen, und nahm ihren *Pseudonym* aus einem kleinen Dorf in La Mancha namens Fernán Caballero. Das Erscheinen von „La Gaviota ", einem der besten, wenn nicht sogar dem besten Romane Fernáns , erregte große Überraschung und Begeisterung und viele Vermutungen darüber, wer der Autor sein könnte. Es war ein Werk, das den romantischen Erzählungen und langweiligen Nachahmungen, die damals in Mode waren, völlig unähnlich war; es zeigte eine so frische und spontane Inspiration. Hier gab es keine Anklänge an ältere Romanautoren; Alles wurde aus scharfer persönlicher Beobachtung geschrieben, und die Kunst des Autors versetzte den Leser in die Lage, Szenen und Charaktere, die er kannte und empfand, die er aber nicht ausdrücken konnte, in Worte zu fassen.

Nach dem tragischen Tod ihres dritten Mannes im Jahr 1859 war Fernán Caballero fest entschlossen, ins Kloster einzutreten, aber ihre Freunde taten ihr Möglichstes, um sie davon abzubringen, und sie glaubte darüber hinaus, dass die einzigen Bücher, die sie lesen dürfte, dies sein würden diejenigen der Hingabe. Schließlich gab sie diese Idee auf und lebte fast zehn Jahre lang in einem der Häuser des *Patio de las Banderas* im Alcázar von Sevilla , das ihr von Königin Isabel II. geschenkt wurde. Ein angenehmeres Zuhause für einen Schriftsteller kann man sich kaum vorstellen. Auf der einen Seite die wunderschönen Gärten des Alcázar mit ihren Myrten, Palmen und Orangen, geschnittenen Buchshecken und weißen Marmorbrunnen; auf der anderen Seite die mit Orangenbäumen, Akazien und Palmen bepflanzte *Plaza del Triunfo sowie die Kathedrale und der wunderschöne* Giralda -Turm. Die Revolution von 1868 zerstörte diesen Frieden. Der Alcázar ging vorübergehend in den Besitz der Nation über, und Fernán Caballero sah sich gezwungen, woanders ein Zuhause zu suchen. Aus anderen Gründen war sie als gläubige Katholikin und Royalistin zutiefst betrübt über die Revolution und ihre sakrilegischen Folgen in Sevilla. Die Kleinlichkeit vieler revolutionärer Maßnahmen zeigte sich daran, dass es den Nachtwächtern – den *Serenos* – von Sevilla verboten war, beim Ausrufen der Stunden das traditionelle Vorwort „Ave María Purísima " zu verwenden. Fernán Caballero erwirkte die Aufhebung dieses Dekrets. Sie hörte mit Freudentränen den Glocken der Giralda zu, als diese die Nachricht von der Restauration und dem Beginn der Herrschaft Alfons XII. verkündeten. Sie lebte damals in der geschwungenen, stillen Nebenstraße , die heute ihren Namen trägt. Nr. 14 unterscheidet sich von den anderen Häusern dadurch, dass es neben der *Terrasse* einen Garten mit einem großen Zitronenbaum und anderen Sträuchern hat. Hier starb sie im Frühjahr 1877, in ihrem einundachtzigsten Lebensjahr. Die Königin besuchte sie hier und ihre Freunde, der Herzog und die Herzogin von Montpensier , ließen eine Gedenktafel über dem Eingang des Hauses anbringen .

Die Qualität, die Fernáns Werk einen unvergänglichen Wert verleiht, ist seine Wahrheit: Die Szenen werden sofort als real empfunden, die Charaktere sind lebendig. Sie reproduziert die lebhafte Fröhlichkeit und den boshaften Witz des *andalusischen* Bauern, die fröhliche, lachende Natur der Sevillaner mit ihrem scharfen Gespür für das Falsche und Lächerliche. Sie beschreibt einen *Patio in Sevilla* (in „Elia"), einen Stierkampf (in „La Gaviota "), ein Landhaus, *eine Quinta* (in „Clemencia") oder ein verlassenes Kloster (in „La Gaviota ") eine zarte Detailgenauigkeit, die sie uns lebendig vor Augen führt. Sie schreibt über einfache, alltägliche Ereignisse, wie sie im Vorwort die von „Elia" charakterisiert, sie malt sie mit unübertroffener Klarheit und Kraft , und viel von der Pikantheit und dem Charme, der *Sal y Pimienta* , des Südens steckt in ihren Seiten. Es gibt in ihren Werken einige Szenen, die in ihrer Nüchternheit und ihrem psychologischen Können Stendhal würdig sind. Ihre Charaktere sind mit der sicheren und eindringlichen Analyse des Genies aus dem Leben gezeichnet. Das vielleicht beste Beispiel von allen ist die Figur Marisalada in „La Gaviota ", aber die kleineren Figuren, der konservative General Santa María und der Stierkämpfer Pepe Vera, im selben Roman, die lebhafte, wohltätige Asistenta in „Elia" ((die viel mit Fernáns eigenem Charakter gemeinsam hat), die von der Entdeckung eines römischen Epitaphs auf einem ihrer Höfe unbeeindruckt ist und sich weigert zu glauben, dass es ein Land gibt, in dem Bischöfe heiraten, Marcial und Jenaro in „Lágrimas" – all dies und viele weitere sind mit meisterhaftem Können skizziert. Die Romane von Fernán Caballero entfalten ihre beste Wirkung, wenn sie sich mit ländlichen Szenen und dem bäuerlichen Leben befassen , sei es die erste Hälfte von „La Gaviota " im Dorf Villamar oder ein Teil von „Clemencia" (1852) im Dorf von Villa-María. Die Figur des Don Martín von Villa-María und der Schauplatz seines Interviews mit der aufdringlichen Tía Latrana sind durchaus in der Art von Pereda. Das gilt auch für die Frau des Dorfvorstehers in „Lágrimas". „Haber gastadu mis cuartus ", ruft sie – und die Verwendung des von Pereda so freizügig verwendeten Dialekts ist auffällig – „ en facere de esse Fillu meu un hulgazán ! Ich bin nicht bereit, dir das zu sagen Bartulumé , es ist wahr ." Die Ausländer in Sevilla werden mit weniger Mitgefühl dargestellt; Wir haben also Sir John Burnwood , der nach Sevilla gekommen ist, um die Giralda hinaufzufahren , und da dies unmöglich ist, schlägt er vor, den Alcázar zu kaufen , oder Sir George Percy, dem zugegebenermaßen edle Eigenschaften zugeschrieben werden, der sich aber unmissverständlich zeigen darf schlechten Geschmack.

Fernán Caballero hat keine Angst davor, ihre Geschichte durch Abschweifungen zu unterbrechen, sei es mit dem Ziel, Tugend zu vermitteln, die römisch-katholische Religion zu verherrlichen oder die Importeure ausländischer Mode und fremder Redewendungen nach Spanien lächerlich zu machen. Manchmal, wie in „Lágrimas", wird dies übertrieben und verdirbt eher die Wirkung der Geschichte, aber in den meisten ihrer Werke sind die Abschweifungen nie ganz ermüdend; Die originelle und faszinierende Figur, die Cecilia Böhl von Faber viele Freunde einbrachte, fehlt in den Romanen und *Romanen* von Fernán Caballero nicht oft oder lange. Es wurde beobachtet, dass „La Gaviota " zwar kaum Handlung enthält, aber keine allzu große Zeile enthält. „No aspiramos á causar efecto ", heißt es im Vorwort von „La Familia de Albareda ", und es ist genau dieser Mangel an spannender Handlung oder melodramatischem Effekt, der Fernáns Werken einen so bleibenden Charme verleiht. Für eine angemessene Würdigung Sevillas und Andalusiens sind sie von unschätzbarem Wert: Es gibt keines von ihnen, in dem nicht ein Charakterzug vorkommt, der die sevillanischen und *andalusischen Charaktere erklärt*. Ein neuerer spanischer Schriftsteller bestreitet völlig zu Unrecht, dass Fernán Caballero etwas von dem *Sal zeigt andaluza* , und ist der Meinung, dass ihr Werk keine tiefen Spuren in der spanischen Literatur hinterlassen hat, sondern eher als Vorbereitung für die höheren Höhen der folgenden Romanautoren betrachtet werden muss. Es ist schwierig, dieser Ansicht zuzustimmen. Fernán Caballero hisste nicht nur die Flagge des wahren spanischen Realismus und wies auf ein Land der Verheißung hin, sondern schuf sich in diesem Land ihrer Wiederentdeckung auch ein sehr reales und dauerhaftes Reich.

II. – 1870-1900.

1864 veröffentlichte Pereda sein erstes Werk „ Escenas montañesas ", und zehn Jahre später und drei vor dem Tod von Fernán Caballero erschienen Valeras erster Roman „Pepita Jiménez" und Alarcóns „El Sombrero de tres" . Picos ." Seit 1874 ist kaum ein Jahr vergangen, in dem nicht ein spanischer Roman entstanden wäre, der in der Literatur einen hohen Rang verdient hätte. Doch Pereda [100] drängte sich nicht sofort auf, und Anfang 1874 konnte Pérez Galdós einer der Figuren in *Napoleon die folgenden Worte in den Mund legen de Chamartín* : „In Sachen Romane sind wir so weit auf dem falschen Weg, dass Spanien, nachdem es die Quelle aller Romane der Welt und das unterhaltsamste Buch, das jemals von Menschen geschrieben wurde, hervorgebracht hat, nun nicht mehr in der Lage ist, einen Roman von größerem Wert zu verfassen ein Senfkorn und übersetzt diese sentimentalen französischen Geschichten."

In ähnlicher Weise bemerkt Señor Menéndez y Pelayo : „Um das Jahr 1870, dem Datum von Pérez Galdós ' erstem Buch, schlummerte der spanische Roman in den Armen fader oder monströser Produktionen, *entre ñoñerías y monstruosidades* ." Der modernere spanische Roman ist kaum fade oder sentimental. Der Realismus ist die vorherrschende Note der spanischen Literatur. Die Atmosphäre Spaniens sorgt für eine klare Sicht. Seine Künstler sind realistisch, sogar brutal realistisch, wie es Goya gelegentlich ist; Sogar seine Mystiker sind nicht völlig von der Welt abgeschirmt: Sie leben nicht in einer Wolke, unempfindlich gegenüber den wahren Tatsachen des Lebens. Und ebenso realistisch sind die großen spanischen Schriftsteller. Ihr Realismus hat jedoch eine wahre kastilische Würde. Sie verwechseln die „schlammigen Untiefen" nicht mit den Tiefen der Natur, wie George Meredith es ausdrückte. Sie mögen das Vulgäre und Niedrige behandeln, aber sie behandeln sie nicht auf eine Weise, die vulgär und niederträchtig ist. Sie sind vielleicht genauso freimütig wie Martial, aber ihr Realismus ist überaus vernünftig und rein.

Die moderne Mode, die stark auf den Realismus setzt , sollte den Vorzügen spanischer Romane gerecht werden. Es ist zweifellos von der Liebe zum Kontrast geleitet, die Stendhal, im Herzen ein Romantiker und Enthusiast, dazu veranlasste, Seiten des „Code Civil" zu lesen, bevor er seine Romane schrieb, und einen mathematisch kalten und dünnen Stil anzunehmen, und Flaubert, a Dichter, um ein so vulgäres Thema wie das von *Madame Bovary* zu analysieren . Ein einfacheres Zeitalter mag sich an Werken phantastischer Fantasie erfreuen, aber ein komplexeres und vielleicht heuchlerisches Zeitalter muss die Wahrheit haben und sich von Unbestimmtheit und Vortäuschung fernhalten .

Geister, die so kompliziert und vielseitig sind, dass sie selten sie selbst sind, bewundern das Einfache und Konkrete, und das spanische Genie, das im Wesentlichen objektiv ist, entspricht diesem Geschmack sowohl in seiner Literatur als auch in seiner Kunst. Bezeichnend ist jedoch, dass in vielen spanischen Romanen Realismus und Mystik Hand in Hand gehen. Der eigentümlich spanische Mystizismus, der seine falsche Seite in Claríns „La Regenta ", seinen praktischen Geist in Palacio Valdés' „Marta y María", seine Traurigkeit in Azoríns „La Voluntad " zeigt, wird von keinem Schriftsteller mitfühlender behandelt als von Juan Valera. in „Pepita Jiménez" und anderen Romanen. Valera war eine zu große Künstlerin, um einer Schule anzugehören. In vielen Vorworten wiederholte er, dass sein Ziel nicht darin bestand, zu belehren oder zu erbauen, sondern Freude zu bereiten. Die alte Häresie, dass Kunstwerke erbauen sollten, hat in Spanien großen Einfluss gehabt und macht sich in modernen Romanen mit einem bestimmten Ziel bemerkbar, *romans à thèse* . Es warf seinen Schatten auf das Werk von Fernán Caballero und Pereda und taucht, nachdem es auf den Feind übergegangen war, in Abständen bei Pérez Galdós und Blasco Ibáñez wieder auf. Aber Valera wollte nichts davon. Ein Roman, sagte er, „sollte Poesie sein, nicht

Geschichte, das heißt, er sollte die Dinge nicht so darstellen, wie sie sind, sondern schöner als sie sind, und sie mit einem Licht erhellen, das ihnen einen gewissen Charme verleihen kann." Die Magie seines Stils, die er durch sein eigenes Bekenntnis von den großen spanischen Mystikern des 16. und 17. Jahrhunderts übernommen hatte, sorgte für diesen Charme und reicht aus, um sein Werk unvergänglich zu machen. Es ist ein Charme, der exquisit ist und sich jeder Analyse entzieht und an den metallischen Glanz der alten spanischen *Azulejos* oder glasierten Fliesen erinnert, dessen Geheimnis moderne Hersteller vergeblich wiederzuerlangen versuchen. Valera war im engeren Sinne keine große Schriftstellerin. Der Aufbau seiner Geschichten ist oft schwach und die Charaktere sprechen alle die Sprache von Don Juan Valera. „In Valera", heißt es, „gibt es keine Sanchos, alle sind Valeras ." Er selbst war sich dieser Einschränkungen bewusst. In einem Vorwort sagte er manchmal, dass er nicht sicher sei, ob sein Buch ein Roman sei oder nicht, und was die ausnahmslos ausgefeilte Sprache seiner Figuren betrifft, so ist das Gespräch der Krankenschwester Antoñona mit Luis de Vargas in „Pepita Jiménez" ist darauf zurückzuführen, dass sie darum gebetet hatte, bei dieser Gelegenheit sprechen zu dürfen, und zwar nicht in grotesker Sprache, wie sie es gewohnt war, sondern in einem eleganten und kultivierten Stil. In ähnlicher Weise sagt Juana la Larga zu ihrer diskreten Tochter Juanita: „Alles, was Sie gesagt haben, scheint den Büchern entnommen zu sein, die Don Pascual Ihnen zum Lesen gibt."

Aber Valera konnte die Charaktere gekonnt umreißen . In seinem längsten Roman „Las Ilusiones del Doctor Faustino" ist der Held, Señor Don Faustino López y Mendoza, gewissermaßen eine typische Figur des modernen Spaniens. Er lebt in seinem halb verfallenen Stammhaus im Dorf Villabermeja und fühlt sich zu großen Taten fähig, erreicht aber nichts. Er beklagt, dass er nicht von bescheidener Herkunft ist, um ein Räuber wie der große José María zu werden, er beklagt, dass er nicht im 11. oder 12. Jahrhundert geboren wurde, um sich mit dem Schwert ein Königreich aufzubauen, und erhält schließlich einen bescheidenen Posten in Madrid , was ihm etwas mehr als 100 Pfund pro Jahr einbringt. Valeras Schöpfungen wirken nur deshalb unwirklich, weil er durch die Alchemie seines Stils ein König Midas ist, der alles in Gold verwandelt, und die Exzellenz seiner Kunst seine Figuren auf das Niveau von Statuen aus Parian-Marmor hebt. Sie sind daher nicht weniger lebensecht; Weil er über eine „exquisite Anpassung von Wort an Gedanke" verfügt [101] , folgt daraus nicht, dass er „ohne Leben und Leidenschaft" ist [102] – vielmehr wird die Leidenschaft zur Weißglut gebracht, wobei die Flammen nicht mehr sichtbar sind. Und in seinen Beschreibungen ist er ein wahrer Realist, der uns das Licht und Lachen Andalusiens vermittelt. Seine „Juanita la Larga " ist eine bezaubernde Skizze des Lebens in einem andalusischen Dorf, die an Alarcóns „El Sombrero de tres " erinnern könnte Picos ." Einige der zum Lachen anregendsten Szenen aus „El Sombrero de tres Picos " passieren den kleinen, mit Steinen gepflasterten Hof vor einer Getreidemühle, eine Viertelmeile von einer bestimmten Kathedralenstadt in Andalusien entfernt. Der Hof wird von einem riesigen Weinspalier beschattet, das so dick und stabil ist, dass der Müller unbemerkt zwischen seinen Blättern schlafen oder so tun kann, als ob er schläft. Es ist eine kurze, entzückende, farbige und bösartige Skizze des andalusischen Lebens in den ersten Jahren des 19. Jahrhunderts. Zu Andalusien gehören auch zwei Romane von Palacio Valdés, „La Hermana San Sulpicio " und „Los Majos de Cádiz". Aber es ist Andalusien, das nicht von einem Einheimischen, sondern von einem Fremden beschrieben wird, denn Palacio Valdés stammt aus dem Norden. Sein Sinn für Humor ist eher englisch als spanisch, und tatsächlich ist er außerhalb Spaniens fast genauso bekannt wie auf der spanischen Halbinsel. Es ist ein Humor , der weniger bitter und aggressiv ist als der eines anderen Asturiers, Leopoldo Alas, mit dem Valdés an einem Band kritischer Essays zusammenarbeitete. Als Charakterzeichner ist Valdés bewundernswert. Gloria, das typisch andalusische Mädchen, und der Gallegan Sanjurjo sind in „La Hermana San Sulpicio " beide hervorragend gezeichnet. Der Schauplatz seiner „Marta y María" spielt in einer Altstadt von Astúrias – der Autor befindet sich jetzt in seinem Heimatland –, umgeben von weiten Wiesen und sanft abfallenden Hügeln zur *Ría hin* , begrenzt von riesigen Pinienwäldern und dem Meer . Es ist ein Roman, der sogar noch entzückender ist als „La Hermana San Sulpicio ". Der Schauplatz von „La Aldea perdida " ist ebenfalls Astúrias . Es ist eine pastorale Symphonie, ein asturisches Gegenstück zu Peredas „El Sabor de la Tierruca ", eine bezaubernde Geschichte – trotz ihres theatralischen Endes – von Dorfrivalitäten und Versöhnungen in einem Land, das mit Kastanien, Eichen und Mostäpfeln bewaldet ist, einem Land aus Mais und kühlen grünen Kleeblattfeldern und mit Geißblatt gesäumten Bergpfaden. Aber in anderen Werken hat Palacio Veldés diese spanische Inspiration nicht beibehalten. In „La Espuma ", „Maximina" und „La Fe" ist der Einfluss der französischen naturalistischen Schule. *Clarín* (Leopoldo Alas), obwohl in Zamora geboren und ebenfalls Asturier, wurde in seinem langen Werk „La Regenta " ebenfalls stark von Frankreich beeinflusst. In einem seiner kritischen Essays schrieb *Clarín* : „*Der spanische Realismus* ist sehr spanisch; es ist im Rennen. Aber es hat seine Mängel, *kein Problem de él es flores* ; es mangelt an Psychologie und der Poesie der Leidenschaft." In „La Regenta " haben wir Leidenschaft, psychologische Analyse und epigrammatischen Witz. Schauplatz ist die alte Domstadt Vetusta (bzw. Oviedo). Die Behandlung ist nicht typisch spanisch. Vetusta ist hier eine typische Provinzstadt, wie Flaubert sie beschrieben und gehasst hätte, und ihre Bewohner werden fast alle als unwissend, vulgär oder bösartig dargestellt. Ihre Dummheit und Vulgarität werden mit einer genialen, schonungslosen Subtilität gegeißelt, und die Motive, die ihr Handeln leiten, werden mit erstaunlicher

Geschicklichkeit offengelegt. *Claríns* Der Humor ist oft etwas grausam und der Roman ist voll von knappen und bissigen Phrasen. Einer der Leser der Vetusta *Das Kasino* – das würdigste von ihnen, versichert uns *Clarín sorgfältig* – *wird daher in ein paar Zeilen an den Pranger gestellt:* „*Er kam* unbedingt jeden Abend um neun Uhr an , nahm *Le Figaro* und *The Times mit* , die er über *Le Figaro* legte Er setzte seine goldene Brille auf und schlief, vom Geräusch des Gases eingelullt, sanft über der vordersten Zeitung der Welt ein, ein Privileg, das niemand bestreiten wollte. Kurz nach seinem Tod an einem Schlaganfall wurde laut *The Times* herausgefunden, dass er kein Englisch konnte."

Die prominenteste Figur unter den lebenden spanischen Schriftstellern ist zweifellos Don Benito Pérez Galdós . In seinen „ Episoden Nacionales ", die bewegte Geschichte Spaniens im 19. Jahrhundert, von den Kriegen gegen Napoleon bis zum Tod von Prim, zieht uns in einer spanischen menschlichen Komödie vor Augen. Wir sehen den edlen Tod von Churruca in der Schlacht von Trafalgar, wir werden Zeuge der kurzen, fieberhaften Verteidigung Madrids vor Napoleon, der heroischen Belagerungen von Saragossa und Girona, des hartnäckigen Widerstands von Bilbao gegen die Truppen von Zumalacárregui im ersten Carlist-Krieg; später sehen wir Isabel II. Das stille Überqueren der französischen Grenze bei Irun, die Wirkung von Castelars Beredsamkeit in den Cortes, die Landung von Prim in Cadiz – diese und hundert weitere Hauptdarsteller und Ereignisse werden in einer Reihe von Romanen zusammengefasst, die mittlerweile über vierzig umfassen. Pérez Galdós schreibt weiterhin mit unverminderter Kraft . Die zweiundvierzigste Folge „ España Trágica " (1909) zeigt die Meinung Madrids auf der Straße und *im Café* im Jahr 1870, als Spanien „im Hochfieber" war und einen König wählte. Das Buch endet mit einem anschaulichen Bericht über die Ermordung von Prim. Seine lange und schwierige Aufgabe war von Erfolg gekrönt, aber seine Anwesenheit war jetzt mehr denn je nötig, um die Feindseligkeit der Föderalisten einerseits und der Aristokratie andererseits einzudämmen. Es war der 27. Dezember 1870 und am folgenden Tag sollte er nach Cartagena reisen, um den Herzog von Aosta zu empfangen . Er hatte gerade den Kongress verlassen . Die Nacht war bitterkalt und die Kutsche rollte lautlos durch den Schnee durch fast menschenleere Straßen. Es fiel auf, dass zunächst ein Mann und dann ein zweiter auf der Straße anhielten, um sich eine Zigarre anzuzünden. Dies war offenbar ein Signal. Etwas weiter, in der *Calle del Turco* , versperrte eine Kutsche den Weg, und fast sofort schlugen die Fenster von Prims Kutsche auf beiden Seiten ein und er fiel zurück, von mehr als einer Kugel verwundet. Die dreiundvierzigste Episode, „Amadeo I." (1910) beschreibt die Regierungszeit des italienischen Prinzen, die auf tragische Weise mit der Ermordung von Prim begann, zwei Jahre lang in einer Tragikomödie andauerte und mit dem würdevollen Rückzug des loyalen und desinteressierten „Rey Caballero " endete er wurde von den Untertanen, die ihn eingeladen hatten, über sie zu herrschen, vorsätzlich und beharrlich missverstanden und beleidigt . Mit der Königin und ihren drei Kindern, darunter dem kleinen Herzog der Abruzzen, stieg er zum letzten Mal „entre alabarderos " die Stufen des *Palacio del Oriente hinab* starr , ohne Musik Ich spreche nicht , dass Turbaran el lustig Stille . Solo Das Gerücht der Pisadas Marcaba el lento caminar de una época " (Februar 1873). Damit und mit einem Band über die erste Spanische Republik [103] schreitet die fünfte und letzte Folge der Episoden rasch ihrer Vollendung entgegen. Seit vierzig Jahren erscheinen zwei oder mehr Romane und Theaterstücke aus der Feder von Pérez Galdós pro Jahr, und einige der Romane sind von beträchtlicher Länge – „ Fortunata y Jacinta" hat etwa zweitausend Seiten. Gut gezeichnete Charaktere und gekonnt rekonstruierte Szenen gibt es in Hülle und Fülle, doch manchmal überkommt den Leser eine Müdigkeit. Denn diese Romane scheinen kaum ein Ende oder einen Anfang zu haben; Es gibt keine Handlung oder Interessenkonzentration. Vielleicht sind sie gerade deshalb eine äußerst getreue Darstellung des Lebens. Niemand würde Pérez Galdós ' großes Talent als Schriftsteller bestreiten, aber seine Bewunderer mögen es bedauern, dass er nicht innehält, um mit fertiger Kunst vollständigere Bilder zu zeichnen. In seinem antiklerikalen Roman „Doña Perfecta" stellt Don Inocencio den Einfluss des Priesters in der Familie dar. Doña Perfecta setzt im Bunde mit dem Priester heimlich die ganze Kraft ihres Reichtums und ihrer Macht ins Mittelalter Orbajosa in der Waagschale gegen ihren Neffen Pepe, der ihr einziges Kind Rosario heiraten möchte. Pepe wird in Orbajosa als Atheist und *Hors la Loi* angesehen , obwohl er lediglich ein moderner Mann der Wissenschaft ist. Es gibt keinen anerkannten Widerstand: Doña Perfecta begegnet ihm stets mit einem angenehmen Lächeln; Aber seine Briefe werden geöffnet und beschlagnahmt, er findet im Haus von Doña Perfecta und in Orbajosa einen Geist stetiger, wenn auch verschleierter Feindseligkeit, er wird versichert, dass Rosario ihn nicht liebt, und er kann heimtückische Feinde, die nie ans Licht kommen, nicht überzeugen oder besiegen. Schließlich wird Doña Perfecta zur Mörderin ihres Neffen, allerdings auf eine Weise, dass ihr Gewissen völlig frei von Schuldgefühlen ist. Der Zweck heiligt die Mittel. Der Charakter von Doña Perfecta wird mit vollendetem Können entwickelt; Dreizehn Jahre später zeichnete Palacio Valdés eine abgeschwächtere Skizze nach denselben Grundsätzen – Doña Tula, Glorias Mutter (in „La Hermana San Sulpicio ", 1889). Zweifellos gibt es in Spanien Städte wie Orbajosa , in denen der Geist der Kirche bigott und jesuitisch ist und sich jedem Fortschritt widersetzt; oder wie Nieva in „Marta y María", wo die Menschen María für eine Heilige halten, die Wunder wirken und ihr Kinder bringen kann, um sie mit einem Blick zu heilen, und ihr Beichtvater diesen Glauben fördert; oder wie Vetusta in „La Regenta ", wo Don Fermín eine hohe Position im Domkapitel mit einem stetigen Handel mit Kirchenmöbeln und -ornamenten verbindet. Dennoch kann man sich manchmal fragen, ob die

Antiklerikalen nicht allzu geneigt sind, alle Übel Spaniens dem Einfluss der Priester zuzuschreiben. „Valgame Dios y qué vida Nr hemos de dar , Sancho amigo", scheinen sie zu sagen, als ob die Auflösung der Orden und die Trennung von Kirche und Staat sofort Wohlstand in Spanien bedeuten würden. Die Religionsgemeinschaften sind zahlreich und reich; Bettler gibt es wie in Orbajosa ebenfalls zahlreich (und gelegentlich auch reich), aber es wäre unfair, die Schuld für Armut und Rückständigkeit ausschließlich der Kirche zuzuschieben . Es gibt viele andere Ursachen, eine davon ist das ausschweifende, sorglose Leben der Gesellschaft in den Großstädten, das von Padre Luis Coloma in seinem Roman „ Pequeñeces " und von Pérez Galdós selbst in „El Caballero Encantado " beschrieben wird.

III. – IM 20. JAHRHUNDERT.

Der Roman nimmt weiterhin die Spitzenposition in der spanischen Literatur ein. In den frühen Jahren des 20. Jahrhunderts starben zwei großartige Schriftsteller, Valera (1824-1905) und Pereda (1833-1906), und Leopoldo Alas starb 1901. Von den älteren Schriftstellern waren Pérez Galdós , die Condesa Pardo Bazán , [104] Palacio Valdés und Jacinto Octavio Picón [105] bleiben noch bestehen, und eine brillante Gruppe jüngerer Schriftsteller ist bereit, die Fackel ungetrübt weiterzugeben. Pérez Galdós ' „El Caballero Encantado " ist auf Juli-Dezember 1909 datiert. Als er unmittelbar nach den Unruhen in Barcelona schrieb, war es für ihn selbstverständlich, dass er an den Zustand und die Zukunft Spaniens dachte und eine allegorische Figur, die Spanien oder den Geist des Landes repräsentierte Rasse spielt in dem Buch eine herausragende Rolle. Der Roman hat in der Tat etwas zu viel Wunderbares und Symbolisches, und als der Held durch eine letzte Verwandlung zu einem Fisch im Fluss Tejo wird, werden wir unangenehm an die falsche und fantastische Fortsetzung von *Lazarillo de erinnert Tormes* , in dem sich Lázaro in einen Thunfisch verwandelt. Der von Señor Pérez Galdós angeführte Grund ist jedoch ausgezeichnet: „Zu dieser traurigen Behausung (den stillen Tiefen des Tejo) kommen diejenigen, die durch ihre Geschwätzigkeit den Willen und die Gedanken des spanischen Lebens in einem Ozean von Worten ertränkt haben." Fast alle hier Anwesenden sind Redner. Sie redeten viel und taten nichts. Einige von ihnen sind Meister hochtönender Phrasen, Zauberer, die durch die Magie ihrer Kunst und die Eitelkeit ihrer Rhetorik den Turm der Beredsamkeit in einen Turm von Babel verwandelt haben." Das Thema des Buches ist, dass Don Carlos de Tarsis , der junge Marqués de Mudarra , Stellvertreter eines Bezirks der geografischen Existenz, von dem er nur eine vage Vorstellung hat, in Madrid lebt und das ihm entzogene Geld mit beiden Händen ausgibt Besitztümer, wird auf magische Weise in einen Landarbeiter auf seinem Land verwandelt, oder besser gesagt, auf dem Land, das ihm gehörte, und gehört nun teils seinem Agenten, teils seinem Wucherer. Denn um die Ausgaben seines müßigen und ausschweifenden Lebens zu bestreiten, muss er um jeden Preis Geld haben; aber wenn die Pachtzinsen seiner Pächter steigen , wandern sie aus, und sein Agent, der die Rückständigkeit der Landwirtschaft in Spanien auf die Tatsache zurückführt, dass „die Großgrundbesitzer weit weg von ihren Gütern leben, als ob sie sich ihrer schämen würden", liefert ihm die Hilfe mit immer geringeren Beträgen, bis er in Armut und Wucherer verfällt. Tarsis erkennt, dass er ein höchst unwürdiger Anhänger des Müßiggangs ist und dass sein einziges Verdienst „die brutale Aufrichtigkeit seines Pessimismus" ist, aber er „würde lieber sterben als arbeiten". Bisher ist die Figur dem Leben entnommen, und erst in der Unbestimmtheit der nachfolgenden Verzauberungen wird die Wirkung des Romans verschleiert und ungewiss. Von einem Landarbeiter wird er nach und nach zum Hirten, Steinbrucharbeiter, Landstreicher und Verbrecher – alles mit viel unnötiger Magie –, bis er durch die letzte Prüfung des Schweigens im goldenen Tejo zu seinem ursprünglichen Wesen als Marqués de Mudarra, einem Gezüchtigten, wiederhergestellt wird und ein weiserer Marquis. Im Vergleich zur Immunität der Reichen wird der elende Zustand der Armen hervorgehoben. Aushungernde Männer werden ins Gefängnis verschleppt, weil sie auf dem Anwesen eines reichen Mannes Zwiebeln gepflückt haben, und bei einem Fluchtversuch von der Guardia Civil erschossen. Im offiziellen Bericht heißt es: „Die Gefangenen versuchten zu fliehen und wurden von einem Unfall heimgesucht es kam zu einem natürlichen Tod." Die Darstellung der reichen *Kaziken* , Besitzer riesiger Ländereien oder *Latifundien* , die nur ein Zehntel der eigentlichen Grundsteuer an das Finanzministerium zahlen, die Wahlergebnisse fälschen, Kriminelle schützen und Körperverletzung begehen, hat vielleicht einen größeren Hauch von Realität ehrliche Leute, während die Richter ihre Geschöpfe sind. Dieser *Caciquismo* ist Teil der beklagenswerten Verwaltung Spaniens. Señor Pérez Galdós , der als gebürtiger Kanarier den doppelten Vorteil hat, Spanien gewissermaßen von innen und von außen zu betrachten, kommt mit auf die Frage nach Worten und Taten, dem Reichtum der Worte und der Kargheit der Taten zurück Eine Beharrlichkeit, die für einen spanischen Leser äußerst nervig sein muss. Dennoch verzweifelt er nicht an der Zukunft Spaniens. Er sieht Hoffnung in der bewährten Vitalität der Rasse, in ihrer schnellen Genesung nach Unglück, ihrem Heldenmut selbst unter selbstverschuldeten Leiden: „Die unbeschreiblichen Torheiten meiner Söhne haben mich (*dh* Spanien) in Verzweiflung und in die Dunkelheit der Verzweiflung gestürzt Mein Tod schien sicher und unvermeidlich. Und dann, in einer schrecklichen Krise, die meinen Untergang zu besiegeln schien, wurde ich wiederbelebt, als sie mich vom Sterbebett ins Grab trugen."

Das beste Werk von Pereda war das vom Berg, Valera und Fernán Caballero schreiben über Andalusien, den Palacio Valdés von Astúrias , und ebenso haben die Galleganer , Valle- Inclán und Señora Pardo Bazán ihre beste Inspiration in Galizien und Vicente Blasco Ibáñez in seiner Heimat gefunden Valencia. Valencia ist ein fruchtbares Land voller glühender Hitze und strahlendem Licht – das Licht, das sich so wunderbar im Werk des valencianischen Malers Joaquín Sorolla widerspiegelt . Blasco Ibánez hat einige beeindruckende Romane geschrieben, die nichts mit Valencia zu tun haben, aber sein bestes und entzückendstes Werk beschäftigt sich mit dem Leben in der riesigen valencianischen Ebene (in „La Barraca", einer intensiven Geschichte über einen Boykott der Huerta); der Stadt Valencia (in „Arroz y Tartana "); von den Reisanbau- und Fiebersümpfen der Albufera , berühmt für ihre Fischerei und Jagd, in der Nähe von Valencia („ Cañas y Barro"); der Fischer und Schmuggler von El Grao und der valencianischen Küste („ Flor de Mayo"); der Liebe zwischen den Orangen im Obstgarten Spaniens („Entre Naranjos "). Blasco Ibáñez zeichnet sich dadurch aus, dass er das Leben, die Gedanken und die Kämpfe des einfachen Fischers und Bauern schildert – fleißig wie Batiste oder herrlich müßig wie Pimentó ; und bei der Beschreibung volkstümlicher Bräuche und Traditionen – eine einfache Prozession zur Flutzeit (wie in „Entre Naranjos ") oder die Tänze und *Festeigs* , Balzereien der *Atlóts* und *Atlotas* von Ibiza (in „Los Muertos mandan "). Der Held von „Los Muertos mandan " (1909), Don Jaime oder Chaume , ist kein Bauer, sondern Mitglied einer alten Familie mallorquinischer Adliger, eingeengt in Traditionen und ererbte Instinkte. Der Hintergrund der Beschreibungen von Mallorca und dem gesetzlosen Bauernleben auf Ibiza mit seinen Wäldern, Obstgärten und weißen Bauernhöfen, die von einem grünen, durchsichtigen Meer umgeben sind, trägt jedoch stärker zum Charme des Buches bei als der Kampf von Don Jaime gegen den anhaftenden Einfluss der unzähligen Toten, die immer noch siegen. Aber in der Tat ist Blasco Ibáñez' Darstellung jedes anstrengenden Lebenskampfes eindringlich und imposant. Es spiegelt seine eigene Persönlichkeit wider. Sein Glaubensbekenntnis ist von rastlosem Streben und Unzufriedenheit mit der in Spanien allzu häufigen Apathie geprägt. Seine Tätigkeit ist immens: Obwohl er kaum über vierzig Jahre alt ist, sind seine Romane bereits zahlreich, aus seiner Feder erscheinen ständig Kurzgeschichten und Artikel, er hält Vorträge, reist, übersetzt, veröffentlicht, leitet eine valencianische Zeitung, El Pueblo , und vertrat Valencia bis zum Herbst 1908 als Republikaner im Parlament; Jetzt sind seine Energien damit beschäftigt, zwei Städte zu gründen – New Valencia und Cervantes – für Kolonien der Valencianer in Argentinien.

Blasco Ibáñez schrieb einst einen langen Roman über die Französische Revolution: „Viva la República!" und in seinen Ideen und in seiner Kunst war der Einfluss Frankreichs zweifellos sehr stark. Seine Ideen greifen manchmal in seine Kunst ein, wie in „La Catedral ", wo er in der Person von Gabriel Luna langwierig und gnadenlos deklamiert. Seine Romane zeigen im

Allgemeinen eine bewundernswerte Einheit. In jedem seiner Helden sehen wir Blasco Ibáñez: Aber Blasco Ibáñez identifizierte sich völlig mit dem Bauern Batiste (in „La Barraca "), oder dem Maler Renovales (in „La Maja Desnuda ") oder der sozialistischen Luna (in „La Catedral ") .) oder der Stierkämpfer Gallardo (in „Sangre y Arena"). Seine Art fängt die Atmosphäre und Farbe der Umgebung ein, die er beschreibt. Er wird vulgär in den Beschreibungen des kommerziellen, überfüllten Valencia, ermüdend in Einzelheiten über die Feste seiner *Bourgeoisie* und die verschiedenen Speisen auf seinem Marktplatz (in „Arroz y Tartana "); Er kann großartig einfach sein, mit der Seele eines Bauern oder eines Fischers (in „La Barraca " und „ Flor de Mayo"), und der fruchtbare Huerta lässt seiner üppigen Kunst, seinem Überfluss an Poesie und Fantasie freien Lauf. Diese Konzentrationsfähigkeit, die Blasco Ibáñez in so hohem Maße besitzt, ist in der spanischen Literatur selten. Die Helden der Romane von Blasco Ibáñez sind Männer, die hart arbeiten und hartnäckig sind, bevor sie eine Niederlage erleiden. Sie werden fast immer besiegt und sterben, Gallardo in der Arena, Luna in der Kathedrale von Toledo ermordet, die Pascuals , Fischer aus drei Generationen, ertranken in Stürmen vor der valencianischen Küste. Aber der dominierende Ton seiner Romane ist immer noch „E pur si muove ", und im Geiste sind seine Helden so unbesiegbar wie Don Quijote. Er hat die Fähigkeit Zolas, Menschenmengen zu beschreiben; in „La Horda " erscheint die Vielzahl von Krämern und Straßenverkäufern, die das Madrider *Rastro heimsuchen* ; und in ähnlicher Weise wird der Hintergrund von „Luna Benamor " (1909) durch eine anschauliche Beschreibung von Gibraltar mit seiner bunt zusammengewürfelten Menge aus Spaniern, Juden, Mauren und Engländern gebildet . Seine Prosa passt zu diesen Beschreibungen; es ist lebendig, bunt , turbulent, manchmal eilig und nachlässig – ein spanischer Kritiker spricht von seinen *Barbarismos Gramaticales* . Von einem so umfangreichen und leidenschaftlichen Schriftsteller sollten wir nichts Geschliffenes oder Erlesenes erwarten, sein Werk ist im Rohzustand; In gewisser Weise ist sein falscher Eifer spanisch, aber seine anhaltende Energie ist in Spanien eine erfrischende Note und kann durchaus einen gelegentlichen Geschmacksfehler oder einen ungrammatischen Satz hier und da überdecken. Seine Werke sind fast immer beeindruckend und originell, wie eilig ihre Komposition auch sein mag.

Es wurde angemerkt, dass die jüngeren spanischen Schriftsteller eher Denker als Künstler seien, und Pío Baroja , Martínez Ruiz (*Azorín*) und Valle- Inclán haben eine fast fremde Note in die spanische Literatur eingeführt. Es ist bezeichnend, dass mindestens zwei dieser Schriftsteller, *Azorín* und Pío Baroja sind begeisterte Bewunderer der im Wesentlichen intellektuellen Kunst El Grecos: Theotocopuli hat sie mit seinen asketisch dünnen Figuren und seinen kalten, abgeschwächten Farbtönen in seinen Bann gezogen. Pío Baroja ist fast russisch in seinen erbarmungslos genauen

Beschreibungen, in seiner Rebellion gegen die Tatsachen des Lebens und seinem Eintreten für die Verfolgten – Ausgestoßene, Kriminelle und Vagabunden. In „La Ciudad de la Niebla " (1909), „Die Stadt des Nebels", bringt er seine klare, fast fotografische Vision auf London und vor allem auf die heruntergekommenen Viertel Bloomsbury, Covent Garden und das schäbige Straßenlabyrinth zum Ausdruck an der Shaftesbury Avenue, den Docks und dem Embankment. In ähnlicher Weise schreibt er in „César ó Nada" (1910) weiterhin im Geiste der Verspottung des rücksichtslosen Individualismus. Die Erzählung ist nur ein dünner Faden, der seine Beobachtungen von Menschen und Orten aneinanderreiht. [106] Auch hier geht es *Azorín* nicht um die Form seiner Romane. Er ist ein Denker, ein psychologischer Analytiker, der die Konstruktion bewusst außer Acht lässt. Yuste äußert in „La Voluntad " die Meinung des Autors; „Insbesondere", sagt er, „darf der Roman keine Handlung haben; Das Leben selbst hat keine Handlung: Es ist vielfältig, vielseitig, schwebend, widersprüchlich – alles außer symmetrisch, geometrisch, starr, wie es in Romanen erscheint." Der Roman muss Fragmente, separate Empfindungen vermitteln. In „Las Confesiones de un pequeño filósofo " *Azorín* vermittelt uns seine ursprünglichen Eindrücke, seine fragmentarischen Empfindungen von „Figures etchos qui passaient " in einem Stil voller Poesie und Charme. Sein „La Voluntad " ist ein Buch, das in seinem ruhelosen Denken und seiner individualistischen Philosophie sehr modern ist. Es hat jene Originalität, von der Yuste , der Philosoph des Buches, sagt, dass sie in „etwas Undefinierbarem, einer geheimen Faszination des Denkens, einer geheimnisvollen Suggestivität der Ideen" bestehe. Der seltene Charme von *Azoríns* Stil und seine Fähigkeit in Beschreibungen, *Emoción del Paisaje und Imaginatio locorum* , kleiden seine „hartnäckigen Hinterfragen der Sinne und äußeren Dinge" mit Gelassenheit und seinen rein intellektuellen Geist und seine beunruhigende Ironie mit Frieden. Auch bei Ramón del Valle- Inclán sind Bau und Handlung zweitrangig. Die Handlung ist in seinen Romanen nur leicht skizziert, doch Vorfälle und Personen werden durch den zarten und originellen Charakter seines Stils deutlich hervorgehoben. Es ist ein Stil, der aus allem Seltenen und Erlesenen besteht, mit einer Nüchternheit, die in einem einzigen Satz ein fertiges Bild formt. In „El Resplandor de la Hoguera " beispielsweise wird ein grüner Weg, der von einem kleinen baskischen Dorf zu seinem Friedhof führt, einfach als „ todo" beschrieben de paz de oratión ", und solche einsamen Wortbilder gibt es in seinen Schriften zuhauf. Sein neuestes Werk, eine Trilogie, ist „La Guerra Carlista ", und die Handlung des ersten Teils, „Los Cruzados de la Causa" (1908), spielt in einem Dorf in Galizien. Der hochmütige, großherzige Gallega -*Hidalgo* Don Juan Manuel, vielleicht die beste von Valle- Incláns lebendigen Charakterskizzen, erscheint in diesem wie in vielen anderen seiner Romane. Der zweite Teil, „El Resplandor de la Hoguera " (1909), folgt den unterbrochenen Bewegungen der Guerillakämpfe im verzweigten Baskenland; und der dritte Teil (jeder Teil bildet jedoch einen eigenen Roman), „ Gerifaltes de Antaño " (1909), beschreibt die verstohlenen, aber gewagten Taktiken dieses finsteren carlistischen *Cabecilla* , Manuel Santa Cruz, Priester von Hernialde , der seine Männer nachts anführt , „schnell und still wie ein Wolf", durch labyrinthische Bergpfade, vorbei an Maisfeldern und Kastanienbäumen und Weinbergen und duftenden Wiesen unter den Sternen, oder die Hinrichtung nach der anderen von Männern und Frauen „mit mystischer Kälte und innerem Frieden" anordnend ." Seine Grausamkeit ähnelte der eines Bauern, der ein Feuer anzündet, um die Plagen seines Weinbergs zu vernichten. Er sah zu, wie der Rauch als Abendopfer aufstieg –

„Lo que á unos encendía en amor, à los Andere los encendía de odio , yel Cabecilla pasaba entre el incendio y el Saqueo , Anhelando el Amanecer de Paz para aquellas aldeas húmedas y greens , que regulaban su vida por la voz de las campanas, al ir al campo, al yantar , al cubrir el Fuego de ceniza y llevar á los pesesbres el recado de yerba. Era su grausamer Vater como la del viñador que enciende Hogueras gegen die Plagas de su viña . Miraba subir el Humor wie In einem Opfer , mit der Serena Esperanza, die den Tod herbeiführte An einem Tag des Señor , bajo el Gold aus dem Sol und die Stimme aus den Campanas de Cobre antiguo , bien tañidas ."

Es ist schwierig, die Faszination dieser Romane zu analysieren . Ihre Vorfälle scheinen trivial genug zu sein und die Charaktere sprechen in dünnen, gebrochenen Sätzen; aber der Effekt ist ein wunderbar lebendiges Bild der flimmernden Szenen des letzten Carlist-Krieges und der Hügeltaktiken der *Cabecillas* . Die dünnen Linien sind nicht auf einen Mangel an Inspiration zurückzuführen, sondern auf die Zurückhaltung eines vollendeten Künstlers. Der jüngste bemerkenswerte spanische Schriftsteller ist Ricardo León, ein junger Schriftsteller aus Málaga, dessen erster Roman „ Casta de Hidalgos" im Herbst 1908 veröffentlicht wurde , gefolgt von „ Comedia Sentimental" im Jahr 1909 und „ Alcalá de los ". Zegríes ", „La Escuela de los Sofistas " (ein Band mit Dialogen) und „El Amor de los Amores " im Jahr 1910. Diese Bücher sind das Werk eines Schriftstellers, der das Beste der spanischen Literatur seit ihren Anfängen gelesen und verarbeitet hat: Chroniken, Legenden, *Serranillas* und leidenschaftliche religiöse Abhandlungen. Sein Stil ist in der Tat den spanischen Mystikern nicht unwürdig. Es ist reichhaltig und nüchtern zugleich, es ist von archaischem Humanismus durchdrungen, hat aber auch einen Hauch von moderner Traurigkeit und Desillusionierung; es ist, wie der Autor es selbst nennen würde, „un castellano de clásico" . Sabor . Es hat nichts Angespanntes oder Künstliches an sich, sondern ist vielmehr der fließende Ausdruck einer mystischen Intensität. Er gibt bewundernswerte Bilder der Gedanken und des Lebens altmodischer stolzer *Hidalgos* , „nach dem Vorbild der alten *Hidalgos* von Kastilien", wie Don Juan Manuel, der im ruinösen Santillana mit seiner jahrhundertealten Traurigkeit, *tristeza millenaria* , lebt, in „ Casta de Hidalgos;" oder von ernsthaften, zurückhaltenden Philosophen wie Don Juan Antonio in „ Comedia Sentimental". „ Alcalá de los Zegríes " enthält viele Passagen edler spanischer Prosa und andere von psychologischem Interesse; Aber es geht größtenteils um Politik und Parteikonflikte. Die Spanier interessieren sich in der Regel mehr für Politik als für Literatur. Valeras berühmte „Pepita Jiménez" brachte ihm nicht mehr als achttausend *Reales* oder weniger als 80 Pfund ein, und Señor Unamuno, der Rektor der Universität Salamanca, ein bekannter spanischer Denker und Schriftsteller, hat erklärt, dass die literarische Meinung in Spanien von etwa fünfhundert gebildet wird Personen, „ quinientas personas mal contadas ". Die Romanautoren mögen protestieren, aber der Roman gewinnt. Es besteht keine Versuchung, zu schreiben, um den Geschmack eines Publikums zu befriedigen, das es nicht gibt. Wenn in der methodischen Produktion der Romane von Pérez Galdós oder Blasco Ibáñez etwas Kommerzielles steckt , dann hat der Kommerzialismus in der spanischen Literatur bisher sicherlich nur eine geringe Rolle gespielt. Das begrenzte, unliterarische Spanien hatte diesen Vorteil. Die weltweite Debatte hat es nicht vulgarisiert; Eine Halbkultur hat den Roman nicht zu extravaganten Eigenwerbungsmethoden heruntergezogen. Der Roman in Spanien ist dann am besten, wenn er ausländische Einflüsse ablehnt oder nicht mit ihnen in Berührung gekommen ist. Es kann realistisch sein, ohne an diese oder jene Schule zu denken. Es fasziniert durch seinen ursprünglichen Geschmack und Duft der Erde.

XX

Romane aus Galizien

Die Einwohner Galiziens wurden für die Böotier Spaniens gehalten, doch die Tatsache, dass in der politischen Welt viele bedeutende Persönlichkeiten Galleganer sind , scheint zu zeigen, dass Galizien verunglimpft wurde. Zu Galizien gehören auch zwei begabte moderne Schriftsteller, die Condesa Emilia Pardo Bazán und Don Ramón del Valle- Inclán . Señora Pardo Bazán gehört zur älteren Gruppe spanischer Romanautoren; 1851 geboren, [107] veröffentlichte sie 1886 und 1887 ihre beiden bekannten Romane über Galizien, „Los Pazos de Ulloa" und „La Madre Naturaleza ", sowie „De mi tierra", ein Buch mit Szenen und Essays von Galizien im Jahr 1888. Als regionale Romanautorin hat Señora Pardo Bazán ihre höchsten Lorbeeren gewonnen. „ Galicienne „ella adore les choices de la Galice ", sagt M. Vézinet , [108] und fügt hinzu, dass sie die gleichen Themen entwickelt wie französische Naturforscher, aber die Zügellosigkeit vermeidet, die sie so lieben. Die Vielzahl ihrer Aufgaben und Interessen hat ihre Kunst als Romanautorin zwangsläufig beeinträchtigt. „Sie hat ihre Energie leider in alle Richtungen verstreut", sagt Herr Fitzmaurice-Kelly. „Niemand kann in allem erfolgreich sein – als Dichter, Romantiker, Essayist, Kritiker, Dozent und Politiker. Doch das Condesa Pardo Bazán ist all das und noch mehr. Wir würden gerne alle ihre verschiedenen Schriften gegen einen anderen Roman wie „Los Pazos de Ulloa" eintauschen. " [109]

„Los Pazos de Ulloa" ist ein Roman voller galizischer Atmosphäre. Los Pazos ist ein großes Landhaus in einem abgelegenen Tal voller Mais, Weinreben und Kastanien, das zu Pferd durch ein trostloses Wolfsgebiet, *País de Lobos , erreicht werden kann* . Die Möbel sind klapprig, die Fensterrahmen haben kein Glas, obwohl es nicht so verfallen ist wie Los Pazos de Limioso ein paar Meilen entfernt, wo es nicht einmal Fensterrahmen gibt. Der Dorfpriester von Ulloa hat nur zwei Andachten, die des *Jarro* und des *Escopeta* , des Weinkrugs und der Waffe; Das Trinken von Wasser und die Verwendung von Seife hält er gleichermaßen für verweichlicht. Auch der Marqués de Ulloa, offenherzig, edel im Herzen, aber zynisch, oft brutal, verbringt einen Großteil seiner Zeit auf Dorffesten und beim Rebhühnerschießen im Mais oder zwischen Kiefern und duftenden Bergpflanzen. Er ist völlig in der Gewalt seines Dieners Primitivo , der seine Ländereien verwaltet. Auch Primitivo hält die Bauern, wie er sagt, in der Hand. Sie sind geduldige Arbeiter, die jedoch nach Meinung des Marqués de Ulloa eine starke Hand brauchen, um sie zu kontrollieren — jemanden wie Primitivo *que les dé ciento de ventaja de picardía* , das heißt, wer wird zwei Tricks zu ihrem einen kennen. Als sich der Marqués im wild vernachlässigten

Garten zum Thema Primitivo vor dem neuen Kaplan Don Julián entlädt , wird ihm durch ein Rascheln im Unterholz bewusst, dass Primitivo den Ausbruch belauscht hat. Als er als ersten Schritt in die Freiheit beschließt, Los Pazos zu verlassen , um seinen Onkel in Santiago de Compostella zu besuchen , erhebt Primitivo keinen offenen Widerstand, aber die Stute ist unbeschlagen, der Esel wurde auf mysteriöse Weise verwundet. Die Marqués und Julián beschließen, zu Fuß nach Cebre zu gehen , wo sie den Fleiß übernehmen werden. Der Weg wird immer wilder, der Wald dichter, ein Kreuz zeigt an, wo ein Mann getötet wurde, es ist kein Geräusch zu hören außer dem der Holzfäller zwischen den Kastanien. Der Marqués ist äußerst wachsam und sieht das Glitzern eines Gewehrlaufs im Unterholz, der auf den Kaplan zeigt, der als Anstifter dieser Rebellion gilt. Es ist Primitivo „im Schießen". Das Buch zeichnet ein düsteres Bild eines reichen Landes, das durch Missmanagement, hinterhältige Geschäfte und Ignoranz ruiniert wurde. Der Agent des Marqués de Ulloa hat die Bauern so vollständig in seiner Macht, dass er den Ausgang einer Wahl beeinflussen kann. Er begann damit, seinen Herrn bei der Verwaltung seines Besitzes systematisch zu berauben, und das so gewonnene Geld leiht er den Bauern, die gezwungen sind, Kredite aufzunehmen, damit sie ihr Land weiter bearbeiten können. Primitivo verlangt einen Zins von acht Prozent. (pro Monat), und in Jahren der Hungersnot erhöht er die Zinsen. Das Land und seine Bewohner werden mit Meisterhand beschrieben. Don Ramón del Valle- Inclán gehört zur neuen Schule spanischer Romanautoren und gehört eigentlich zum 20. Jahrhundert. Er ist vor allem ein Stylist. In seinen *Sutiles In den Prosas* herrscht eine exquisite Zurückhaltung, mit hier und da einem Anflug von Archaismus und einer eindringlichen Musik mit sanften, trägen Kadenzen. Er liebt das Seltene, das Zarte, das Kostbare, und seine Kunst besteht darin, in nüchternen Worten über Luxus zu schreiben, instinktiv von Traurigkeit und der Magie des Bedauerns. Es handelt sich um einen Stil aus Seide und geschliffenem Kristall, etwa aus Silber oder poliertem Elfenbein, der von dünnen, asketischen Fingern berührt wird. In seinen vier „Sonaten" (Frühling, Sommer, Herbst und Winter) finden wir die Memoiren des Marqués de Bradomín , die Erinnerungen an seine früheren Lieben. Der Schauplatz von „Sonata de Primavera" ist ein italienischer Palazzo mit blühendem Flieder entlang seiner Terrassen und Rosen, die den Garten zwischen Zypressen füllen, während der Schauplatz von „Sonata de Estío " Mexiko mit all dem üppigen Wachstum seiner Sommervegetation ist. In der „Sonata de Invierno " ist die Szene der Carlist Court in Estella und die Kulisse ist düsterer . Der Marquis verliert im Dienst von König Karl VII. einen Arm und blickt aus dem Fenster seines Krankenzimmers in Villareal de Navarra auf eine Straße, die von blattlosen Pappeln und schneebedeckten Bergen gesäumt ist. Aber diese Romane sind nicht mit der „Sonata de Otoño " zu vergleichen, deren

Schauplatz in Señor Valle- Incláns Heimat Galizien spielt. Zwei Zeilen von Verlaine beschreiben den Roman in gewisser Weise :

„Dans le vieux parc solitaire et glacé
Deux specters ont évoqué le passé."

Es ist ein Buch, das in etwas mehr als einer Stunde gelesen werden kann, aber dennoch viele fesselnde Seiten enthält. Ein paar kurze Sätze, mit versteckter Kunst willkürlich hier und da hingeworfene Wörter, vermitteln ein wunderbar klares Bild des grünen, regnerischen Galiziens mit seinen Hügeln und Bächen. Wir sehen die Hügel und noch mehr Hügel, die in Nebel gehüllt sind, die Herden weißer und schwarzer Schafe, die Mühlen, den weißen Rauch, der zwischen den Feigenbäumen aus den Häusern aufsteigt, die fernen blauen Berge, auf deren Spitzen der erste Schnee liegt, und einen Schwarm Tauben davor grüne Felder über dem Turm eines *Pazo* , ein steiniger Reitweg mit Brombeerhecken und großen Wassertümpeln, an denen Ochsen trinken, die Bauern, die am Palacio ankommen, um ihren Tribut an Mais zu zahlen, die Hirten, die von den Hügeln herabsteigen und ihre Tücher tragen Umhänge aus Schilf. Frauen kehren singend aus dem Brunnen zurück, ein alter Mann treibt seine Kühe voran, während sie zum Grasen anhalten, eine schwachsinnige Frau sammelt duftende Kräuter und einfache Kräuter, die eine milde Wirkung haben, um „der Seele Gesundheit zu geben und die Krankheiten der Herde zu heilen". Und da ist der Palacio de Bradomín mit seinen breiten Granitstufen; Ein Weg führt dorthin durch die grüne, durchnässte Landschaft, und die Herbstsonne beleuchtet seine Fenster zwischen hohen Kastanienbäumen. Ein Brunnen plätschert und Vögel singen im alten Garten aus Myrten, Zedern und Zypressen, der noch im Spätherbst voller Rosen ist, obwohl „die Wege mit trockenen und gelben Blättern bedeckt waren, die der Wind mit langsamem Rascheln fegte; die Schnecken, regungslos *wie viejos Paralíticos* nahmen als alte Gelähmte die Sonne auf steinernen Sitzen. Die Gänge des Palacio sind lang und düster, und Kälte dringt durch die großen, stillen Räume, so dass in allen von ihnen Holzscheite hell brennen, die mit Zangen aus „alter Bronze, kunstvoll bearbeitet" gerührt werden. Die kahlen Äste der Bäume streifen die Fenster der Bibliothek, wo zwischen den Pergamenteinbänden ein klösterlicher Frieden herrscht, *un sueño Kanoniker und Doktorand* .

Señor Valle- Inclán liegt im minutiösen Meißeln von Details . Die Schnecken im Garten, die Form der Gläser, die Silberketten einer Hängelampe – nichts wird als unbedeutend abgetan. Aber die Details werden in wenigen Worten und mit der klaren Präzision eines erfahrenen Handwerkers dargelegt. Und er hat die Macht, seine Charaktere stark hervorzuheben. So haben wir in „Sonata de Otoño " diesen *großen großen Herrn* Don Juan Manuel, der bei seinem ersten Auftritt „in die Villa del Prior eilt, um einen Angestellten zu verprügeln". Es ist seine Gewohnheit, von seinem zwei Meilen entfernten Landhaus, seinem *Pazo* , herüberzureiten, sein Pferd an das Gartentor des Palacio zu binden, einzutreten und einen Diener um Wein zu bitten – für den ausgezeichneten *Vino de la Fontela* , der das wäre Das Beste auf der Welt, sagt er, wenn es aus erlesenen Trauben gekeltert wird – trinke und schlafe ein und rufe dann beim Aufwachen laut nach seinem Pferd, egal ob es Tag oder Nacht ist, und reite zurück zu seinem *Pazo* . Es gibt einen Blick auf die Mutter von Concha, die den Kindern Geschichten über die Heiligen erzählte und mit „mystischen, edlen Fingern" langsam die Seiten umblätterte, um ihnen die Bilder des christlichen Jahres zu zeigen; der Mutter von Xavier, die ihre Tage in der Nische eines breiten Balkons verbrachte und für ihre Diener spinnte, auf einem Stuhl aus purpurrotem Samt, der mit silbernen Nägeln besetzt war. Es gibt eine dünne, weiße Concha, so heilig und so zerbrechlich; da ist Xavier, Marqués de Bradomín , selbst, der galante, zynische Skeptiker; da ist der Page Florisel , die alte Dienerin Candelaria, mit ihren seltenen und begehrten Namen.

In „ Flor de Santidad ", vielleicht dem besten Buch von Señor Valle-Inclán , finden wir die gleichen zarten Beschreibungen Galiziens – das finstere Gasthaus, einsam in einer düsteren braunen Sierra; Die Hirtin hütet ihre Herde und sieht mystische Visionen zwischen den keltischen Steinen, die mit alten Flechten und *Líquenes vergilbt sind Milenarios* ; der einfache Gruß der Bauern: *Alabado sea Dios* , „Ehre sei Gott"; Pilger und Hexen; Zaubersprüche und magische Beschwörungsformeln, um die Herden vor dem Bösen zu bewahren; List und Einfachheit, Aberglaube und Verbrechen. Derselbe Charme mystischer Einfachheit und Unschuld, der Adega , die Hirtin aus „ Flor de Santidad ", umgibt, umgibt alle Heldinnen der Romane von Señor Valle- Inclán ; Maximina zum Beispiel mit den traurigen, samtenen Augen, *Ojos aterciopelados y tristes* , in „Sonata de Invierno ". In „ Flor de Santidad " erscheint das Bild, das in „ Jardín" wiederholt wird Novelesco ", von der alten Bäuerin, die mit ihrem kleinen Enkel auf die Suche nach einem Herrn geht. Sie treffen den Erzpriester von Lestrove , der gemächlich reitet – *de andadura mansa y doctoral* – auf einem Dorffest predigen. „Möge Gott uns einen heiligen und guten Tag schenken." Der Erzpriester zieht seine Stute herein. „Gehst du zur Messe?" er fragt. „Die Armen haben auf der Messe nichts zu tun. Wir werden einen Meister für den Jungen suchen." „Und kennt er seinen Katechismus?" „Ja, Señor , er weiß es. Armut hindert uns nicht daran, Christ zu sein." Die Großmutter überlässt das neunjährige Kind einem blinden Bettler. „Der Diener eines Blinden zu sein ist eine Position, die viele gerne hätten", sagt der Bettler, und der neue *Lazarillo* antwortet traurig: „ Sí , Señor , sí ." Während sie zusieht, wie sie langsam die Straße durch das nasse grüne Land entlanggehen, murmelt sie und trocknet ihre Tränen: „Neun Jahre alt und verdient bereits das Brot, das er isst. Ehre sei Gott."

fein gemeißelten Prosa von Señor Valle -Inclán hervorgehoben . In dieser Prosa steckt etwas Eisig Frisches, etwas von Flieder und Hortensien, vage Erinnerungen an das silberne Stimmengeklingel auf einem Markt mit Glasdach oder an das Rascheln einer Sense im nassen Gras. Die Worte werden geschickt abgewogen und ausgewählt und als *Gouttes d'argent gesetzt d'orfévrerie* . Und die transparente Frische seines Stils eignet sich hervorragend, um die primitive Einfachheit und Frische Galiziens zu beschreiben.

XXI

Romane des Berges

I. – „ GESCHMACK DES BODENS "

fünfzig Jahren, bevor Zola und die naturalistische Schule in aller Munde waren, begann ein spanischer Schriftsteller, José María de Pereda, zu schreiben, den man nur wegen der mit diesem Namen in Frankreich verbundenen Assoziationen nicht als Naturforscher bezeichnen kann . Humor und Offenheit prägen die spanische Literatur; Es gibt weniger künstliche Verfeinerung und mehr Kraft und allgemein menschliches Mitgefühl als in der Literatur Frankreichs. Die Sprache selbst ist eher offenherzig und offen als subtil und anzüglich. Und der edle, unabhängige Charakter der Spanier aller Klassen trägt wesentlich zur bewundernswerten Vernunft des spanischen Realismus bei. „Unsere untersten sozialen Schichten", sagt die Condesa Pardo Bazán , „unterscheiden sich nicht wenig von denen, die Zola und die Goncourts beschrieben haben ." Der spanische Realist hat daher keinen Grund, gewöhnliche Menschen und vulgäre Ereignisse von einem überlegenen Standpunkt aus zu analysieren und sich sozusagen Handschuhe anzuziehen, um seine Hände sauber zu halten. Er weiß, dass die Tugend an fremden Orten sitzt und lernt, *das Erhabene zu sehen d'en bas* , und es gibt eine große Kluft zwischen dem französischen Naturalismus und dem spanischen Realismus. Pereda, [110] ein *Hidalgo* der alten Schule, geboren am 6. Februar 1833 in Santander, verbrachte den größten Teil seines Lebens in der *Montaña* , in Santander oder auf seinem Landsitz Polanco und verließ Kantabrien nur, um zu studieren für ein paar Jahre in Madrid und später für ein paar Monate als Carlist in den Cortes. Den Rest seines Lebens verbrachte er mit seiner Familie, Büchern und Freunden in seinem geliebten *Montaña* . [111] Sein Privatfreund, Señor Pérez Galdós , beschreibt ihn als dunkelhäutig, sonnenverbrannt, mittelgroß, mit Schnurrbart und Spitzbart, von grundsätzlich spanischem Charakter und von sehr nervösem Temperament, mit einer Abneigung gegen Konventionalität und Vortäuschung . Ungefähr im Jahr 1859 erschienen Brauchtums- und Charakterskizzen aus Peredas Feder in einer Santander-Zeitung, *La Abeja Montañesa* . Sie wurden 1864 gesammelt und unter dem Titel „ Escenas montañesas ." „ Escenas montañesas " vermittelt die Essenz von Peredas Kunst, und obwohl er später lange Romane schrieb und gelegentlich eine bewundernswerte Einheitlichkeit in der Behandlung erreichte, liegt die Freude immer noch eher in den Beschreibungen schnell verschwindender Bräuche und in den Charakteren seiner Bauern und Fischer als in der Handlungsfaden, der im Allgemeinen gering ist; und die Stärke seiner

Romane liegt nicht in ihren Helden und Heldinnen, sondern in den Nebenfiguren und Nebenschauplätzen. „ Escenas montañesas " zeigt uns das Leben in Santander und dem angrenzenden Bergland, wie es vor einem halben Jahrhundert war und wie es heute in Peredas Kunst dauerhaft lebt. Szenen und Menschen werden uns mit außergewöhnlicher Lebendigkeit präsentiert, und nur ab und zu lesen sich die Skizzen fast zu sehr wie Beobachtungen direkt aus dem Notizbuch. Wir haben die pikareske Skizze des *Raquero* , des Santander- *Gamins* , der von kleinen Diebstählen von Schiffen entlang der Kais lebt; der altmodische Haushalt in einem Bergdorf – aufgrund eines erblichen Privilegs wird der heilige Johannes als Mitglied der Familie angesehen, und die Prozessionskleidung des Heiligen steht auf der Waschliste; die Totenwache bei einer Dorfbestattung, mit dem häufigen Toast „zur Ehre der Toten", *á la buena gloria del defunto* ; tía Nisca geht ihre lange Heimreise zu Fuß an, nachdem sie sich auf einem Schiff nach „Indien" von ihrem Sohn verabschiedet hat, und wirft ihr den unfruchtbaren Boden vor, der ihre Söhne zur Auswanderung veranlasst, obwohl es ein Lied gibt, in dem Männer, die nach Indien gehen, singen Um reich zu werden, wären die Inder zu Hause, wenn sie nur bereit wären zu arbeiten: –

„A las Indias van los hombres
A las Indias por Ganar ,
Las Indias Hier sind
Sie , Si quisieran trabajar ;"

und besonders die edle Figur von tío Tremontorio (der erste und wichtigste in Peredas langer Reihe meisterhafter Porträts in bescheidenem Leben und der letzte dieser Rasse zäher Fischer, die mit den Basken mit englischen Walfängern in der Nordsee konkurrierten und im Mittelalter Verträge mit englischen Königen schlossen) , Netze knüpfen, sein Brot und seinen rohen *Bacalao* auf seinem Balkon in der schäbigen *Calle Alta essen* oder die Frauen und Mütter der Fischer auf der *Muelle trösten Anaos* (in „La Leva") und fröhlich sterben (in „El fin de una raza "), nach vielen Stunden des Kampfes mit den Wellen, froh, ruhig in seinem Haus zu sterben, obwohl er im Sturm beinahe umgekommen wäre, weil er nicht bereit war, ein Escapulario der Vírgen *del* Carmen *zu verlieren* . „Wir sind alle Seeleute dieses fernen Meeres", sagt er in seiner rauen Sprache, während er im Sterben liegt, „alle auf dem Weg zum selben Hafen." Wenn der Teufel es uns nicht verwehrt, werde ich morgen und du an einem anderen Tag dort vor Anker gehen." „ Suum cuique " ist die längste und nicht die am wenigsten ausgezeichnete dieser *Escenas* . Ein armer *Hidalgo* vom Berg, Don Silvestre Seturas , besucht einen mächtigen Freund in Madrid und ist schnell desillusioniert von der Hauptstadt und dem einzigen Hof. Sein Freund wiederum begleitet ihn zu seinem angestammten Landhaus und ist zunächst begeistert von dem Land und seiner idyllischen Ruhe. Doch nach einigen Monaten beginnt der *Rat de Ville* zu entdecken, dass es im Land weder Frieden noch Poesie gibt –" Barbarus híc ego sum quia non intelligor ulli " – und kehrt nach Madrid zurück. Mehrere Vorfälle tragen zu seiner Meinungsänderung bei, Vorfälle, die den Charakter der Bauern offenbaren und die Tatsache veranschaulichen, dass Pereda, obwohl er uns die Bauern der Montaña lieben lässt, niemals *blind* für ihre Fehler und Schwächen ist. Der reiche *Madrileño* hatte beschlossen, eine Uhr für den Turm der Dorfkirche zu spenden. Aber im Charakter der Dorfbewohner spielt Misstrauen eine große Rolle, und sie haben Angst vor den Reichen, selbst wenn sie ihnen Geschenke bringen. Welche verborgene Absicht steckt in dieser ungewohnten Großzügigkeit? Der Bürgermeister ruft den Rat zusammen und das Ergebnis ist ein langes Dokument, das der Spender unterzeichnen muss. Er verpflichtet sich, die Uhr auf eigene Kosten im Turm anzubringen; er soll eine Rente von zweitausend *Reales zahlen* , um alle mit der Uhr verbundenen Kosten zu decken; er soll einen weiteren Turm bauen, wenn der jetzige einstürzt „in meiner Zeit oder in der aller Generationen und Erben, die nach mir kommen mögen"; er soll für alle aus der Uhr im Dorf oder in der Nachbarschaft entstehenden Klagen aufkommen . Als er das Papier zerreißt, wird der Verdacht der Dorfbewohner, dass es sich bei seiner Schenkung um einen nachträglichen Einfall handelte, unwiderruflich bestätigt. Klagen sind die Leidenschaft des Berges. Einer lebt seit sieben Generationen in der Familie von Don Silvestre weiter, und er selbst, der aufgrund seiner Armut vor der Wahl steht, sein Leben lang Junggeselle zu bleiben oder den Prozess aufzugeben, entscheidet sich ohne zu zögern für Ersteres. Der letzte Strohhalm in der Geduld seines Freundes ist eine Klage gegen ihn, weil, als er auf der Jagd war, ein Teil einer Mauer aus losen Steinen um die Felder eines Bauern zusammenbrach, kurz nachdem er zufällig auf einen Vogel geschossen hatte.

„ Bocetos al tempel" (1876) und „ Tipos Trashumantes " (1877) zeigen die gleiche scharfe Beobachtungsgabe. Pereda, der die Versäumnisse der Bauern mit schonungslosem, aber dennoch wohlwollendem Humor behandelt , wird gnadenlos und sogar grausam, wenn er sich mit der Anmaßung des Vulgären und der Nichtigkeit reicher *Désœuvrés auseinandersetzt* . Über ihn wurde witzig gesagt, dass er „das apostolische Gebot umkehrt: Anstatt Narren gern zu leiden, lässt er Narren lieber leiden." Ohne seine Provinz zu verlassen, fand er bei den *Veraneantes* , den *Flaneuren* aus Madrid, die die heißen Monate in Santander verbrachten, etwas bereit, das ihm zur Verfügung stand.

So in „ Tipos Trashumantes " stellt er den *Sabio an den Pranger* , den gelehrten Mann, der zugibt, dass Cervantes kein ganz gewöhnlicher Mann war, aber bedauert, dass weder Cervantes noch Calderón die „Philosophie der Ästhetik " besaßen, oder der die Einwohner von Santander verachtet, weil sie nichts davon gehört haben Jeéeguel (Hegel); der *Literato* oder

Journalist, der, weil ein Redner in Cortes Dante durch ein Zitat populär gemacht hatte, murmelt: „ *come corpo . "morto cade* ", wenn er seinen Stock oder seine Zigarre fallen lässt; der Friseur, der in Santander das undefinierbare „Flair" von Madrid vermisst; – in der Tat eine Prozession von Quacksalbern und Schurken und Narren und Snobs: vielleicht ist die einzige „sympathische" Figur die des Barón de la Rescoldera , der „noch nie …" weder ein gutes Wort noch eine schlechte Tat." Es ist angenehm, sich in „ Tipos y Paisajes " (einen zweiten Teil von „ Escenas") den dörflichen Szenen zuzuwenden montañesas ", 1871). Hier finden wir den wohlhabenden „Indianer" (das ist ein *Montañés* , der in sein Land zurückgekehrt ist, nachdem er in Südamerika ein Vermögen gemacht hat); der Schulmeister in einem brauchbaren schwarzen Mantel, der Briefe für das ganze Dorf schreibt und sich in seinem Haus einschließt, um sich, wenn nicht betrunken, so doch zumindest stark zu betrinken; der Bauer Blas, dem es nach der Erbschaft von dreißigtausend Dollar schlecht geht, der aber das Gefühl hat, dass er nun, da er reich ist, *wie ein Señor leben muss, und den Wunsch* , mit dem Stachel auf der Schulter wie früher weiterzugehen, als eine Versuchung abtut, der man widerstehen muss , entlang der Landstraße an der Seite seiner Ochsen; der praktische, raue, freundliche Priester Don Perfecto; Don Robustiano , ein altmodischer *Hidalgo* , der den modernen Gebrauch von Streichhölzern in seinem Haushalt nicht zulässt und der sich aufgrund der Erfahrungen seiner eigenen Armut nicht so leicht in die Irre führen lässt, wenn er einen Nachbarn besucht *Hidalgo* , durch die Ausreden für „meine Frau und meine Tochter in der Kirche". „Ich durchschaue dich", sagt Don Robustiano zu sich selbst, „zweifellos sind sie aus Mangel an Kleidung in irgendeiner Ecke des Hauses versteckt." Besonders hervorzuheben ist jedoch die Skizze mit dem Titel *El Amor de los tizones* bewundernswert und Cervantes würdig. Es handelt sich um eine Beschreibung einer ländlichen Zusammenkunft oder *Tertulia* in der Küche eines der Armenhäuser eines Bergdorfes. Die Bauern – jeder von ihnen ein klar definierter Charakter – treten einer nach dem anderen mit der Begrüßung ein: „Dios nos acompañe " oder „ Dios Meer". Hier ", und rund um das Kaminfeuer, während das Flackern der Flammen ihre Gesichter vor dem riesigen, rauchgeschwärzten Schornstein erleuchtet, beten sie einen *Rosario* für die Toten oder erzählen Geschichten von Räubern, Hexen und Zaubersprüchen. „ Los hombres de pró " (ursprünglich veröffentlicht mit „ Bocetos al tempel") und „El Buey Suelto " (geschrieben im Jahr 1877) sind immer noch Sammlungen von Skizzen, die erste handelt von Wahlwerbung in ländlichen Teilen Spaniens, die zweite vom Elend von Junggesellen, und die Szenen in beiden sind von Peredas Lebendigkeit und Humor geprägt . Pereda als eigentlicher Romanautor beginnt mit „Don Gonzalo González de la Gonzalera " (geschrieben 1878), das die Auswirkungen der Revolution von 1868 auf ein kleines Dorf am Berg beschreibt, mit „De tal palo tal astilla " (1879), eine Antwort auf Pérez Galdós

' „Doña Perfecta", „El Sabor de la Tierruca " (1882) und „Pedro Sánchez" (1883). „El Sabor de la Tierruca " (Geschmack des Bodens) ist ein umfassendes Buch über die *Montaña* ; Seine Gelassenheit wird kaum durch die häufigen Dorfkämpfe und Rivalitäten gestört, bei denen die Waffen aus kräftigen Stöcken bestehen, die aus dem Berghang gehauen wurden. Das Buch ist erfüllt von einem frischen und beißenden Duft der Erde und Herbstdüften und vermittelt den Frieden stiller Tage, an denen sich kein Blatt regt und in den reifen und gelben Maisfeldern keine Bewegung herrscht. Es handelt sich um ein vom Autor gelebtes und gefühltes Leben, das nicht oberflächlich beobachtet wird, sodass in den Beschreibungen keine Spur von Künstlichkeit oder falschem Gefühl zu finden ist. Cumbrales und Rinconeda sind rivalisierende Dörfer. Cumbrales liegt hoch oben zwischen Obstgärten, Rinconeda weiter unten am Rande der Ebene, in dichten Eichen- und Kastanienwäldern. Rinconeda jubelt, als der wütende *ábrego* , der Südwind, in wütenden Böen von den Hügeln fegt und Cumbrales verwüstet ; Cumbrales freut sich, wenn der Regen jede Straße von Rinconeda in einen reißenden Strom verwandelt. Die Charaktere der Einwohner von Cumbrales sind mit dem ganzen Können Peredas gezeichnet; Juanguirle zum Beispiel, ein reicher, hart arbeitender Bauer, der einfache, vernünftige Bürgermeister von Cumbrales ; Baldomero , der „nicht verstehen kann, wie es für jeden vernünftigen Menschen unangenehm sein kann, nichts zu tun, an nichts zu denken, sich um nichts zu kümmern"; sein Vater, Don Valentín, „Held von Luchana " und Verehrer von Espartero, der nach einer kargen Mahlzeit zu seinem Sohn sagt, dass es nicht die Sache guter Liberaler sei, sich so zu verwöhnen, wenn die Carlisten „die schwarze Flagge" hissen der Tyrannei", worauf Baldomero lakonisch antwortet, dass es vor dem Essen überzeugender geklungen hätte. Es gibt einen epischen Kampf zwischen den beiden Dörfern, der so heftig tobt, dass der Bürgermeister Juanguirle vergeblich versucht, ihn „im Namen der *Josticia* , im Namen des Gesetzes, der *Costitución* , wenn nötig, Gottes selbst" zu stoppen , denn mangels eines Besseren bin ich jetzt hier sein Stellvertreter." Wenige Augenblicke später ist Juanguirle , traurig zu erzählen, mitten im Getümmel , verletzt von einer Beleidigung gegen Cumbrales . In „ Escenas montañesas " Pereda hatte eine *Deshoja leicht skizziert* , die Ernteaufgabe, bei der der reife Maiskolben von seiner Hülle getrennt wird. Von jedem großen Korb wird eine bestimmte Anzahl Kolben (zwei bis sechs) für die Armen, für die Seelen im Fegefeuer und für andere fromme Zwecke beiseite gelegt. In „El Sabor de la Tierruca " wird die Szene ausführlicher beschrieben. Die über fünfzig Arbeiter singen Lieder und langsame Balladen, während die Haufen leuchtend gelber Maiskolben und die Haufen frischer, weißer Blätter wachsen und wachsen, und ihr Gesang wird von Zeit zu Zeit vom Lärm der Ströme von Maiskolben begleitet, aus denen sie entleert wird die Körbe. Wir haben auch eine Beschreibung einer *Derrota* , bei der Herden und Rinder wahllos auf die

Weide geschickt werden, des *Cachurra -Spiels* , einer Art rustikalem Hockey, und der einfachen Feste mit gerösteten Kastanien und einer *Bota* Wein. Doch nicht alles ist „Scherz und jugendliche Fröhlichkeit". Die Bauern haben in ihrem klugen Misstrauen ein scharfes Auge für Hexen, und eine schwache alte Frau, die kaum Worte kennt, arm und einsam und im Bunde mit dem Teufel, spielt eine traurig große Rolle in der Geschichte von Cumbrales . So wird die Hexe in „ Tipos y Paisajes " nicht nur von den Jungen gefürchtet, die sie beim Diebstahl der Weintrauben im Garten ihrer Hütte überrascht, sondern vom ganzen Dorf. Wenn eine Kuh stirbt, ist die Hexe schuld; Wenn ein Mann seine Tage damit verbringt, in der Taverne zu trinken, wird das Elend seiner Familie nicht auf ihn, sondern auf die Hexe zurückgeführt.

II. – „ AUF DEN HÖHEN "

In „Pedro Sánchez" reiste Pereda nicht ohne Angst außerhalb seiner Heimatregion nach Madrid, damals, im Jahr 1854, „einem großen heruntergekommenen Dorf, ausgedörrt, alt und schmutzig"; [112] Aber Pedro Sanchez ist ein *Montañés* , und der erste Teil des Buches, bevor er seine Heimat *Montaña verlässt* , übertrifft den Rest stilistisch bei weitem. Die Hauptwerke von Pereda waren nach „El Sabor de la Tierruca " und „Pedro Sánchez" „ Sotileza " (1885), „La Puchera " (1889) und „ Peñas ". Arriba " (1895). „ Sotileza " ist ein Roman über das alte, inzwischen verschwundene Santander. Sowohl in den Charakteren als auch in der Sprache handelt es sich um den lokalsten Roman von Pereda, und vielleicht ist er auch der berühmteste. Es herrscht eine Atmosphäre aus Pech, Teer und Algen, und in der *Calle Alta* hängen Netze und zerfetzte Lumpen von den Balkonen, Fischweiber streiten sich schrill, und der schrille, durchdringende Schrei des Sardinenverkäufers zerreißt die Luft. Andrés, Muergo und Cleto sind alle in Silda verliebt, und Silda, die schlank und anmutig aufwächst und *Sotileza* genannt wird, weil der dünne Draht oder Darm, an dem der Angelhaken befestigt ist, so genannt wird, neigt von Natur aus nicht dazu, es ihr zu erlauben Gefühle tauchen auf. Aber Andrés, der Sohn eines wohlhabenden Kapitäns im Handelsdienst, kann nicht unter seiner Würde heiraten; Muergo , der halb brutale, halb kindische Neffe von Tío Mechelín und Tía Sidora , bei der Sotileza , eine Waise, lebt, ertränkt praktischerweise in einem Sturm; und wir verlassen Sotileza mit Cleto , dem ehrlichen Sohn von Tío , verlobt Mocejón , der mit seiner Frau la Sargüeta und seiner Tochter Carpia der Schrecken der *Calle Alta* und von *El ist pae Polinar* . El Padre Apolinar ist ein barmherziger, heimeliger Priester, der seine armen Bittsteller mit schroffen Worten empfängt, ihnen aber am Ende das Wenige gibt, das er besitzt. Eines Nachts, während er seine wichtige Predigt schreibt, wird er – nicht zum ersten Mal – von einer armen Frau unterbrochen, deren Mann krank ist. „Lass sie zum Arzt gehen", ruft er; Aber als er feststellt, dass sie hungern, ruft er zweimal: „*Ave María Purísima* ", „*und er hat drei Kinder und eine Frau, und es gibt keinen ehrlicheren Mann.*" *Er befiehlt seinem alten Diener, den Puchero mit Kartoffeln und etwas Fleisch* zu bringen – das Abendessen des Priesters. Nachdem er köstlich daran geschnuppert hat, schickt er es dem kranken Mann, und während er seine Predigt fortsetzt , sagt er sich: „Ich habe sicherlich irgendwo gelesen, dass man bei einer so schwierigen Aufgabe wie der, die ich jetzt habe, gesund bleiben soll In der Hand gibt es nichts Schöneres, als hungrig zu Bett zu gehen. Nun, es besteht kein Zweifel daran, dass ich heute Abend hungrig bin, wölfischen Hunger." Sotileza hinterlässt den Eindruck von windgetriebener Gischt und tosender See, von männlicher, mutiger Anstrengung, Kraft und Lebensfreude; Die Schwierigkeit der Sprache und die Rauheit des beschriebenen Lebens tragen gleichermaßen zur Kraft und zum überzeugenden Charakter des Werkes bei. Noch nie hat Pereda seine Fähigkeit bewundernswerter gezeigt, die einfachsten Leben, die vulgärsten Vorfälle und die Sprache der Straße – der schrillen *Calle Alta* , aus der *Pae stammt* – *zum Leben zu erwecken Polinar* floh in komischer Bestürzung – in die Region der hohen Kunst. Seine Figuren haben etwas Episches, die lautstarken Fehden der Fischfrauen ebenso wie der gelassene Heldenmut der Hochseefischer. „La Puchera " ist nur ein halber Meeresroman. Die Bewohner von Robleces gehen nur zum Meeresfischen, um den kümmerlichen Lohn zu erwirtschaften, den sie durch die Bodenbearbeitung erwirtschaften. So vermischen sich im Haus von Juan Pedro (genannt *El Lebrato*) und Pedro Juan, seinem Sohn (der wegen seiner wilden Schüchternheit den Spitznamen *El Josco trägt*), Angelgeräte und Ruder mit landwirtschaftlichen Werkzeugen. Juan Pedro ist Witwer, und Vater und Sohn sind einander vollkommen ergeben, aber ihr Haus ist unordentlich und unbequem, da es an der Fürsorge einer Frau mangelt. Pedro Juan ist in Pilara verliebt , Pilara ist in Pedro Juan verliebt, ihre Familie unterstützt die Heirat, sein Vater verlangt nichts Besseres, aber Pedro Juan kann seine Schüchternheit nicht durchbrechen und sich zum Sprechen bringen. Doch schließlich fühlt er sich ermutigt, als Pilara bei der Heuernte, in einem scharlachroten Rock, einem Mieder aus gestreiftem Blau und einem Kopftuch in vielen Farben , das Heu auf dem Karren ordnet, während er es ihr aufgabelt, und lachend vom letzten Heu springt. Karre in seine Arme. „ Pilara , von hier zur Kirche, damit der Señor- Priester uns heiratet. Wirst du damit einverstanden sein?" Und sie antwortet: „Wir wären vielleicht schon vor langer Zeit zurückgekehrt, *hijo de mi alma* , wenn du anders gewesen wärst." Obwohl der Geizhals des Buches, Don Baltasar , am geschicktesten gezeichnet ist, konzentriert sich sein Interesse vor allem auf das Leben von Juan Pedro und Pedro Juan: Juan Pedro, fröhlich und gesprächig, erscheint an Festtagen mit seinen berühmten Seestiefeln, seinen Cochin -China- Medaille und eine Seidenkrawatte; Pedro Juan, der bei seiner Hochzeit auf die Frage des Priesters Don Alejo , ob er Pilara zur Frau haben wolle, antwortet: „Und werde ich das nicht tun?" Sie weiß genau, dass ich es tun werde, und du weißt es auch."

Im Jahr 1895 erschien „ Peñas arriba " (Auf den Höhen), die Krönung und das Meisterwerk von Peredas Werk. Es ist ein Roman über das Hochgebirge, so wie „ Sotileza " ein Roman über das Meer ist. Don Celso lebt in Tablanca in seinem Stammhaus, das die Herrschaft über ein ganzes Tal innehat und die Ehre hatte , zwei Prälaten, die Bischöfe von León und Santander, zu beherbergen; Doch Don Celso ist alt und gesundheitlich angegriffen und fleht seinen Neffen Marcelo so dringend an, zu ihm zu kommen, dass dieser gegen seinen Willen Madrid und seine komfortablen Räume in der Calle del Arenal *verlässt* . Nach einer langen Fahrt immer weiter über hohe Bergpässe und schmale, steile Pfade und Bärenplätze erreicht er nach Einbruch der Dunkelheit Tablanca . Ein Pfiff von seinem Begleiter Chisco , das Bellen von Hunden, ein unsicheres Licht, das sich hin und her bewegt , schwarze Formen um das Licht, ein Stimmengewirr, und schon wird Marcelo in die Arme seines Onkels aufgenommen. Am nächsten Tag entdeckt er von den breiten Balkonen aus die Berge auf der einen Seite, die fast das Haus berühren, auf der anderen ein Schachbrettmuster aus grünen Wiesen und gelben Stoppelfeldern aus Mais vor einem Hintergrund aus grünen, braunen und grauen Bergen Dorf zwischen Felsen und Reisig und verschlungenen Wegen. Im Dorf gibt es ein Sprichwort, dass das größte Stück ebener Erde der Boden von Don Celsos Esszimmer sei. Von den Charakteren des Buches gehört Don Sabas zu der edlen Armee bescheidener Pfarrer, die Pereda beschreibt – der Dorfpfarrer in „De tal palo tal" . astilla "; Don Frutos , diskret und gesprächig, in „Don Gonzalo"; der fröhliche Priester von Robleces , *regocijado de humor* , in „La Puchera ", dessen einziges Laster darin besteht, zweimal pro Woche mit den Fischerbooten aufs Meer hinauszufahren; und das unvergleichliche *Pae Polinar* in „ Sotileza ". Don Sabas hat eine Leidenschaft für die Berge, und sobald er oben angekommen ist, fallen ihm genau das Wort und der richtige Ausdruck ein, um seine Begeisterung und sein tiefes Wissen über ihre Pflanzen und Tiere auszudrücken. Ihm einen Bischofssitz in einem flachen Land gegeben zu haben, hätte für ihn den Tod bedeutet. Er ist furchtlos und unermüdlich, egal ob er einen Bären verfolgt, in einem Schneesturm auf den Höhen unterwegs ist, um einen Bauern oder Hirten zu retten, der nicht ins Dorf zurückgekehrt ist, oder ob er in einer schwarzen Sturmnacht Kranke besucht. Don Celso ist auch eine edle Figur, praktisch und imposant, und in seiner riesigen Küche veranstaltet er abends eine patriarchalische Bauernversammlung. Wir haben auch die prächtige tolstoische Figur des *Hidalgo* der antiken Rasse, Gómez de Pomar , den Autor vieler Bücher, der in seiner einfachen Bauernkleidung einen Heuwagen auslädt. Er ist ein Muster an edler Höflichkeit – *Hidalga Cortesía* , sein Stil ist „temperamentvoll und kraftvoll, rein kastilisch, unbefleckt, wie das Blut, das in seinen Adern fließt." Bewusst oder unbewusst handelt es sich um ein Selbstporträt von Pereda. Das Buch ist reich an beeindruckenden Szenen und Charakteren; Es war ein Thema, das Pereda am Herzen lag, und er schuf ein Werk, das zu den großen Romanen der Welt zählt. Es gibt eine gewisse Solidität in Peredas Schriften, die gut geeignet ist, das strenge, tief schattige Bergland zu beschreiben, während seine unlateinische Liebe zur Wildnis und Trostlosigkeit sich über die Hurrikane freut, die Bäume zerreißen und die Schneeverwehungen am Berghang aufwirbeln. „ Peñas „Arriba " stellt das gesamte Leben und Wesen des Autors dar und vermittelt uns ein volles Maß an wahrem *Sabor de la Tierruca* , dem Geschmack des Bodens. In „ Esbozos y Rasguños " verspottet Pereda jene verrückten Cervantisten , die beweisen, dass Cervantes allwissend, ein ausgezeichneter Theologe, ein Koch, ein Seemann, ein Geograph, ein Freidenker war und die bald beweisen werden, dass weder Cervantes Cervantes noch Don Quijote *Don Quijote sind* . Aber vom wahren Geist Cervantes' hatte er einen großen Teil in sich aufgenommen, auch wenn er nie zu seiner großherzigen Toleranz und der weiteren Weltanschauung jener weitläufigeren Zeiten gelangte. Seine Prosa [114] ist robust und streng frei von fremden Redewendungen, beladen mit Dialekten und einheimischen Phrasen. Es hat die kräftige Frische der Bergluft und den Duft von Erde, Wäldern und Mooren, das Rauschen des Meeres und die elementare Einfachheit der Menschen eingefangen, die durch den ständigen Kontakt mit Erde und Meer veredelt werden. Pereda schrieb aus tiefstem Herzen, ohne nach Popularität zu streben. Seine raue Erhabenheit, rau wie das Land der „ Peñas" . Arriba ", seine häufige Verwendung des Dialekts und seine Unübersetzbarkeit sorgen für wenige Leser. Aber diejenigen, die wie Don Sabas das flache Land verlassen und die Berghöhe erklimmen möchten, werden in Pereda einen Klassiker finden, hoch und standhaft wie die Hügel. Obwohl die Ungerechtigkeit des Vergessens ihren Mohn blind verstreut , ist es vielleicht nicht „ungeheuer waghalsig", zu vermuten, dass Pereda noch gelesen werden könnte, wenn Zola vergessen ist.

XXII

KASTILISCHE PROSA

„ DIE spanische Sprache", sagte ein englischer Schriftsteller im Jahr 1701, „ist eigentlich überhaupt keine, denn wenn die Spanier den Ägyptern, Griechen, Arabern, Mauren, Juden, Römern, Vandalen, Hunnen, Goten, Franzosen, und schließlich müssen die Italiener, die Worte, die sie ihnen genommen haben, zwangsläufig stumm bleiben." Und noch einmal: Die spanische Sprache „besteht aus A und O und nichts anderem als Mundpropaganda und Grimassen". Ein anderer Engländer sagt sechzig Jahre später über die spanische Sprache: „So wie die Länge ihrer Wörter und ihr Klang etwas Pompöses und Großartiges haben, so gibt es auch eine Besonderheit in der Wendung und Art ihrer Phrasen und Ausdrücke." ." In der Zeit der Größe Spaniens wurde der spanischen Sprache ein größeres Maß an Gerechtigkeit zuteil. „Es ist ausdrucksstark, edel und ernst", sagt Frau. d'Aulnoy ; „Es ist nur unser eigenes (*das heißt* Französisch), das es übertrifft." Doch mit dem Verfall des materiellen Wohlstands Spaniens scheint die Sprache in Verruf geraten zu sein; Kann eine Nation, die keine Goldwährung und keine Schlachtschiffe besitzt, eine Sprache oder Literatur besitzen, die diesen Namen verdient? Es kann zugegeben werden, dass viele moderne Spanier selbst kein korrektes oder idiomatisches Spanisch schreiben; Die Sprache ist mit ausländischen Importen überfüllt, und obgleich sie oberflächlich am einfachsten zu erlernen ist, ist sie aufgrund ihres immensen Wortreichtums und der verblüffenden Reserven an Redewendungen eine der Sprachen, die am schwierigsten gut zu erlernen ist. „Hier wird das beste Kastilisch gesprochen", sagte Frau. d'Aulnoy von Burgos, und noch immer lernt man in Kastilien das reinste Spanisch, *und zwar in Gegenden* , in denen sich der Ausländer aufgrund des Klimas nur am kürzesten aufhält. Es ist wahrscheinlicher, dass man Toledo zwei Tage lang besucht, um seine Kirchen zu besichtigen, als zwei Monate lang, um die Sprache zu lernen. es vermittelt dem Fremden keinen einladenden Eindruck von Behaglichkeit. In „Don Quijote" lesen wir: „Wer im Zocodover aufgewachsen ist, kann nicht so gut sprechen wie diejenigen, die den Tag damit verbringen, in den Kreuzgängen der Kathedrale hin und her zu gehen, und doch sind alle Toledaner . " Aber obwohl es unter den Bauern Spaniens viele *prevaricadores del buen gibt lenguaje* , mit rücksichtsloser Vertauschung von Konsonanten (wie *probe* for *pobre*), ist ihre Sprache oft wesentlich reiner und idiomatischer, mit „einer Besonderheit in der Wendung und Art ihrer Phrasen" als die der *reprochadores de voquibles* , die sie formuliert haben in ihren Zähnen, und die lieber sterben würden, als *la grammaire zu beleidigen* , sich aber die ständige Verwendung fremder Wörter und Ausdrücke beim Aufbau ihrer Sätze erlauben. Echtes Kastilisch zeichnet sich durch eine Kombination aus Sanftheit und Kraft aus , die es ihm ermöglicht, gleichzeitig leidenschaftlich und prägnant zu sein , eine Harmonie und Kraft, die in kaum einer anderen Sprache zu finden ist, und eine Prägnanz, die aus dem Boden entspringt und ihren Ursprung nicht in Büchern hat. Viele der größten Schriftsteller Spaniens haben abwechselnd Lanze und Feder geführt; Sie sind keine „Grammatiker , die für den Genitivfall herumhacken", aber in dem klaren Schock und Fluss der Vokale, der kaum durch ihre verschwommenen Konsonanten unterbrochen wird, scheinen wir ein Kampfgerücht zu hören, und ihre Worte können so sein die des heiligen Franziskus von Assisi, der predigt, *a modo che saette akute* – sehr scharfe Pfeile. Diese natürliche Kraft korrigiert die Tendenz zu üppiger Pracht und nachlaufendem Wachstum von Wörtern; Ohne diesen Reichtum könnte die kastilische Sprache jedoch wie ein Staccato-Katalanisch wirken – sozusagen eine Abfolge schneller Pistolenschüsse, nicht die stattlichen Klänge einer Orgel. Es ist nicht übertrieben zu sagen, dass Kastilisch – nicht das elende Kastilisch vieler Zeitungen und vieler moderner Autoren, sondern Kastilisch in seiner besten Form – nur vom Griechischen übertroffen wurde. Es ist also eine Sprache, die es wirklich wert ist, studiert zu werden, und sie ist leicht zu erlernen; Es hat neben dem Englischen die größte Ausdehnung der Welt und verfügt über eine großartige Literatur aus acht Jahrhunderten, die bis heute in einer Reihe charakteristischer und faszinierender Romane fortgeführt wird. Dennoch ist die kastilische Sprache literarisch so wenig erforscht, dass man sie als „eigentlich gar keine" zu betrachten scheint; und wenn diese Romane in Übersetzungen gelesen werden, verlieren sie ihren Reiz . Cervantes prophezeite, dass „Don Quijote" in alle Nationen und Sprachen übersetzt werden würde, aber wie Dante sagte, dass Poesie nicht „senza rompere" übersetzt werden kann tutta sua dolcezza e armonia ", so vergleicht Cervantes die Übersetzungen mit der Rückseite flämischer Wandteppiche – die Figuren sind noch sichtbar, aber von einer Menge Fadenenden verdeckt. Das beste Spanisch findet sich noch immer bei den Autoren des goldenen Zeitalters der spanischen Literatur, insbesondere in den Schriften der Mystiker.

Der Stil von Cervantes ändert sich mit seinen Charakteren, die das Kastilische auf Spanisch-Baskisch oder Gascogne-Katalanisch ermorden dürfen, aber er ist ein Meister nach Belieben des reinsten Kastilischen, der sich in ihm nie vom vollen Geschmack des Lebens trennt, und er bezieht sich darauf verächtlich gegenüber der falschen Fortsetzung von „Don Quijote", als „in Aragonesisch geschrieben ". Ebenso *castizo* , hartnäckig idiomatisch und scharf gewürzt, ist der Stil von Quevedo. Von den modernen Schriftstellern unterscheiden sich Valera und Pereda so stark, dass sie beide Meister der edlen kastilischen Prosa sind und nichts zu den importierten Phraseologien zu sagen haben, die einen großen Teil der modernen spanischen Literatur durchdringen. Auch Pérez Galdós hat einen durch und durch spanischen Stil, robust und kraftvoll, reich an Worten, idiomatisch. Die jüngsten spanischen Schriftsteller mit romanhaftem Geist gehen vorsichtiger vor; Sie ähneln Sancho Panza , der „als Gouverneur lernte, sorgfältig zu essen, *á lo melindroso* , sodass er Weintrauben und sogar die Kerne eines Granatapfels mit einer Gabel aß." Der Stil von León ist in der Tat voll und wohlklingend und führt uns, wie der von Valera, zurück zu den Schriften der Mystiker im 16. Jahrhundert; aber Valle- Inclán (nur sehr gelegentlich an Wörtern schuldig wie *Madama* oder *Dandy*) und *Azorín* beherrschen bewusst dünne, äußerst klare Prosa. [115] „ Llovía menudo y ligero de Aquella fruchtbar Valle del Baztan ..."; In dieser Passage von Valle- Incláns „ Gerifaltes de Antaño " (1909) haben wir wie in so vielen anderen ein zartes, fertiges Bild, das nach viel Mühe der Ablehnung und Komprimierung erreicht wurde, obwohl er die Kunst hat, seine *Affres du Style zu verbergen* . In einer so unerschöpflich reichen Sprache wie dem Spanischen und angesichts der Tendenz der Spanier, schnell und ausgiebig zu schreiben, ist diese Auswahl und Durchsicht der Wörter willkommen und es besteht keine Gefahr, dass sie übertrieben wird.

XXIII

TOLEDO UND EL GRECO

Der Ruhm von El Greco [116] hat sich in den letzten Jahren immer weiter ausgebreitet und vertieft, obwohl die volle Faszination seiner Bilder vielleicht nie verstanden wird, außer von einigen wenigen. Von seinem Leben haben wir nur ein oder zwei fadenscheinige Details, und dieses ist umso verlockender, weil wir das Gefühl haben, dass sein Leben und sein Charakter von seltsamem, verlockendem Interesse waren. Bevor er nach Spanien kam, ist die interessanteste Tatsache, die wir über ihn erfahren, in einem Brief des Künstlers Julio Clovio enthalten, der im November 1570 geschrieben wurde: „In Rom ist ein junger Kreter angekommen, ein Schüler von Tizian, und in meinem Meinung, ein ausgezeichneter Maler – *Parmi selten nella Pittura* . Das Geburtsdatum von El Greco ist ungewiss, aber wenn er 1570 ein *Giovine* gewesen wäre, wäre er zum Zeitpunkt seines Todes im Jahr 1614 kaum siebenundsiebzig gewesen. Diese Aussage über sein Alter wurde zum Zeitpunkt seines Todes gemacht angegeben als 1625. Es wurde vermutet, dass es aus einer leichten Verwechslung zwischen *Sesenta* und *Setenta entstand* und dass er nicht siebenundsiebzig, sondern siebenundsechzig war; sein Geburtsjahr wäre dann 1547. Das genaue Datum seiner Ankunft in Toledo ist unbekannt, es handelte sich jedoch um das Jahr 1575; sicherlich im oder vor 1577. Toledo war nicht mehr die Hauptstadt und der Hof Spaniens, blieb aber dennoch nicht nur die Heimat nicht nur der Fürsten der Kirche, sondern auch vieler Literaten und der arabischen Schriftsteller. Auf seinem Marktplatz wurde das Werk „Don Quijote" entdeckt. Ihre Kathedrale war „die reichste Kirche der Christenheit". In einem 1563 in Venedig veröffentlichten italienischen Werk heißt es, dass „die Priester triumphierend in Toledo herrschen – *trionfano* – und sich einem guten Leben hingeben, und niemand tadelt sie." Die Macht der Inquisition war auf ihrem Höhepunkt. Aus der Düsternis des Escorial fand der engstirnige, unbeugsame Geist Philipps II. in den strengen Städten Kastiliens viel Widerhall. El Greco erlebte die Vertreibung der Morisken und den völligen Verfall des Handels und der Industrie in Toledo und anderen Städten. Antonellis Projekt, den Tejo bis nach Toledo schiffbar zu machen, wurde verächtlich abgelehnt: Hätte Gott ihn nicht schiffbar gemacht, wenn es sein Wille gewesen wäre? Doch es war das goldene Zeitalter der spanischen Literatur, und während El Grecos Aufenthalt in Toledo wurde in Cervantes' Gehirn die humorvollste und am weitesten menschlichste Figur aller Literatur erarbeitet. El Greco starb zwei Jahre vor dem Tod von Cervantes und Shakespeare in Toledo.

Pacheco sagt über El Greco, dass er „in allen Dingen ebenso einzigartig war wie in seinen Gemälden". Andere vereinzelte Notizen beschreiben ihn als „einen großen Philosophen", „eloquent im Diskurs", einen geistreichen, scharfsinnigen Redner – *de agudos dichos* – ein Autor über Malerei, Skulptur und Architektur. Weiter wird uns erzählt, dass er zwar viele Dukaten verdiente, diese aber in Prunk und Prunk ausgab und sogar Musiker anheuerte, die ihm während seiner Mahlzeiten etwas vorspielten. Es scheint, als hätte er die sanfte Atmosphäre des italienischen Luxus inmitten der engen, düsteren Straßen von Toledo bewahrt und dem kalten, intensiven Leben Kastiliens eine fremde Note des Vergnügens verliehen. Aber auch wenn sein Leben einen gewissen Hauch von Venedig bewahrte (Venedig, das ausgab, was Venedig verdiente), war seine Kunst im Wesentlichen spanisch. Der Manierismus seiner Malerei könnte von vielen Spaniern als extravagant angesehen werden, da seine Launen möglicherweise nicht verstanden werden. Er war, so könnte man sagen, „zu wählerisch, zu adrett, zu affektiert, sozusagen zu seltsam, zu eigensinnig." Es sind die Beinamen von Holofernes, die einen Spanier beschreiben; und was könnte spanischer sein als El Grecos Mischung aus scharfer Vision und realistischer Kraft als Porträtmaler mit einem intensiven, unfehlbaren Spiritualismus? als sein vehementer, fast gequälter Wunsch, das Gewöhnliche und Vulgäre zu meiden – nicht das bloße Streben nach Originalität, sondern der Wunsch, aufrichtig zu sein, seine eigene Seele zum Ausdruck zu bringen? Seine Art hat nicht den sinnlichen Reichtum Italiens, sondern eine kastilische, ja, eine toledanische Strenge. Es ist wie „ein Schwert Spaniens, das Temperament des Eisbaches". Bereits in seinem berühmten „ Expolio " (in der Sakristei der Kathedrale von Toledo), das nicht lange nach seiner Ankunft in Spanien gemalt wurde, hatte er als Señor Cossío sagt, er habe die Rot- und Goldtöne Italiens zugunsten von Blau, Karminrot und Aschegrau aufgegeben. Über den Preis dieses Bildes hatte er Streit mit dem Domkapitel der Kathedrale von Toledo. [117] Gutachter wurden mit der Bewertung beauftragt und stellten fest, dass das Bild zwar unbezahlbar war – *kein Preis prescio ni estimación* – ein Urteil, dem alle, die das „ Expolio " gesehen haben, bereitwillig zustimmen werden, doch angesichts „dieser armutsgeplagten Zeiten" veranschlagten sie es auf neunhundert Dukaten, ein für die damalige Zeit außerordentlich hoher Preis. Das Kapitel hingegen bot einen viel geringeren Betrag an, und zwar unter der Bedingung, dass er bestimmte „Unangemessenheiten" – *ynpropiedades* – aus dem Bild entfernen sollte, darunter die Figuren „der Jungfrau und der Heiligen – *las marias y nuestra ".* *señora* – deren Anwesenheit auf dem Bild dem Evangelium widerspricht, da sie tatsächlich nicht anwesend waren." El Greco hielt auf seinen eigenen Preis stand, aber der Bürgermeister , der sich auf die Seite des Kapitels stellte, verfügte, dass er entweder das Bild aufgeben oder ins Gefängnis gehen müsse, und der Maler unterwarf sich. Die überaus schönen Figuren, die er entfernen lassen sollte, sind allerdings noch im Bild, ebenso wie die anderen *ynpropiedades* , so dass es zumindest den Anschein hat, als hätte er sich über den engen Geist des Briefes in den Priestern widersetzt, die dort „triumphiert" haben Toledo. Vielleicht drohte er – in der Stimmung von Alonso Cano gegenüber dem Kapitel der Kathedrale von Granada – mit der Zerstörung des „ Expolio ", und das Kapitel, das ihm 150 Dukaten als Kaution gegeben hatte, wäre nicht bereit, sein Bild zu verlieren. Sicherlich würde sich El Greco nicht mit Frà Lippo Lippi sagen:

„ Sie müssen es wissen! Glaubst du nicht
, dass sie es mit ihrem Latein am ehesten wissen ?
Also schlucke ich meine Wut herunter,
beiße die Zähne zusammen, ziehe meine Lippen fest zusammen und male,
um ihnen zu gefallen."

El Greco malte, um niemandem außer sich selbst und seiner individuellen Vision zu gefallen. Sein nächstes großes Bild, das „San Mauricio", wurde auf Befehl von Philipp II. gemalt, aber es gefiel dem König nicht und wurde zu seinen Lebzeiten nicht im Escorial platziert, wo es sich jetzt befindet. *Nein, der Inhalt ist so „Magestad "*, sagt Sigüenza , und er fährt fort: „Und das ist kein Wunder, denn es gefällt nur wenigen, obwohl man sagt, dass es viel Kunst zeigt, *aunque . " dizen es de mucho arte .*" Es ist denkbar, dass das Bild als Ganzes vor allem auf den ersten Blick hässlich und abstoßend wirkt, bevor das Auge seinen Reichtum an schönen Details erfasst hat. Der wahre Grund dafür, dass es „nicht gefiel", war jedoch nicht die übertriebene Zeichnung oder die grelle Farbgebung , der dominierende Ton von Gelb und Blau, sondern die realistische Darstellung der Märtyrergruppe im Vordergrund. „Heilige", fuhr Sigüenza fort , „sollten so bemalt sein, dass sie nicht den Wunsch zum Beten nehmen, sondern vielmehr zur Hingabe anregen."

„ , Ja, aber du regst dich nicht so zum Gebet an',
schlägt im Prior zu! „ Wenn Ihre Meinung klar ist,
heißt es nicht: „Erinnern Sie sich an die Matineen,
oder denken Sie daran, nächsten Freitag zu fasten." "

Die spanische Kirche hätte die Kunst gerne auf Schädel und Knochen reduziert. Aber El Greco erkannte, dass seine Heiligen erst Menschen sein mussten, bevor sie göttlich sein konnten. Er hatte nun jenen Realismus eingeleitet, der in der Kunst von Velázquez seinen höchsten Ausdruck finden sollte, der aber auch in den Heiligen und Madonnen von Murillo offensichtlich ist.

El Greco hat nicht die unmittelbare Anziehungskraft und universelle Anziehungskraft von Velázquez; Manche seiner Bilder mögen zunächst missfallen und erst nach und nach ihren Reiz entfalten. Was ist dann die besondere Faszination El Grecos, die dominierende Anziehungs- oder Abstoßungskraft in seinen Bildern, die so groß ist, dass sie fast zu einer

Obsession werden kann? Ist es die Wahrheit zum Leben oder die Distanz zum Leben, der klare Ausdruck des Charakters oder die spirituelle Unterwerfung unter den göttlichen Willen? Liegt es an seiner Vorliebe für diese kalten, einfachen Farben , das blasse Grün und Lila, das Grau und das Blau der Hortensien oder der Eisoberfläche, die die Seele von „Primitiven" und „Dekadenten" gleichermaßen erfreuen? im allgegenwärtigen Leben und in der Bewegung die schlanken, verlängerten Gliedmaßen und sich verjüngenden Figuren; in der subtilen Beständigkeit von Ausdrücken und Einstellungen, die „so flüchtig" waren? Ist es die leidenschaftliche Aufrichtigkeit und das Streben, das die Ruhe und die bloße Selbstgefälligkeit der geleisteten Arbeit verachtet, die edle Unzufriedenheit mit den erzielten Ergebnissen, die unaufhörliche Sehnsucht, noch höhere Ebenen zu erreichen, bis sich schließlich, wie in seiner „Asunción", das Gesamtbild zu einem formt ? vollkommene Verwirklichung des Seelenwunsches, eine harmonische Einheit des Strebens, „ toccando un poco la vita futura "? Oder ist es die exquisite Traurigkeit, die Duldsamkeit gegenüber Leiden und dem unumgänglichen Schicksal oder der wundervolle Frieden und die heitere Freude einiger seiner Gesichter? Es ist eine seltene Kombination aus all dem, die den starken Charme von El Greco ausmacht . Es ist der Kontrastreichtum, der so wahrhaft spanisch ist, die wunderbare Gleichsetzung himmlischer und irdischer Dinge, die wilde Magie seiner Fantasie, die nüchterne individuelle Alchemie seines Stils. In diesen zarten Linien, dünnen Gesichtern, langen weißen Gliedmaßen und zurückhaltenden Farben liegt eine spirituelle Intensität, die Leidenschaften weckt und sie mit einem Licht und Feuer verzehrt, das über das dunkle Sehvermögen der Sterblichen hinausgeht. Aber in dem Ausdruck liegt darüber hinaus eine Sanftheit des anhaltenden Mitleids, der damit verbundenen Süße und der Tränen für irdische Sorgen, die seine Kunst nicht kalt und distanziert macht und lediglich den Intellekt anspricht, sondern liebenswert und menschlich macht; „ein Ding , das in den Himmel gesetzt und geheiligt wurde", und doch immer noch mit goldenen Ketten um die Füße des Menschen gefesselt.

Die kleine Kirche Santo Tomé mit ihrem schönen alten Turm steht nur wenige hundert Meter von El Grecos Haus in Toledo entfernt, und für diese Kirche malte er vielleicht das schönste und sicherlich wichtigste aller seiner Werke – „El Entierro del . " Conde Orgaz . Für einen Künstler ist „ Entierro " fast so interessant und lehrreich wie „Las Meninas" von Velázquez. Das Thema ist eine lokale Legende. Der heilige Augustinus und der heilige Stephanus kommen herab, um den Leichnam des barmherzigen Conde de Orgaz zur Beerdigung zu tragen – von dem wir lesen, dass er „sein Leben in heiligen Werken verbrachte und so einen heiligen Tod fand" – und die führenden Bürger von Toledo trauern um ihn . In dieser langen Reihe von Gesichtern zeigt El Greco seine volle Meisterschaft als Porträtmaler. Und wir können in ihnen die ganze Rasse Kastiliens sehen – kastilische Würde,

Offenheit, Adel, Traurigkeit, Resignation, Stolz, Hochmut, Intensität, asketische Mystik. Während wir hinschauen, scheinen wir den feierlichen Rhythmus der Verse von Jorge Manrique zu hören – [118]

„Este mundo es el." camino
Para el otro , que es morada
Sin pesar ;
Mehr Kumpel Tener Buen Tino
Para andar Dies ist ein Fehler

.

Partimos Cuando Nacemos ,
Andamos mientras vivimos ,
Y llegamos
Al tiempo que fenecemos ;
Así que cuando morimos
Descansamos ."

Das Licht der Fackeln, die in langen, dünnen Flammen brennen, und der nach oben gerichtete Blick des Priesters im schlichten Chorrock lenken den Blick hinauf zum zweiten Teil des Bildes, dem Gloria, wo der Conde de Orgaz *vor* Christus und der Jungfrau in einem drängenden Himmel erscheint mit Aposteln und Heiligen und unterstützt von Engeln. Die Schönheit des unteren Teils ist ebenso leicht zu erkennen wie die eines Bildes von Velázquez, aber das *Gloria* braucht länger, um es zu würdigen, da es El Grecos Manierismus umfassender zum Ausdruck bringt. Teilweise aus diesem Grund mag das Bild zunächst missfallen, und zwar dauerhaft, wenn man es nur einmal auf den ersten Blick betrachtet, aber bei einem gemächlicheren Studium nimmt es seinen richtigen Platz als eines der wunderbarsten und schönsten Bilder der Welt ein. Es braucht auch Zeit, um die unendliche Schönheit der Details zu erkennen, die Figuren auf dem Gewand des Heiligen Augustinus, die Szene der Steinigung des Heiligen Stephanus auf dem Gewand des Heiligen Stephanus und die Kunstfertigkeit, mit der jede Monotonie bei den Trauernden vermieden wird obwohl sie fast alle gleich groß waren und fast alle weiße Halskrausen und spitze Bärte trugen.

In seinen späteren Bildern steigerte El Greco den Manierismus seines Stils; die Figuren sind länger, kantiger, die Intensität des Ausdrucks wird zur Obsession, zum Anfall: Er malt als jemand, für den die ganze Welt aufgehört hat zu existieren. Manchmal, wie bei der „Taufe" in Toledo, beeinträchtigen diese Übertreibungen ernsthaft die Schönheit seiner Arbeit; Aber auch die „Asunción" der Kirche San Vicente in Toledo gehört zu seinem späteren Stil und ist nicht das unschönste seiner Bilder: In keinem anderen Kunstwerk wurde der Bewegungssinn so wunderbar zum Ausdruck gebracht – in der Jungfrau , Heilige und Engel scheinen tatsächlich vor unseren Augen in die

Höhe zu schweben. El Grecos Manierismus, *Jene unglaublich Manier*, wie Herr Carl Justi es nennt, ist in manchen seiner Bilder deutlicher zu erkennen, in anderen weniger; aber es gibt keine ausreichend große Kluft zwischen ihnen, um die Aussage zu rechtfertigen, dass „sie so unterschiedlich sind, dass sie nicht von derselben Hand gemalt zu sein scheinen" [119], noch um Palominos Aussage zu unterstützen: „ Was er gut gemacht hat, hat niemand getan." besser, und was er schlecht gemacht hat, hat niemand schlechter gemacht."

Es war weder nachlässig noch unwissend, dass El Greco seine Figuren aus den Proportionen zeichnete und sie unnatürlich lang und dünn machte. Er tat dies bewusst, so wie Bacon bewusst sagte: „In aller Schönheit liegt eine gewisse Seltsamkeit der Proportionen", und die Wirkung in El Grecos Bildern rechtfertigt oft, ja in der Regel, seine Kühnheit. Wir sehen ihn

„Seine Seele ausgießen ...
Erreichen, damit der Himmel ihn so erneuern könnte,
über und durch seine Kunst — denn sie gibt nach;
Dieser Arm ist falsch platziert — und schon wieder —
ein zu verzeihender Fehler in den Linien der Zeichnung,
sozusagen in ihrem Körper! seine Seele hat Recht."

Natürlich ist die Eigentümlichkeit seines Stils allen Beobachtern sofort aufgefallen. Die Franzosen haben also von seinen „ maladresses" gesprochen Enfantinen , Audaces troublantes ", seine „attitudes strapassées ", seine „draperies cassées et chiffonnées á plaisir ", sein „dessin fantastique". So schrieb Sir Edmund Head über einige von El Grecos Bildern als „extravagant in der Länge, von aschgrauem Ton, höchst einzigartig für einen so feinen Koloristen ". Dies ist vielleicht der Eindruck, den die meisten seiner Bilder auf den ersten Blick hinterlassen würden, und so bleibt er für viele eine Sphinx. „Er wird der Menge immer Kaviar bleiben", schrieb Sir JC Robinson 1868; „Der uneingeweihte Betrachter betrachtet [seine Bilder] voller Staunen und Verwirrung, die düsteren, kantigen Figuren und Vorhänge und die flackernde Unruhe aller Details wirken auf ihn ein wie ein rauer Tumult aus widersprüchlichen Klängen."

Palomino sagte über El Greco: „Am Ende hat er seine Gemälde durch die Extravaganz der Zeichnung und die Härte der Farben gleichermaßen verabscheuungswürdig und lächerlich gemacht ." Seine Zeitgenossen erklärten die Einzigartigkeit seiner Arbeit entweder als Folge des Wahnsinns oder der Gier nach Wirkung, *por valentía , para salir del día* , oder um zu verhindern, dass sie mit denen von Tizian verwechselt werden!

Nicht weniger als seine Zeichnung war El Grecos Farbgebung ein Stolperstein und eine Beleidigung. Wir lesen von seinen „ Teintes" . Presque cadavériques ", „ coloris grisâtre , blass Blafard , „Symphonies en bleu mineur

"; und Ford schrieb bezeichnenderweise, dass seine Bilder oft „so bleiern wie Cholera morbus" seien. Nach den satten Rot- und Goldtönen der italienischen Malerei konnten die subtileren Farbtöne von El Greco, die er teils unter Tintorettos Einfluss, teils unter dem Einfluss von Toledo entwickelte, seinen Zeitgenossen nicht gefallen, aber wir haben jetzt das Gefühl, dass sie kein unbedeutender Bestandteil von ihm sind Charme. In der Farbgebung hatte El Greco großen Einfluss auf Velázquez und durch Velázquez auf die gesamte nachfolgende Malerei. Velázquez lernte von ihm, um es mit den Worten Señors zu sagen Cossío , „seine Harmonie von Silbergrautönen und die Verwendung bestimmter Karminrottöne." Aber es war nicht nur die Hautfarbe von El Greco , die ihn beeinflusste. Señor Cossío sieht in der Konstruktion von „Die Kapitulation von Breda" vage Reminiszenzen an das „San Mauricio", und man kann darin auch Reminiszenzen an das „ Expolio " sehen. Palomino sagt in seinem Leben von Velázquez, dass „er in seinen Porträts Domenico Greco nachahmte, weil er der Meinung war, dass seine Köpfe nicht genug gelobt werden könnten." Velázquez lehnte El Grecos mystische Intellektualität ab, aber möglicherweise wäre der Realismus von Velázquez ohne El Grecos Einfluss übermäßig exakt und weniger inspiriert gewesen.

Toledo steht, um es mit den Worten eines modernen spanischen Dichters zu sagen, „dunkel, ruinös, vergessen und allein" da; aber Domenico [120] Theotocopuli , der drei Jahrhunderte lang dort lag, ohne dass man sich daran erinnert , erhebt sich nun, um seinen Ruhm in der Welt zu verbreiten —

„Tout passe. L'art Robust
Seul a l'éternité ,
Le buste
Survit à la cité ."

Ausländer aus vielen Ländern klettern die gepflasterten Gassen und Durchgänge auf und ab und suchen hier und da nach versteckten Kirchen mit Bildern von El Greco – Santo Tomé, San José, San Vicente, Santa Leocadia, San Nicolás und viele mehr:

„Die Düsternis des Heiligtums schützt nicht länger vor
eitlen Zungen, wo seine Bilder abseits stehen."

Er liebte es, die Stadt zu malen, und neben seiner berühmten Ansicht davon finden wir sie im Hintergrund seiner Bilder. Die Kathedrale und die Brücke von Alcántara sowie das Schloss San Servando sind in der „Asunción" der Kirche San Vicente deutlich zu erkennen. Die Stadt erscheint erneut, wenn auch weniger deutlich, auf dem großartigen Bild des Heiligen Martin (von Tours), der seinen Umhang teilt, ein Akt der Nächstenliebe, der in diesem trostlosen, ungeschützten Land von Toledo sicherlich eine neue

Bedeutung erhält. Und Toledo, nicht Troja, erscheint im „Laokoon", dem einzigen Bild von El Greco, das ein klassisches Thema hat. El Greco, der Kreter, lebte etwa vierzig Jahre in Toledo, und der Charme von Toledo scheint in seine Seele eingedrungen zu sein. Sein Haus lag nicht in einer der überfüllten Straßen, sondern auf einem offenen Platz hoch über dem Tejo, gegenüber der Synagoge der Juden. [121] Es hat eine kühle *Terrasse* mit einem Boden aus roten Ziegeln und glasierten Fliesen und vier weißen Säulen, mit einem winzigen Brunnen in der Nähe des Eingangs und einer grauen hölzernen Galerie darüber, die auf den Säulen ruht und auf einer Seite offen ist dass im Frühling gelegentlich Schwalben eindringen und um den Hof herumwirbeln. Auf der rechten Seite führt eine Tür zu einer urigen, altmodischen Küche mit einem riesigen offenen Kamin und Sitzgelegenheiten auf beiden Seiten unter dem Kamin. Dass El Greco, ein Ausländer, der spanischste aller spanischen Maler hätte werden sollen, war zweifellos dem Einfluss zu verdanken, den diese strenge, aber verlockende Stadt Kastilien auf ihn ausübte. Es ist unmöglich, seine Farbgebung von den vielen Grün-, Grau- und Brauntönen der Stadt und des umliegenden Landes, dem rostfarbenen Boden der Cigarrales , der dünn mit vielen Grünpflanzen bedeckt ist, die nicht grün sind, grauen Hügelpflanzen, matten Thymiantönen usw. zu trennen Olivgrün, das schrille Grün von Granatäpfeln und anderen Obstbäumen, das von der Sonne ausgetrocknete Gras zu gelben Flecken. Und vielleicht ist es nicht ganz fantasievoll, die metallischen Schimmer, die in bestimmten Lichtern auf der Oberfläche des Tejo sichtbar sind, mit den Glasureffekten in Verbindung zu bringen, die in El Grecos Bildern so häufig vorkommen, oder sogar die zerzausten, windgepeitschten Ulmen am Fluss mit einigen seiner mehr extravagante Figuren. Die Stadt zeigt nach oben wie ein graues Schwert; Und ob man es in Strahlen und Folien aus orangefarbenem Licht vor einem stürmischen Sonnenuntergang sieht oder ob es unter einer unerbittlichen Sonne und einem Himmel aus wolkenlosem Blau ohnmächtig wird und grau zerfällt, es hat die strenge Intensität, die wir in El Grecos Werk finden . Doch wie in den grausten Bildern von El Greco ein entlastender Farbtupfer auftritt , so ist Toledo nicht nur eine monotone Symmetrie aus Braun oder Grau. Eine Prozession, weiß und gold und rot und lila, zieht durch die engen Gassen unter einem Regen von Rosen von den Balkonen der Häuser, die fröhlich in Weiß und Rot, Rot und Gelb geschmückt sind; oder die leuchtenden Farben der Bauernkleider sind vor der alten Alcántara- Brücke zu sehen, wenn sie auf den Markt kommen; oder in einer Straße mit stickigen, fensterlosen Mauern, die tagsüber zu einer Linie blauen Himmels und nachts zu einem Sternenband führen, erhascht man durch Türen aus massivem, altem Stein einen Blick auf eine Terrasse mit leuchtenden Blumen – *Nelken* , Kapuzinerkressen, Geranien – wie man vielleicht ein Bild von El Greco in einer alten, vergessenen Kirche findet; und unter den gelbbraunen Mauern und grauen Felsen der Stadt liegen Gärten

mit Obstbäumen, in denen im Frühling Nachtigallen in scharlachroten
Blüten aus Granatäpfeln singen. Es ist eine Stadt voller ständiger
Überraschungen, die man nicht an einem einzigen Tag oder bei einem
einzigen Besuch verstehen oder schätzen kann; Es vermittelt, wie die Bilder
von El Greco, auf den ersten Blick einen starken Originaleindruck, aber sein
inneres Wesen, seine sanfteren Momente, seine wahre Bedeutung und seinen
Charme offenbart es erst bei geduldigem Studium. Ihre Haltung ist in der Tat
die der Zurückhaltung; es scheint ein Urteil über die moderne Zivilisation zu
fällen. Es repräsentiert alles, was im Geiste Spaniens am edelsten,
individuellsten und unbeugsam strengsten ist.

FUSSNOTE

[1] Die Unterscheidung gilt immer noch, und die Spanier, die *beispielsweise* nach Buenos Aires gereist sind, unterscheiden sich durch eine gewisse praktische Energie und einen gewissen Optimismus von denen, die die Halbinsel nie verlassen haben.

[2] „Die genialen und unterhaltsamen Briefe der Dame——. Reist nach Spanien." Englische Übersetzung. Zweite Ausgabe. London. 1692.

[3] Villefranche . „ Gegenwärtig d'Espagne ." 1717.

[4] Edward Clarke. „Briefe über die spanische Nation." London. 1763.

[5] Dieser Pessimismus „basiert auf unseren jüngsten Katastrophen; auf der Tatsache, dass wir gefallen sind, eine schreckliche Tatsache in der unversöhnlichen Logik des internationalen Lebens; über den momentanen Mangel an Willen, unter dem wir leiden; und über den Anachronismus bestimmter Laster und Ideale, die, da sie nicht mehr wie in vergangenen Zeiten mit der Begründung entschuldigt werden können, dass andere Nationen sie teilen, zu zeigen scheinen, dass wir unverbesserlich sind." Rafael Altamira, „ Psicología del Pueblo Español " (Madrid. 1902), in dem mehrere der oben zitierten Meinungen zu finden sind.

[6] „Los Males de la Patria."

[7] „ Idearium Spanisch ."

[8] „La Voluntad ". Barcelona. 1902: „La intuición de las cosas , la vision Rápida no falta , aber falta , de cambio , die Koordination reflexiva , el laboreo paciente , la voluntad ."

[9] „ Alcalá de los Zegríes . Madrid. 1910.

[10] Heilige in anderen Ländern trugen ihre Köpfe in ihren Händen, aber es gibt eine Legende von einem Heiligen in Spanien, der sich nicht damit zufrieden gab, eine Meile mit dem Kopf unter dem Arm zu gehen, und die ganze Zeit ununterbrochen redete. Zweifellos „verheimlichte er die Armut seines Handelns", wie Bertram dal Bornio , indem er seinen Kopf „a guisa di Lanterna " im Inferno trug.

[11] „ Comedia Sentimental." 1909.

[12] Man kann darauf die Worte von Santa Teresa anwenden:

„Tiene tan divinas Die Männer
sind in einer bitteren Trance .
Verkaufen Sie Triunfando del Lanze
Obrando Grandes hazañas ."

[13] Ford betrachtete den Basken als „so stolz wie Luzifer und so brennbar wie seine Streichhölzer", und es gibt ein Sprichwort: „ En nave y en. " Castillo war nicht mehr als ein Vizcaino . Vgl. Camões. Os Lusiadas :

Ein Gente biscainha que carece
De polidas Razzien und Verletzungen , die
Muito mal dos estranhos verursacht compadece .

[14] Die Kastilier, sagte König Jakob I. von Aragon, seien sehr hochmütig und stolz: *de gran ufania e erguylhosos* . In den Lusiaden ist das Kastilische „ grande e raro ".

[15] Der Satz von Dante ist bekannt: „ l'avara Armut in Catalogna . Napier spricht von „den Katalanen, einer wilden und beständigen Rasse".

[16] Der Gallegan, „o Gallego cauto " und „ sordidos Gallegos duro bando", in Camões, bleibt immer der Gegenstand des spanischen Witzes. Die Bewohner der *Montaña* gelten als nahezu gleich dicht: „El montañés para Defender una necedad dice tres " und wieder „Von Burgos bis zum Meer ist alles Dummheit." Der Asturier aus der Region zwischen Galizien und der *Montaña* hat vielmehr den Ruf eines geschäftsmäßigen Schlaumeiers, er ist der *Astur avarus* von Martial und Silius Italicus ; als Gegenleistung für seine Prahlerei, nie ansteckenden Kontakt mit den Mauren gehabt zu haben, heißt es in einem Sprichwort: „El asturiano , loco y vano , poco fiel y mal cristiano ."

[17] „Para cantar los navarros , para llorar los Franzosen , para pegar cuatro tiros los mozos aragoneses ."

[18] In „El Imparcial ".

[19] Zwar war er ein spanischer Baske und reproduzierte lediglich in moderner Kleidung die Szene aus „Don Quijote", in der der Biskaya seine Mätressen in der Kutsche und bei Kämpfen ungeschützt zurücklässt, um zu zeigen, dass er von Geburt an a ist *Caballero* .

[20] Trunkenheit kommt in Spanien besonders selten vor. Ihre Nüchternheit wurde zum Vorwurf gemacht, sie beruhe auf Faulheit und mangelnder Initiative. Die zweite Hälfte ihres Sprichworts: „ Goza de tu poco mientras busca mehr el loco – Genieße das Wenige, das du hast, und lass den Narren nach mehr streben" ist in der Tat ebenso dumm, wie die erste Hälfte weise ist.

[21] Vgl. die „altos pensamientos " von Quevedos berühmtem Pablos von Segovia und seinem Vater, dem Barbier-Dieb, und dessen Bemerkung: „ Esto de ser ladron no es arte. " mecánica „Sino Liberal" – der Dieb ist kein einfaches mechanisches Handwerk, sondern ein liberaler Beruf.

[22] „Plackerei werden sie überhaupt nicht tun." Sir R. Wynn, „Eine kurze Beschreibung dessen, was die Diener des Prinzen auf ihrer Reise nach Spanien beobachteten." 1623.

[23] Sie haben jene vorübergehende isolierte Intensität, die M. Anatole France Männern der Tat zuschreibt: „ Ils Sie sind in dem Moment, in dem sie sind , vollständig vivent et leur Genie se ramasse sur un point. Es wird ohne Unterbrechung erneuert und nicht für längere Zeit vergehen ."

[24] Episoden Nationale . Narváez . 1902.

[25] Vgl. Joseph Townsend. „Eine Reise durch Spanien in den Jahren 1786 und 1787", 3 Bde. London. 1792: „Wir dürfen nicht glauben, dass die Spanier von Natur aus träge sind; Sie zeichnen sich durch ihre Aktivität aus, sind zu anstrengenden Anstrengungen fähig und ermüdungsfrei." Ein weiteres bemerkenswertes Urteil desselben Autors über die Spanier lautet: „Ihr Ehrgeiz strebt in allem nach Perfektion, und indem sie zu viel streben, erreichen sie oft zu wenig."

[26] „Non hi ha res al mon que vosaltres non faesset. " exir de mesura ."

[27] „La letra con sangre „entra ", ist ein trauriges Sprichwort der Spanier und in der modernen Bildung der gedruckten Seite sind sie mangelhaft.

[28] Vgl. die Sprüche: *Poderoso caballero es don Dinero; Dadivas quebrantan Peñas ; Dineros son calidad usw.* Sancho geht „mit dem sehr großen Wunsch, Geld zu verdienen", die Insel Barataria zu regieren. Die Tendenz besteht immer noch darin, zu horten statt zu investieren, wie es Don Bernard de Castil tat Blazo in *Gil Blas* , der 50.000 Dukaten in einer Truhe in seinem Haus aufbewahrt.

[29] Spanier genießen die Zeit lieber als Geschenk der Götter, anstatt sie zu verschwenden und zu versuchen, sie zu schön zu verbringen. *El timempo lo da Dios; Dios mejora las horas; Con el Zeit Maduran Las Uvas* . Für einen Bauern sind zwei Uhr an einem Märztag „vier weitere Stunden Sonne". Die Zeit wird von Uhren nicht mechanisch in winzige Abschnitte eingeteilt . Entfernungen werden in Stunden angegeben – eine Stunde bis eine Liga. Weniger verschwenderisch gehen die Katalanen mit den Minuten um; Auf die Frage eines Fremden nach der Entfernung zu einem Dorf in der Nähe von Tarragona antwortete ein Bauer schlau auf Katalanisch: „un cuart y mitj " – das heißt, das Dorf sei eine Viertelstunde und eine halbe Viertelstunde entfernt. Kurioserweise geben die Katalanen die Stunde wie auf Deutsch an, z . B. halb neun ist *dos cuarts de nou – halb Neun* .

[30] „El Caballero encantado ", 1909: „ Viven In einer Welt von Ritualen , Formeln , Rezepten und Rezepten . Die Sprache ist voller Aforismen , Lemas und Embleme ; _ Las Ideen Salen Plagadas de motes, y cuando las acciones quieren produzieren und ein Buscando la palabra en que han de encarnarse y no acaban de elegir ." Die Spanier sprechen mit Überzeugung von der großen Kluft zwischen Wort und Tat: – *del dicho al hecho hay gran trecho ; Los dichos de Nein , los hechos en Dios* .

[31] Vgl. ein Redner in den *Cortes* im Juni 1910: „ Aqui no hay nada tan alto como las clases bajas ."

[32] Don Ramiro de Maeztu hat über die aggressive Behauptung der Persönlichkeit geschrieben – *innecesária afirmación de las personas* – in Spanien.

[33] *Lo que no lleva Cristo lo llera el fisko* – „ Was die Kirche hinterlässt, erhält die Staatskasse", sagt ein altes Sprichwort.

[34] Ein Autor in Pérez Galdós ' *Fortunata y Jacinta* sagt, dass die Spanier diese *Pícara Raza* sind sich des Wertes der Zeit und des Schweigens nicht bewusst. „Man kann ihnen nicht klar machen, dass es dem Diebstahl einer Münze gleichkommt, wenn man sich das Schweigen anderer Menschen zu eigen macht." „Es ist ein Mangel an Zivilisation." Durch solch unspanische Kritik verrät Señor Pérez Galdós die Tatsache, dass er nicht in Spanien geboren wurde.

[35] Der Historiker Mariana zeigte mehr Patriotismus als Genauigkeit, als er schrieb, dass Spanien „nicht wie Afrika ist, das von der Gewalt der Sonne verbrannt wird, noch wie Frankreich von Winden, Frost und Luftfeuchtigkeit angegriffen wird." und Erde."

[36] Also Fr. Alonso de Espina schrieb, dass, wenn eine Inquisition eingerichtet würde, „ serían unzählige los entregados al fuego , los cuales si no fuesen Hier ... grausam castigados ... habrán de ser quemados de el fuego ewig ." La Fortaleza de la Fe. 1459.

[37] „Dieses Spektakel", sagt ein bewundernder Engländer im Jahr 1760, „ist sicherlich eines der schönsten der Welt, egal ob man es nur als Coup-d'œil betrachtet *oder als* eine Anstrengung der Tapferkeit und unendlichen Beweglichkeit der Menschen." Künstler."

[38] Doch sicherlich sollte kein Engländer einem Stierkampf beiwohnen, solange der moderne Brauch vorherrscht, ein grausam aufgespießtes Pferd herauszuführen, es zuzunähen und es für neue Leiden wieder hereinzubringen. Dies geschieht, um den Bauunternehmern des *Platzes* ein paar Schilling zu ersparen, und ist eine Schande für Spanien. Wer noch nie einen Stierkampf gesehen hat und kaum glauben kann, dass eine so

schmutzige und abscheuliche Praxis möglich ist, kann, wenn er den Mut hat, alle Einzelheiten in Señor lesen Blasco Ibáñez' Roman *Sangre y Arena* (1908).

[39] Die Inquisition war eine Tyrannei, die allgemein gefürchtet war, im Prinzip jedoch vom Volk unterstützt wurde. In Pepys lesen wir von „den Engländern und Holländern, die zur Arbeit (bei der Herstellung bestimmter Dinge) geschickt wurden, wurden mit einem Psalmbuch oder Testament mitgenommen und so geklatscht und das Haus abgerissen; und der größte Lord in Spayne wagt es nicht, ein Wort dagegen zu sagen, wenn das Wort Inquisition erwähnt wird." Vgl. die grundlose Angst der alten Frau in Quevedos *El Buscón* oder die Geschichte des Mannes, der, als ihn ein Inquisitor um ein paar Birnen bat, anhielt und ihm den ganzen Baum überreichte. Angriffe auf und Verspottung von Priestern in Spanien sind nicht ausschließlich modern; Der folgende Vers von Juan Ruiz (14. Jahrhundert) ist nur eines von unzähligen Beispielen in der gesamten spanischen Literatur:

„Como quier que los frayles et clerigos Denken Sie daran , dass Dios ihm dient _ Rico Está para morir
Quando Ich besitze meine Kinder , die mir die Qual der Wahl zukommen lassen wollen Comienzan luego a rennir ."

Aber in letzter Zeit ist die Zahl der Religionsgläubigen zurückgegangen, und die Antiklerikalen wurden durch bestimmte Missbräuche der Kirche zu einer mehr oder weniger groben Parade des Atheismus getrieben. Man hat den Eindruck, dass die Kirche das Leben eher zerstört hat, als nach seinem umfassenderen, edleren Ausdruck zu streben. So sagt ein Schriftsteller, EL André („ Ética Española", 1910): „Wir betrachten das Leben ausschließlich als Vorbereitung auf den Tod" und spricht von dem geringen *Espíritu Territorial,* den die Spanier besitzen. Vgl. Berceo , im 13. Jahrhundert: „ Quanto Hier Vivimos de ageno Moramos " – unser Leben auf der Erde ist ein Aufenthalt in einem fremden Land.

[40] Ehrlichkeit ist eine gemeinsame Eigenschaft der Spanier, aber sie haben möglicherweise keine sehr genaue Vorstellung vom Wert der Wahrhaftigkeit oder Ehrlichkeit in Worten.

[41] *La mujer y el fragile mal parecen en la calle* . Im Süden wie in Sevilla ist der Anteil der Frauen, die auf der Straße gesehen werden, auffallend gering.

[42] „El consejo de la mujer es poco", sagte Sancho, „y el que no lo toma es loco." Die Frauen behalten ihren Einfluss, aber dieser ist nicht eigentlich ihr eigener, sondern der der Kirche.

[43] Der Ausdruck „*Seguir sin novedad*" wird immer noch verwendet, um anzudeuten, dass alles gut läuft. Doch immer mehr Politiker plädieren

mittlerweile mit etwas derber Heftigkeit für „Neues". Es ist eine Reaktion gegen die Apathie, die mit verschränkten Händen wartete –

„ Vuolsi così colà dove si puote
Ciò che si vuole , und mehr nicht dimandare ."

[44] Vgl. das von Samuel Pepys erwähnte charakteristische Merkmal: „Sie werden gegen ihren König, ihre Kommandeure und Generäle schreien, niemand wie sie auf der Welt, und doch werden sie keinen Fremden hören, der ein Wort über sie sagt, sondern werden ihm die Kehle durchschneiden."

[45] Es ist jedoch wahr, dass sich die Masse der spanischen Nation noch immer nach wirklich spanischem Vorbild entwickeln muss: daher ihre gegenwärtige Schwäche und ihre potenzielle Stärke in der Zukunft, wenn sich eine Zivilisation mit wahrhaft nationalem Charakter durchsetzen wird die künstliche Zivilisation der aus Frankreich importierten Kultur und der aus Rom importierten Religion.

[46] Die ätherisch schöne Kathedrale von León liegt etwas abgelegener.

[47] Einige der Nebenstraßen Andalusiens sind ausgezeichnet und gut befahrbar, wenn auch schmal. Aber zwischen den Straßen der meisten Provinzen gibt es wenig Auswahl. Kein Wunder, dass es in Spanien einen Heiligen gibt, der als Beschützer der „Wanderer und Sterbenden" angerufen wird. Ford bemerkte, dass der Rest Spaniens die Milchstraße zwar „die Straße nach Santiago" nennt, die Galleganer es aber selbst besser wissen und sie „die Straße nach Jerusalem" nennen. Die Straßen von Kleinstädten zu ihren Bahnhöfen, die den *Municipios* unterstehen , sind besonders schlecht und überraschen den neu angekommenen Ausländer. Doch tatsächlich sind die Straßen in der unmittelbaren Umgebung so wichtiger Industriestädte wie Valencia und Barcelona oft in einem beklagenswerten Zustand, und nicht selten sieht man Obst- und Gemüsekarren, die in tiefen Schlammfurchen feststecken.

[48] Ticknor spricht im Jahr 1818 von Spanien als „einem Land wie diesem, in dem alle bequemen oder anständigen Arten des Reisens versagen", von den „abscheulichen Straßen" und von den Gasthäusern als „elenden Hütten", denen es an Proviant mangelt. Eineinhalb Jahrhunderte früher, Mme. d' Aulnoy sagte: „Sie betreten kein Gasthaus, um zu speisen, sondern tragen Ihren Proviant bei sich." Aber die Jahrhunderte vergehen nicht für spanische Gasthäuser.

[49] Eine Bäuerin in der Nähe von Almería trug ein langes gelb-rosa Kopftuch, einen leuchtend roten Schal, ein hellblaues Mieder, einen Rock in Weiß und Lila, eine dunkelblaue Schürze mit weißer Linie, rote Strümpfe, gelbe Sandalen und trug einen zweiten Schal von leuchtend oranger Farbe , aber dennoch harmonisch im grellen Sonnenlicht verschmolzen .

[50] Besonders in Sachen Briefe sind die Unwissenheit, Gleichgültigkeit, Fehler und Verzögerungen der Beamten für einen Engländer unvorstellbar, und nicht zuletzt in Madrid, wo ein Brief zwei Monate lang aufbewahrt und übergeben wurde , nach mehrmaliger Nachfrage, mit deutlich sichtbarem Datum des Madrider Poststempels, *siebzig* Tage früher. Es wird jedoch über Reformen nachgedacht. Ausländische Briefe schneiden in der Regel besser ab als andere. Eine am 15. Mai in Granada aufgegebene Karte und ein am 26. Mai in Frankreich aufgegebener Brief kamen beide am 27. Mai (1911) in Barcelona an.

[51] Die frühere Bedeutung von St. Jean de Luz (im Baskischen Donibane Lohitzune) wird durch die Linien dargestellt:

„Saint Jean de Luz, petit Paris
Bayonne, son écurie ."

Ähnlich ist die stolze Prahlerei Almerías:

„ Cuando Almería Ära Almería
Granada Ära su alquería ."

Victor Hugo beschreibt St. Jean de Luz im Jahr 1843 treffend als „un village cahoté dans les anfractuosités de la montagne ".

[52] Englische Übersetzung von 1692.

[53] Im Jahr 1623 beschreibt Sir R. Wynn das Land in der Nähe von „Bilbo" als „ganz unendlich felsig, bedeckt ". nur mit Furrs und ein paar Wacholderbäumen."

[54] In St. Jean de Luz, wo Ludwig XIV. war mit der Infantin verheiratet, ein Haus hört noch immer die Inschrift —

„ L'Infante je reçus l'an mil six cent soixante
On m'appelle depuis le Chasteau de l'Infante ."

[55] „Par Berufung." Paris. 1905.

[56] „ *Vulnerant omnes, ultima necat* . — Alle Stunden verwundet, die letzten Tötungen."

[57] Vgl. Frau. d'Aulnoy : „Wir waren hier sehr gut bewirtet , so dass unsere Tische mit allerlei Wildvögeln bedeckt waren."

[58] Das baskische Gedicht „ *Altabiscarraco Kantua* , der Siegesgesang, galt als großartig, als man glaubte, dass er Jahrhunderte alt sei, und obwohl er zweifelsfrei als modern erwiesen ist, können wir immer noch wagen, ihn für großartig zu halten: „Ein Schrei ist unter den zu hören Baskische Berge und die Etchecojauna , die vor seiner Tür steht, hört zu und sagt: „Was ist das?" Wer ist da?' und der Hund, der zu Füßen seines Herrn schläft, erhebt

sich und erfüllt die Region Altabiskar mit seinem Gebell." Eine Zeile lautet:
„ *Cer Nahi zuten Abbildung Menditarik Norteko Gizon Horiek ?* – Was wollen
diese Männer des Nordens in unseren Bergen?" und ein anderer: „Warum
sind sie gekommen, um unseren Frieden zu stören?" Die Basken müssen oft
eine ähnliche Frage gestellt haben, als sie sahen, wie sich Ausländer jüngerer
Rassen um ihre Berge drängten; aber trotz dieser Eingriffe ist es den Basken
gelungen, einen Teil ihrer Sprache und Bräuche zu bewahren, wie das Wasser
ihres Sprichworts, das nach tausend Jahren immer noch seinen alten Lauf
nimmt: „Mila urthe . *" igaro eta ura bere bidean – Después de años mil, vuelve el rio
á su kubil* ."

[59] Rymer , „ Foedera ".

[60]

SARARI
BALHOREA
RENETALE
YALTASSUN
AREN SARIA
EMANA LUIS
XIV. 1693.

Die Wörter *balhorea* (Tapferkeit) und *leyaltassuna* (Loyalität) sind typisch für
das Fehlen wirklich baskischer abstrakter Wörter.

[61] Der Berg La Rhune oder Larrhun liegt zur Hälfte in Frankreich,
zur Hälfte in Spanien. Sein Name ist baskisch und leitet sich von *larre* , Weide,
und *on* , gut ab (in Navarra gibt es einen Fluss Larron und ein Dorf Larraona
); aber die erste Silbe ist zum französischen Artikel geworden, und eine untere
Flanke des Berges ist als „La petite Rhune " bekannt.

[62] Napier, der keine Rechtschreibungsbegabung besaß, schreibt
Atchuria oder Atchubia . Das Wort bedeutet „Weißer Felsen" (*aitz* , Fels und
churi , weiß) und sein spanischer Name ist Peña Plata, Silberberg.

[63] Die Schlechtigkeit ihres Französisch wurde im Sprichwort „ Parler
" lächerlich gemacht Französisch Komm une vache (*dh* baskisch)
espagnole."

[64] Dennoch kommen in einem Kodex aus dem 12. Jahrhundert
achtzehn baskische Wörter vor, die bis auf vier immer noch verwendet
werden, wenn auch in leicht veränderter Form. Die baskische Sprache liefert
viele Beweise für das extreme Alter der Basken. Die Wörter für „Messer",
„Axt" usw. leiten sich von *aitz ab* , was „Stein" bedeutet. Die Wörter für
„Montag" (*astelhena* , „erster Tag der Woche"), „Dienstag" (*asteartea* , „Mitte
der Woche"), „Mittwoch" (*asteazkena* , „letzter der Woche") weisen auf eine

Woche hin 3 Tage. Die Zählung ist vigesimal: „vierzig" ist *berrogoi* (zweimal zwanzig); „sechzig", *hirogoi* (dreimal zwanzig). Das Wort für „zwanzig", *hogoi* , hat eine merkwürdige Ähnlichkeit mit dem griechischen ε ῖ κοτι und dem Schafschlagen *Gigget* . Es gibt keine allgemeinen Begriffe — kein Wort für „Baum" (für den *Arbola* verwendet wird), sondern für verschiedene Baumarten; kein Wort für „Schwester", sondern für „Schwester des Bruders", „Schwester der Schwester"; und es werden keine abstrakten Begriffe (*karitatea* , *prudentzia* usw.) verwendet.

[65] Der beste Bericht über die Basken findet sich in „ Loisirs d'un Étranger au Pays Basque" des verstorbenen Herrn Wentworth Webster und in seinem Werk „Die Basken, das älteste Volk Westeuropas"; in M. Julien Vinsons „Les Basques et le Pays Basque" und Francisque Michels „Les Basques".

[66] Ein französischer Schriftsteller, Le Pays, spricht über das Baskenland im 17. Jahrhundert: „La joye y begin avec la vie et n'y. " endlich qu'avec la mort. Elle paroist de kündigt an leurs Aktionen. Les prestres de ont Ihr Teil ist auch so gut wie die anderen . Ja Bemerkung qu'aux Nein c'est Heutzutage le Pfarrer , der Branle ist ." Ein anderer Franzose aus der gleichen Zeit sagt, dass die Labourd -Basken „des gens toujours " seien Fols et Souvent yvres . In ähnlicher Weise sagt Larramendi , dass die Basken „ muy " seien Neigungen zu Festen ."

[67] Vgl. ihre Sprichwörter: „Lan lasterra , lan alferra — Schnelle Arbeit, müßige Arbeit;" und „ Geroa , alferraren leloa — Morgen ist der Refrain des Müßiggangs."

[68] Das große Spiel in Irun zwischen französischen und spanischen Basken um das Jahr 1840 ist zu einer Legende geworden und wird von den Bauern immer noch erwähnt. Gascoña , dem wichtigsten französischen Spieler, wurden 10.000 Francs „pour faire trahison " angeboten , er lehnte jedoch ab, auch wenn es das Zehnfache der Summe wäre. Ochsen, Feldfrüchte, Felder und Häuser wurden frei verwettet. Der Ball, so wird uns erzählt, sei zum Aufschlagen leicht durchnässt worden, es lagen verstreute Farbreste auf dem Spielfeld, und Gascoña , der es gewohnt war, barfuß zu spielen, rief ein Paar schwere Holzschuhe herbei *und* setzte das Spiel fort. Die Franzosen siegten und mussten ohne Umziehen und mit der *Chistera* am Arm über die Grenze fliehen. Damals verließen die Bauern ihre Höfe, um aus Liebe zum Spiel zu spielen. Heutzutage liegt das Spiel in den Händen weniger Profis, zum Wohle der Ausländer wird das Ergebnis oft vorher festgelegt. „ Aujourd'hui ", sagte ein alter Spieler der Grenzregion, „les joueurs. " Gast quelquefois : nous ne riions pas, nous."

[69] Antaño , en los antaños , dans le temps.

[70] Corografía de Guipúzcoa : „Nein, es ist glaubwürdig si no se ve el Viel Pan y cera que se ofrece .... Además en tales grandes Beerdigungen Por modo de ofrenda se trae á la puerta de la iglesia un buey vivo en unos lugares y en otros un carnero también vivo que, acabado el oficio , se vuelve á la casería ó carnicería , y por Esto se paga al cura una cantidad bestimmt en dinero." Er schätzt die Hauskosten auf 500 Duros (oder Dollar) und die Kirchenkosten auf weitere 500, was für die damalige Zeit wirklich eine immense Summe war. Wenn die Bestattungen in der Kirche stattfanden, wurden auf dem Grab Opfergaben aus Brot und Wachs dargebracht.

[71] Die Musik und der Text stammen von Iparraguirre .

[72] Sare .

[73] Urrugne , über der Sonnenuhr an der Kirche.

[74] Heiliger Jean de Luz.

[75] Saint Pée , früher Stus . Petrus de Ivarren . „Es gibt ein kleines Dorf namens St. Pé , wo ich ein oder zwei Tage wegen sehr schlechtem Wetter aufgehalten wurde. Ich war beim Pfarrer untergebracht , einem guten alten Mann, dessen Gespräch über den Zustand Frankreichs mir wichtige Erkenntnisse brachte. Er war sehr klug und sehr gut informiert und vertrat nicht nur die richtigen, sondern auch umfassende Ansichten der Dinge." – *Der Herzog von Wellington an JW Croker.*

[76] In der Nähe von Louhossoa .

[77] „Erinnere dich an den Tod." – Ossès .

[78] Vizcaya und Guipúzcoa sind neben Barcelona und Pontevedra die am dichtesten besiedelten Provinzen Spaniens. Die Basken verfügen über ein Verwaltungsgenie, das in anderen Teilen der Halbinsel nicht zu finden ist. Ihre hervorragenden Straßen und sauber gehaltenen Städte bilden einen markanten Kontrast. Sie haben eine wahre Liebe zur lokalen Unabhängigkeit, und im 18. Jahrhundert finden wir zwei baskische Grenzdörfer, Vera und Sare , die sich in einem Vertrag als „zwei Republiken" bezeichnen. Der Vertrag betraf Yerbas y Aguas y Bellotas ; Gras, Wasser und Eicheln. In ähnlicher Weise sind heute in den baskischen Provinzen Gruppen kleiner Dörfer und Häuser zu freien „ Hermandades ", „ Universidades ", „ Anteiglesias " und „ Valles " zusammengeschlossen. Die wenigen verbleibenden Privilegien werden eifersüchtig gehütet. Die Navarresen werden Ihnen mit Stolz erzählen, dass ihre Provinz die einzige ist, in der ein Mann bei der Wehrpflicht einen Stellvertreter finden darf.

[79] Der spanische Ministerpräsident selbst hat im Senat (Oktober 1910) gesagt, dass die Weiterentwicklung der baskischen Provinzen als andere Teile Spaniens nicht auf ihre Verdienste, sondern auf die

Bevorzugung der Regierungen zurückzuführen sei . Eine Kenntnis der Basken rechtfertigt diese Aussage jedoch kaum. Seit der Abschaffung der *Fueros* , sagt der verstorbene Mr. Butler Clarke in „Modern Spain", „beschränken sich ihre Bemühungen darauf, die Verwaltung ihrer Provinzen zu einem Modell für den Rest Spaniens zu machen."

[80] Die Basken rächten sich durch die Hand von M. l'Abbé d'Iharce de Bidassouet . In seiner „ Histoire des Cantabres ", tom. I. Paris, 1825 (Bd. II. wurde nicht veröffentlicht), er leitet alle Ortsnamen vom Baskischen als der Originalsprache der Welt ab. „Je ne serai pas assez Hardi ", sagt er, „pour soutenir que le Père Éternel parlât Baskisch ", aber er ist wirklich davon überzeugt, dass es so ist. L'Andalousie leitet er mit Hilfe des Artikels von zwei baskischen Wörtern ab: „ landa" . lusia ", langes Land. Versailles ist ein baskisches Wort, ebenso Athen und Helicon. Norwegen stellt ihn einen Moment lang vor ein Rätsel, aber schon bald mit der Bemerkung: „ Norvège est un mot altéré et corrompu ", wirft er es beiseite und setzt seinen rücksichtslosen etymologischen Kurs fort. Für den verantwortungslosen Philologen bietet das Baskische sicherlich ein reizvolles Feld. Beispielsweise wurde der Name des verlassenen Salzsees Kevir in Persien von einem Wort „ gavr " oder „ gav " („hohl", „ Vertiefung") abgeleitet . Im Baskischen bedeutet „ gabe " „ohne", und das Wort für Nacht ist ebenfalls „ gabe " (zweifellos eine Mulde ohne Licht). Dann haben wir die Gaves , de Pau, d'Oloron usw.; das spanische „ Gaveta " (eine Schublade), „ Gavia " (Grube, die zum Pflanzen eines Baumes gegraben wurde); „ Cavus ", „Höhle" und so weiter. Aber um Rückschlüsse auf die Herkunft der Iberer zu ziehen, darauf, ob dieselben oder verschiedene Völker den Kaukasus und die Pyrenäen bewohnten, oder sogar darauf, ob „le Père Éternel ." parlât Basque" ist eine ganz andere Sache, die mit unzähligen Fallstricken behaftet ist.

[81] Siehe Wentworth Webster, „Les Loisirs d'un Étranger au Pays Basque." 1901. Dies war eine übliche Praxis der Römer, die im Land der Basken auf Wörter stießen, die so grob und abscheulich waren wie ihre lateinische Aussprache: „quorum nomina ", laut Pomponius Mela „nostro ore concipi ". nequeunt ", würde diese Namen glätten und abrunden und ihnen eine lateinische Ableitung geben. Die Spanier haben möglicherweise dasselbe im Fall der Insel Valencia in der Grafschaft Kerry getan. Die Form auf alten Karten ist Ballinish (*Innish* , „Insel" und *Ball* , „Heimat" oder vielleicht „Mündung" – der Hafen , die Mündung der Insel), und die Bauern sprechen immer noch den Namen Valinch aus .

[82] Doch diejenigen, die Barcelona mit dem Rauch und der Düsternis einer Industriestadt in Verbindung bringen, nachdem sie gehört haben, dass sie als das Manchester Spaniens bezeichnet wird, irren sich. Barcelona verdient noch immer das Lob des venezianischen Botschafters im 16. Jahrhundert, der es eine „ Bellissima " nannte città ", mit „ copia di giardini".

bellisimi " und der Lobpreisungen von Cervantes in „Don Quixote" und in „Las Dos Doncellas", wo es die „Blume der schönen Städte der Welt und eine Ehre für Spanien" ist.

[83] „ España : Hombres y paisajes ." 1909.

[84] Ein spanisches Sprichwort sagt: „Wenn es regnet, regnet es; wenn es schneit, schneit es; aber es ist schlechtes Wetter, wenn es weht." Die Landwirtschaft ist in vielen Teilen Spaniens wörtlich „ ἀ π ἀνευθεν ". ἐ π' ἀ γρο ῦ π ἠυ ατα π ἀσχειν – Leid auf dem Land zu ertragen."

[85] Vgl. Pío Baroja , „César ó Nada." Madrid, 1910: „Hay una hora en Estos pueblos castellanos, adustos y viejos , de paz y serenidad ideales . Es el Comenzar de la Mañana . Todavía los Gallos cantan , las campanadas de la iglesia se derraman por el Die Luft und die Sonne dringen ein in las calles de ráfagas de luz. Die Maschine ist eine Verwässerung der Klarheit , die zu einem Niederschlag führt nüchtern El Pueblo Amarillento . El cielo está blau , el Luft limpio , puro y diáfano ; die Atmosphäre Transparente nicht da casi Wirkungen der Perspektive und ihrer Masse _ hace vibrar die Contornos de las casas, die campanarios und die remates de los Tejados . El viento frío y sutil juega en las encrucijadas y se entretiene de Torcer los Tallos de Los Geranien und los Claveles que llamean de los Balkone . Heu por Todas Es besteht aus einer Farbe der Farbe und der Farbe , die aus den Augen kommt Hornos Donde se cuece el pan, y un olor de alhucema que viene de los Zaguanes ." Kastilien wurde von den Romanautoren im Vergleich zu anderen Regionen ein wenig vernachlässigt. Doch kürzlich Ricardo León (in „El Amor de los Amores ", 1910), hat die *Ancha , heroica tierra de Castilla* , ihre strenge Einfachheit und Stärke, ihre heitere Atmosphäre, ihre goldenen Ernten, ihre Schafherden, klaren Bäche, nach Thymian duftenden Einsamkeiten und fernen Horizonte gepriesen. Und *Azorín schildert* in einer kurzen Studie „ En la Meseta " (*La Vanguardia* von Barcelona, 4. Januar 1911) wie in seinen Büchern „ España ", „El Alma Castellana " und „Los Pueblos" gekonnt den inneren Geist von Kastilien: „Por la ventana se columbra un paisaje llano, seco, desmantelado ; á lo lejos se divisan unas montañas con las cimas blanko por la nieve .... Todo el silencio , toda la rigidez , toda la adustez de esta unbeweglich vida castellana está konzentriert de los rebaños que cruzan la llanura lentamente y se recogen de los oteros y los Valles de las Montañas . Mirad ese rabadán , envuelto de su Kap récia y parda , contemplando un cielo Azul sin nubes , ante el paisaje abrupt und grandios vom Berg , y tendréis erklärt el tipo del campesino castellano castizo , histórico : edel, streng , ernst und elegant de el ademán , corto , sentencioso y agudo on sus razones ."

[86] Señor Gasset , Minister für öffentliche Arbeiten, schlägt nun vor (in einem Plan, der dem Kongress am 9. März 1911 erläutert wurde), in zehn Jahren 27 Millionen *Peseten* für die Aufforstung auszugeben.

[87] Martial sagt in Bezug auf die Häufigkeit der Winde in Spanien:

„ Debes non aliter timer risum
Quam ventum Spanius .“

[88] El Conde Lucanor , „ Enxemplo 30:“ „... el Rey Casa de Abenabet de Sevilla mit Romayquia und Amábala muy Aber das war die Welt und ihre Zeit war sehr groß Buena Frau , et los moros Han della muy buenos enxemplos : pero una manera Habia que non era muy Buena , esto era, que á las vegadas Tomaba Algunos antojos á su freiwillig . Und ich weiß , dass es ein Tag ist en Córdoba en el Mes de Febrero , cayó una nieve , et cuando Romayquia esto vió comenzó á llorar et el Rey preguntóle porque lloraba , et ella Dijó que porque nunca la dejaba estar en tierra que hubiese Nieve . Et el rey , por le facer placer, fize poner Almendrales por Toda la tierra de Córdoba, porque Es ist möglich, dass Córdoba ein hochkalientes Land ist und nicht in der Tiefgarage liegt año , que en el Februar paresciesen los Almendrales floridos et le semejasen nieve , por le facer perder aquel deseo de la nieve .“

[89] George Eliot, „Der spanische Zigeuner“. Die violetten Schatten sind der Effekt dunkler Felsflecken, die durch das transparente blaue Wasser zu sehen sind.

[90] „ *Papel y tinta y poca.* “ *justicia* , Papier, Tinte und wenig Gerechtigkeit“, sagt das Volk in einem seiner Sprichwörter. Sie sind der Meinung, dass Rache in Spanien zwar eine Art wilde Gerechtigkeit ist, dies aber allzu häufig der Fall ist.

[91] Barretti's Dictionary (Ausgabe 1778) beschreibt *Socarrón auf malerische Weise* als „einen schlauen, subtilen Kerl; ein Erzbolde.“

[92] An der Straße von Tortosa nach Valencia steht ein Steinkreuz mit der kläglichen, schlecht geschriebenen Inschrift: „ Aqui murió Sofortige Fahrt mit dem Auto por habersele desembocado el Mulo Domin co Cugat Jardi 30. August 1894. RIP Carrateros Ja Veis lo que paso este Infelis . „Carters, wissen Sie, was mit diesem unglücklichen Mann passiert ist.“ Doch die Fuhrleute in ganz Spanien verschlafen weiterhin die langen Stunden auf der Straße.

[93] Die neuesten verfügbaren Statistiken zeigen, dass zwar 90 und 80 Prozent. der Wähler in einigen nördlichen Provinzen Spaniens können lesen und schreiben, in Andalusien liegen die höchsten Durchschnittswerte bei 51

und 50 (Provinzen Cádiz und Sevilla), in der Provinz Córdoba bei nur 41, in Almería 38, in Granada und Jaén 35 , von Málaga 34.

[94] „Kapitel zur spanischen Literatur." 1908.

[95] „ N'uma Ich habe geschrieben und keine Worte gefunden . "

[96] M. Boris de Tannenberg hat über „ Sotileza " hervorragend gesagt: „ C'est que plus une ." Das Werk zeichnet sich durch eine lokale Marke und eine Chance aus, sich zu entwickeln Universell , unter der Bedingung, dass der Autor , die Besonderheit des Geistes und der Sprache , darin liegt durchdringen jusqu'au gern gemeinsam d'humanité ." Und Don Marcelino Menéndez y Pelayo , der König Alfons am 23. Januar 1911 bei der Zeremonie der Enthüllung der Pereda-Statue durch Señor in Santander vertrat Collaut Valera (Neffe des Schriftstellers Juan Valera) sagte in seiner Rede: „Seine Bücher, so lokal, dass sogar die Bewohner des Berges ein Glossar benötigen, und so spanisch wie die meisten spanischen Schriften seit Cervantes und Quevedo, sind zutiefst menschlich." aufgrund der Intensität des Lebens, das sie enthalten, und der stillen Majestät, mit der es entwickelt wird."

[97] Wir vergessen leicht, dass die Menschen im Mittelalter, wenn sie sich beharrlich auf den unheimlichen „Tanz des Todes" konzentrierten, auch die Freuden des Lebens in vollen Zügen empfanden. Das „ Poema del Cid" singt keine Variationen über das Thema „Wie gut ist das Leben des Menschen, das bloße Leben", sondern das Gefühl selbst erscheint in jeder Zeile.

[98] Der König hatte „Briefe an León und Sanctiague , an die Portugiesen und Galizier, an die von Carrión und die Männer von Kastilien" geschickt, um einen *Cort anzukündigen dentro de Tolledo* , um zwischen dem Cid und den Grafen von Carrión zu urteilen . „Seit ich König war", sagt er, „habe ich nur zwei *Cortes inne* , einen in Burgos, den anderen in Carrión , diesen dritten in Tolledo habe ich heute inne."

[99] James Fitzmaurice-Kelly. „Kapitel zur spanischen Literatur", S. 231.

[100] Siehe S. 151 , 222-238 . Pereda ist vielleicht der außerhalb Spaniens am wenigsten gelesene spanische Romanautor. Dennoch ist es kaum zu viel zu sagen, dass jemand, der Pereda nicht schätzen kann, den Geist Spaniens nicht verstehen oder den wahren Geschmack Spaniens spüren kann.

[101] „Kapitel zur spanischen Literatur", S. 246.

[102] Andrés González-Blanco, „Historia de la Novela de Spanien desde el Romanticismo hasta nuestros días." Madrid. 1909.

[103] La Primera República. Madrid. 1911.

[104] Siehe Seite 214 .

[105] Señor Picón , dessen Schriften eher exquisit als umfangreich sind, ist der Autor von „Dulce y Sabrosa " und mehreren Kurzgeschichten. Ein spanischer Kritiker, Señor Gómez de Baquero , sagte über ihn: „Während seine Gedanken in die Zukunft blicken, hört sein Stil auf die goldene Musik der Vergangenheit." Sein neuestes Werk ist „Juanita Tenorio", ein langer Roman (veröffentlicht als Band 3 seiner Gesamtwerke im Herbst 1910), in dem es seiner Kunst, so geschickt und zart sie auch ist, nicht ganz gelungen ist, das Schmutzige in den Schatten zu stellen des Themas durch die Magie des Stils. Das folgende Zitat – eine Beschreibung von Madrid, das man nachts aus einem Dachbodenfenster sieht – gibt einen Eindruck von seinem zurückhaltenden und klaren Stil: „Era noche Cerrada . Zunächst einmal konnte ich die Aussicht auf die Großen nicht wahrnehmen Masas angulosas y obscuras de muros , parodones y tejados : descollando por encima de ellos Chirurg los contornos de torres y campanarios, cuyos puntiagudos Kapitelle , Kubiertos de Pizarra , Recogían el escaso Claror de las Estrellas ; acà y allà rompían la superficie negra de las fachadas los rectángulos de luz amarillenta que forman los Balkone Alumbrados innerlich , y al través de algun vidrio Brillaba el resplandor Solitario de una lámpara con su Farbbildschirm ; de las chimeneas salían nubecillas de humo , que, flotando wie Manchas Fugen en la lobreguez del ambiente , se desvanecían en la altura ; por entre las manzanas de casas, á lo largo de las calles rectas , divisabanse las hileras de los Farolen , Cuyas Lamas Reverberaban de Kristalle und Vidrieras , ó á trechos algún arco voltáico bestrahlen Intenso Fulgor Blanquecino ; y de aquel conjunto de sombras esmaltadas de toques luminososos so alzaba Das Gerücht verwirrt die Mil Ruidos Diversos ; rodar de vehículos , vocear de vendedores , gritar de chicos y cantar de criadas ; Ja el tecleo de un Piano, ja el lento sonar de las campanadas de un reloj ."

[106] „César ó Nada" ist der erste Teil einer Trilogie mit dem Titel „Las Ciudades "; Eine weitere Trilogie, „El Mar", beginnt mit „Las Inquietudes de Shanti Andía " (1911), einer lebendigen, unzusammenhängenden Erzählung über das Leben abenteuerlustiger Seeleute der baskischen Küste im kleinen Fischerhafen von Luzaro und auf ihren fernen Reisen. Der Stil bzw. die Abwesenheit von Stil ist klar, durchsichtig, gleichsam brüchig durch den Schock abrupter kurzer Sätze, durchsetzt mit klangvollen baskischen Namen und groben Bruchstücken baskischer Lieder. Auch auf Baskisch finden sich Hinweise auf den Ort, an dem die Truhen mit Goldmünzen begraben liegen, die ein geiziger Sklavenhändler gehortet hatte. Aber das Buch endet mit der traurigen Überlegung: „Niemand in Luzaro ist jetzt bereit, Seemann zu werden. Los vascos se retiran del mar."

[107] Sechs Jahre nach Galdós , sechzehn vor Blasco Ibáñez, eines vor Alas und Picón und zwei vor Palacio Valdés.

[108] F. Vézinet , „Les Maîtres du Roman Espagnol Contemporain ", Paris, 1907.

[109] Tatsächlich kann man bei der Lektüre der neueren Romane von Señora Pardo Bazán , „La Quimera ", „La Sirena Negra" oder „Dulce Dueño " (1911), so beeindruckend und originell sie auch sind, nicht umhin, zurückzublicken etwas bedauernd wandte sie sich ihren galizischen Romanen der achtziger Jahre zu.

[110] „Le trait essential du réalisme de Pereda c'est la sympathie avec laquelle il décrit les mœurs. " Populär , ohne übertriebenen Optimismus , aber mit einer profunden Wahrsagerei poésie intime. Pereda zielt darauf ab, die Menschen bei schlechtem Wetter zu treffen d'artiste , pour ce que celui - ci a de pittoresque et d'original ; il l'aime aussi en homme et en chrétien , comme une Humanität und Einfachheit, spontane und naive Gefühle . Wir verheimlichen uns nicht Großartig und ses miserös , aber wir haben unsere Kinder über uns gebracht vertus Ignorierte ; Nur chez les êtres Durch das Laster degradiert , il nous montre Was für ein edler Instinkt, der überlebt und bei jeder Gelegenheit zum Vorschein kommt . Usw _ réalisme , qu'illumine Tut mir leid , Respekt l'homme en le peigant Même dans ses vulgarités du ses Laien . Boris de Tannenberg. L'Espagne literarisch . Paris, 1903.

[111] Das Land zwischen Burgos und dem Atlantik, bekannt als „ *Montaña* " mit Santander als Hauptstadt, ist ein Gebiet mit durchgehenden Bergen und Hügeln und steilen Wiesen und Maisfeldern, mit kaum einem Zentimeter ebenem Boden. Die Hügel weit oben sind mit Kastanien und Eichen, Buchen, Walnüssen und Bergahornen bedeckt; Rauschende Bäche sind in tiefen Waldspalten verborgen, und raue Steinmauern trennen Feld von Feld, wo die Schnitter, die ihre Sensen nur mit Mühe führen können, nur einen steilen Halt finden. Die Dörfer und verstreuten Bauernhöfe bestehen aus massivem gelbem Stein, haben Dächer aus dunkelbraunen Ziegeln und breite Balkone, die an grauen Holzpfosten an den vorspringenden Dachtraufen hängen.

[112] Dennoch muss die klare Pracht des Himmels von Kastilien einen Zauber auf den Ort ausgeübt haben. Der vorherrschende Eindruck in Madrid ist heute in der Tat der von Licht und offenen Räumen, die Puerta del Sol im strahlenden Sonnenschein, die Carrera de San Jeronymo, die scheinbar ins Leere verläuft, das umliegende Land weithin sichtbar und baumlos , die klaren blauen Berge und der Himmel vom Rand bis zum Zenit, der mit einem Glanz blendenden Lichts überzogen ist, so dass „ ogni. " parte ad ogni Teil Pracht ."

[113] „La Montálvez " (1888) und „ Nubes de Estío " (1891) sind vielleicht seine schwächsten Werke. „ Nubes de Estío " ist ziemlich ermüdend, bis der Duque de Cañaveral eintrifft und „wie ein Jupiter unter kleine Götter fällt". „Al Primer Vuelo " (1890) ist ein Roman über die kantabrische Küste, jedoch ohne die ganze Salzigkeit und Kraft von „ Sotileza ".

[114] M. Boris de Tannenberg spricht von „ l'âpre Saveur de sa langue, peu rude et fruste, mais solide , muskulös und haute en couleur."

[115] Der Unterschied zwischen diesen Künstlern in der Prosa lässt sich am besten durch das Zitat veranschaulichen: „El Cura abrió la ventana y miró al cielo . Apenas Brillaban las estrellas . Estúvose Ruhig und meditierend , mit Los ojos fijos en la sombra de los Montes . Bajo la bóveda de la noche , todos los Gerüchte parecían llenos de prestigio . El ladrido de los perros , el paso de las patrullas , el Agua del Rio In den Presas , eran voces religiosas y misteriosas , como esos anhelos Ignotos que estremecen á las almas en su noche oscura ." (Valle- Inclán , „ Gerifaltes de Antaño ".) Hier haben wir die klaren, dünnen Umrisse, die einstudierte Zurückhaltung des Bewunderers von El Greco. In der folgenden Passage aus Leóns „ Alcalá de los Zegríes ", finden wir die sinnlichere, glühende Fantasie des andalusischen Schriftstellers: „ Fué Alfonso hacia la ventana y apoyó la ardorosa frente de los Kristalle . Todo era silencio y soledad . Las Estrellas oscilaban de el cielo ; la ancha bóveda , oscura , estaba acribillada de lucecillas Tremulas . Una fogata Brillaba á lo lejos de el campo. Y en el Silencio Grave, en la callada sombra, las puertas de bronce del misterio se abrían de par en par." In den Händen beider Autoren entfaltet Kastilien sein volles Ausmaß an Zauber.

[116] Señor Cossío veröffentlichte sein bekanntes Werk „El Greco", 2 Bände . Madrid, 1908. Der zweite Band besteht aus Illustrationen von El Grecos Bildern; Die meisten Reproduktionen sind jedoch leider etwas undeutlich. Die Reproduktionen von Fotografien in einem kleinen Buch, „El Greco", von AF Calvert und C. Gasquoine Hartley. London: John Lane, 1909, sind viel klarer. Die Illustrationen in „Le Greco" sind hervorragend. Von Maurice Barrès und Paul Lafond. Paris: Mehlig, wie auch die Bilder von El Greco in Herrn Meier Graefes „ Spanische Reise ", Berlin, 1910. Im Oktober 1910 erschien eine kurze wissenschaftliche Studie, „El Greco en Toledo". Von Francisco de Borja de San Román und Fernández. Madrid: Suárez. Es enthält 88 Originaldokumente von großem Interesse, insbesondere das von seinem Sohn Jorge Manuel am 12. April 1614, fünf Tage nach El Grecos Tod, erstellte Inventar der Besitztümer (*vienes*) von El Greco, dessen Entdeckung und Veröffentlichung wird, wie der Autor sagt, allen El-Greco-Liebhabern große Freude bereiten. Dieses enthält über 100 Bilder von El Greco (teils unvollendet), 200 Drucke, 150 Zeichnungen, 15 Skizzen, 20 Gipsmodelle, 30 Modelle in Ton und Wachs usw. Zu den

griechischen Büchern gehören Josephus, Xenophon, Demosthenes, Isokrates, Homer, Politik und Physik des Aristoteles, Altes und Neues Testament, Lucian, Plutarch (bite di Plutarco), Aesop , Euripides. Zu den Italienern gehören Petrarca und Ariosto, aber fünfzig weitere italienische Bücher, davon siebzehn über Liebesromane und neunzehn über Architektur, sind nicht katalogisiert. Die gebräuchlichsten Artikel erhalten im altklingenden Kastilisch eine urige Würde, wie „ quatro pares de escarpines " (vier Paar Socken), „un cajón" . Grande de Pino con Cinco Gabetas " (eine große Truhe aus Kiefernholz mit fünf Schubladen), „ una Alacena de Madera grande " (ein großer Holzschrank), „ una espada y una daga con tiros y pretina " (ein Schwert und ein Dolch mit ihren Gürteln).

[117] Vgl. sein Streit mit der Kirche von Santo Tomé über den Preis von „El Entierro ", über den ein äußerst interessanter Bericht in den Dokumenten des Buches von Señor San Román zu finden ist.

[118] Die Versuchung ist groß, die *Coplas* vom Anfang bis zum Ende zu zitieren. Sie wurden von Longfellow hervorragend übersetzt, aber jeder, der sie im Original liest, wird bereit sein, mit dem Hirten von Camões zu sagen: „ Quam bem que sôa o verso castelhano ."

[119] „Son tan disonantes Unas de otras que no parecen ser de la misma mano" (Jusepe Martínez).

[120] Oder Dominico . Manchmal unterzeichnete er am Ende der Dokumente „Domy co" oder „Dom co" · Der vierte Buchstabe der Signatur (in griechischen Buchstaben) auf der „Taufe" in der Prado-Galerie hat den Anschein einer griechischen *Eta* .

[121] Auch wenn das Haus, das heute als „la Casa del Greco" bekannt ist und gezeigt wird, nicht das ist, in dem El Greco lebte, befindet es sich doch weitgehend in der gleichen offenen Lage; denn durch das Verschwinden des Häuserblocks des Marqués de Villena , El Grecos Grundherrn, gelangt es an die erste Stelle oberhalb des Flusses.